# JLPT 합격 시그널

## 일본어능력시험
## 단어장 N4/N5

테마별 **필수 어휘**와 **기출 어휘** 완전 마스터

저자 JLPT 연구모임

시사일본어사

# 이 책의 구성

본 교재는 낮은 레벨을 학습 후, 높은 레벨을 학습할 수 있도록 N5 → N4의 순서로 내용을 수록하고 있습니다.

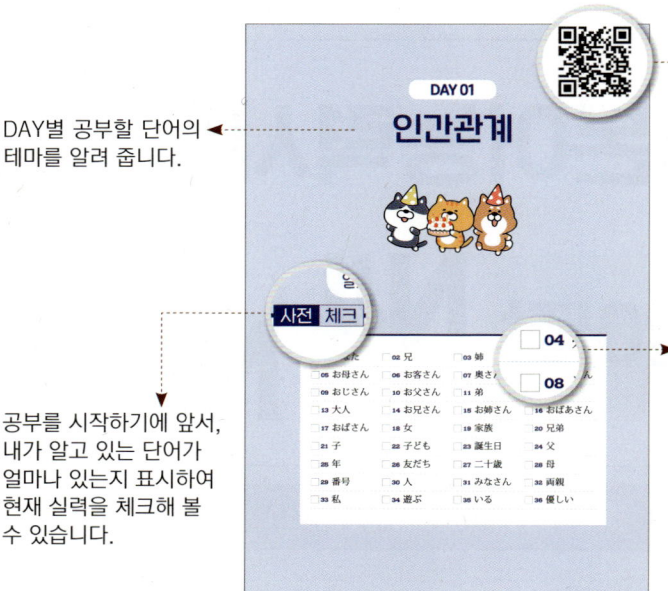

DAY별 공부할 단어의 테마를 알려 줍니다.

QR코드를 스캔하여 쉽고 간단하게 원어민 음성을 확인할 수 있습니다.

공부를 시작하기에 앞서, 내가 알고 있는 단어가 얼마나 있는지 표시하여 현재 실력을 체크해 볼 수 있습니다.

숫자를 보고 원하는 단어를 쉽고 빠르게 찾을 수 있도록 과에서 공부할 단어에는 넘버링이 부여되어 있으며, 본문에서는 이 순서대로 단어를 학습합니다.

• 예문

제시 단어가 어떻게 사용 되는지, 테마와 관련된 문장을 통해 뉘앙스를 익힐 수 있습니다.

• 단어

테마에 맞는 필수 단어의 발음/품사/의미를 확인할 수 있습니다.

• 체크 박스

공부를 마친 후에 확실히 기억하고 있는지 체크 하여 확인할 수 있습니다.

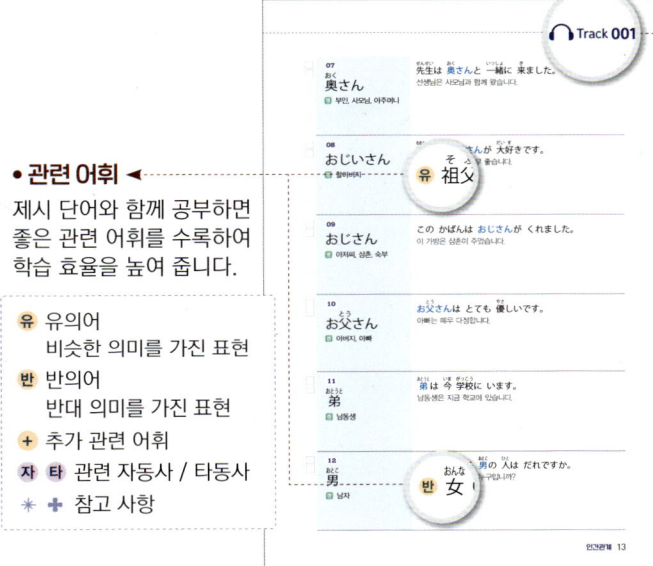

• **트랙 번호**
모든 제시 단어와 예문은 원어민 음성을 들으며 발음을 확인할 수 있습니다.

• **관련 어휘**
제시 단어와 함께 공부하면 좋은 관련 어휘를 수록하여 학습 효율을 높여 줍니다.

전체 원어민 음성은 하단 QR코드 스캔을 통한 스트리밍 서비스 이용, 혹은 시사일본어사 홈페이지에서 mp3 파일을 다운로드 후 이용할 수 있습니다.
(www.sisabooks.com/jpn)

유 유의어
　비슷한 의미를 가진 표현
반 반의어
　반대 의미를 가진 표현
+ 추가 관련 어휘
자 타 관련 자동사 / 타동사
＊ 참고 사항

N5 음성 듣기　　N4 음성 듣기

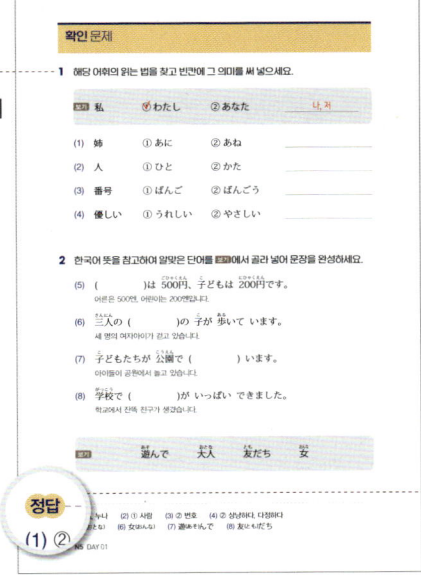

• **확인 문제**
문제를 통해 공부한 단어의 발음 및 문장 활용을 다시 한번 체크해 봅니다.

• **정답**
하단의 정답을 보고 채점을 한 후, 다시 한번 문제를 확인하며 복습해 봅니다.

## 이 책의 구성

• **단어 퀴즈**
얼마나 기억하고 있는지 현재 성취도를 확인하기 위해 제시된 단어를 보고 발음과 의미를 적어 봅니다.

▶ 점선을 따라 접으면 퀴즈 정답을 확인할 수 있습니다.

• **퀴즈 정답**
절취선을 따라 접어 퀴즈의 정답을 확인하고, 정답을 맞춘 단어에 체크해 봅니다.

▶ 다시 한번 단어를 보며 발음과 의미를 적고 복습해 봅니다. 앞서 확실히 기억하지 못했던 단어를 반복 연습하여 확실히 암기하고 넘어갈 수 있습니다.

● **독해 연습** ◀

테마와 관련된 내용의 독해 지문을 읽으면서 공부한 어휘가 긴 글에서 어떻게 사용되고 있는지를 알아봅니다.

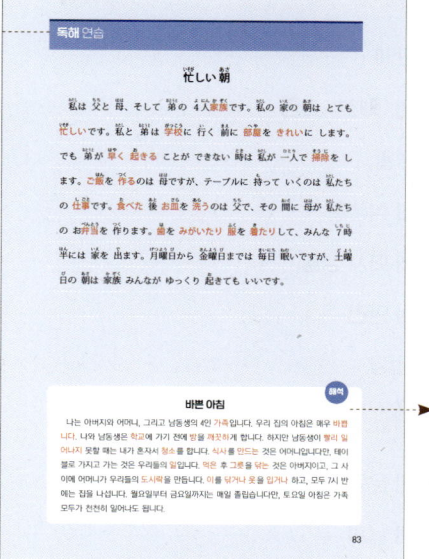

● **해석**

글에서 단어가 어떤 뉘앙스로 사용되었는지를 한국어로 문맥을 보며 파악해 봅니다.

## 시험 직전 집중 공략집
### 반드시 알아야 할 기본 어휘·문법

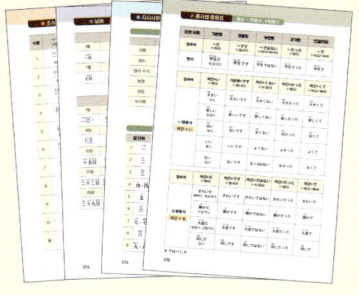

명사, 형용사, 동사의 **품사별 활용표**를 한눈에 알아볼 수 있도록 정리하여 기초 문법을 빠르게 찾아볼 수 있습니다. 또한 특수 발음이 많아 시험 출제율이 높은 **숫자, 날짜, 지시사, 조수사** 등 반드시 알아야 하는 필수 기본 어휘를 한번에 정리했습니다.

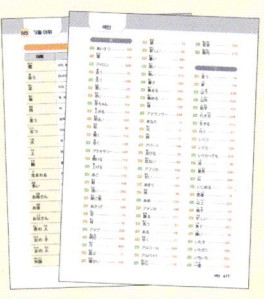

**기출 어휘**

시험 직전 간단하게 복습할 수 있도록 현재까지 출제된 과거 문자 어휘 영역의 **유형별 기출 어휘**를 N4/N5 레벨별 발음순으로 수록하고 있습니다.

**색인**

N4/N5의 모든 표제 단어가 수록된 **색인**을 통해 본문에서 다룬 단어를 빠르게 찾을 수 있습니다. 색인은 **발음 순**으로 수록되어 있으며, 해당 단어의 레벨을 알아보기 쉽도록 **단어마다 레벨 표기**가 되어 있습니다.

# 목차

## N5

- **DAY 01** 인간관계 ········································· 11
- **DAY 02** 디자인 · 패션 · 쇼핑 ····················· 21
- **DAY 03** 일상생활 ····································· 31
- **DAY 04** 음식과 식생활 ······························ 41
- **DAY 05** 학교와 회사 생활 ························· 51
- **DAY 06** 교통과 안전 ································· 63
- **DAY 07** 몸과 건강 ····································· 73
- **독해 연습** ··················································· 83
- **DAY 08** 취미와 운동 ································· 85
- **DAY 09** 자연과 날씨 ································· 95
- **DAY 10** 때와 시간 ··································· 105
- **DAY 11** 장소와 방향 ······························· 113
- **DAY 12** 조사와 접미어 ··························· 123
- **DAY 13** 의문사와 접속사 ························ 133
- **DAY 14** 부사 ············································ 139
- **DAY 15** 가타카나어 ································ 147
- **독해 연습** ················································· 159

## N4

- **DAY 01** 인간관계 ····································· 163
- **DAY 02** 기분과 태도 ······························· 175
- **DAY 03** 패션과 디자인 ··························· 185
- **DAY 04** 일상생활 ····································· 195
- **DAY 05** 음식과 식생활 ··························· 205

| DAY 06 | 학교생활 | 215 |
| DAY 07 | 일과 회사 | 227 |
| DAY 08 | 쇼핑과 경제 | 237 |
| DAY 09 | 정보 통신과 언론 | 247 |
| DAY 10 | 교통과 안전 | 257 |

독해 연습 ··· 269

| DAY 11 | 여행·공연·문화 | 271 |
| DAY 12 | 취미와 운동 | 281 |
| DAY 13 | 자연과 동물 | 289 |
| DAY 14 | 계절과 날씨 | 299 |
| DAY 15 | 몸과 건강 | 309 |
| DAY 16 | 시간·거리·공간 | 319 |
| DAY 17 | 부사 | 331 |
| DAY 18 | 경어 | 341 |
| DAY 19 | 가타카나어 (1) | 347 |
| DAY 20 | 가타카나어 (2) | 357 |

독해 연습 ··· 367

### 시험 직전 집중 공략집

- 품사별 활용표 ··· 370
- 자시사와 숫자 ··· 374
- 시간과 요일 ··· 375
- 날짜 ··· 376
- 조수사 ··· 377
- 기출 어휘 ··· 379
- 색인 ··· 417

# N5
# 필수 단어

## 품사 일람표

| 명 | 명사 |
|---|---|
| 동 | 동사 |
| する | 동작성 명사(~하다) |
| イ | イ형용사 |
| ナ | ナ형용사 |
| 부 | 부사 |
| 조 | 조사 |
| 접 | 접미사 |

## 관련어 일람표

| + | 추가 관련 어휘 |
|---|---|
| 반 | 반의어 |
| 유 | 유의어 |
| 자 | 자동사 |
| 타 | 타동사 |

# DAY 01
# 인간관계

음성듣기

얼마나 알고 있나요?

**사전 체크**

| | | | |
|---|---|---|---|
| ☐ 01 あなた | ☐ 02 兄 | ☐ 03 姉 | ☐ 04 妹 |
| ☐ 05 お母さん | ☐ 06 お客さん | ☐ 07 奥さん | ☐ 08 おじいさん |
| ☐ 09 おじさん | ☐ 10 お父さん | ☐ 11 弟 | ☐ 12 男 |
| ☐ 13 大人 | ☐ 14 お兄さん | ☐ 15 お姉さん | ☐ 16 おばあさん |
| ☐ 17 おばさん | ☐ 18 女 | ☐ 19 家族 | ☐ 20 兄弟 |
| ☐ 21 子 | ☐ 22 子ども | ☐ 23 誕生日 | ☐ 24 父 |
| ☐ 25 年 | ☐ 26 友だち | ☐ 27 二十歳 | ☐ 28 母 |
| ☐ 29 番号 | ☐ 30 人 | ☐ 31 みなさん | ☐ 32 両親 |
| ☐ 33 私 | ☐ 34 遊ぶ | ☐ 35 いる | ☐ 36 優しい |

## 인간관계  DAY 01

**01 あなた**
명 너, 당신

あなたの 名前は 何ですか。
당신의 이름은 무엇입니까?

**02 あに 兄**
명 오빠, 형

私には 兄が 一人 います。
나에게는 오빠가(형이) 한 명 있습니다.

**03 あね 姉**
명 언니, 누나

私の 姉は 大学生です。
우리 언니(누나)는 대학생입니다.

**04 いもうと 妹**
명 여동생

こちらは 妹の アヤカです。
이쪽은 여동생인 아야카입니다.

**05 お母さん**
명 어머니, 엄마

お母さんと 一緒に スーパーへ 行きます。
엄마와 함께 슈퍼에 갑니다.

**06 お客さん**
명 손님

今日は 家に お客さんが 来ます。
오늘은 집에 손님이 옵니다.

🎧 **Track 001**

---

**07**
おく
**奥さん**
명 부인, 사모님, 아주머니

先生は 奥さんと 一緒に 来ました。
선생님은 사모님과 함께 왔습니다.

---

**08**
**おじいさん**
명 할아버지

私は おじいさんが 大好きです。
나는 할아버지가 너무 좋습니다.
유 祖父 할아버지

---

**09**
**おじさん**
명 아저씨, 삼촌, 숙부

この かばんは おじさんが くれました。
이 가방은 삼촌이 주었습니다.

---

**10**
とう
**お父さん**
명 아버지, 아빠

お父さんは とても 優しいです。
아빠는 매우 다정합니다.

---

**11**
おとうと
**弟**
명 남동생

弟は 今 学校に います。
남동생은 지금 학교에 있습니다.

---

**12**
おとこ
**男**
명 남자

あそこに いる 男の 人は だれですか。
저기에 있는 남자는 누구입니까?
반 女 여자

---

인간관계  13

## 인간관계 DAY 01

**13 大人 (おとな)**
명 어른, 성인

大人は 500円、子どもは 200円です。
어른은 500엔, 어린이는 200엔입니다.
반 子ども 아이, 어린이

**14 お兄さん (にい)**
명 오빠, 형

お兄さんが 学校から 帰って きた。
오빠가(형이) 학교에서 돌아왔다.

**15 お姉さん (ねえ)**
명 언니, 누나

アヤカさんの お姉さんは おいくつですか。
아야카 씨의 언니(누나)는 몇 살인가요?

**16 おばあさん**
명 할머니

私は おばあさんと 一緒に 住んで います。
나는 할머니와 함께 살고 있습니다.
유 祖母(そぼ) 할머니

**17 おばさん**
명 아주머니, 이모, 고모

おばさんが 家に 遊びに 来ました。
이모(고모)가 집에 놀러 왔습니다.

**18 女 (おんな)**
명 여자

三人の 女の 子が 歩いて います。
세 명의 여자아이가 걷고 있습니다.
반 男(おとこ) 남자

🎧 Track 002

### 19 家族 か ぞく
**명** 가족

私わたしは 五人家族ごにんかぞくです。
나는 5인 가족입니다.(우리 가족은 다섯 명입니다.)

---

### 20 兄弟 きょうだい
**명** 형제

今田いまださんは 兄弟きょうだいが いますか。
이마다 씨는 형제가 있나요?
➕ 姉妹しまい 자매

---

### 21 子 こ
**명** 아이, 자식

知しらない 女おんなの 子こと 友ともだちに なりました。
모르는 여자아이와 친구가 되었습니다.

---

### 22 子ども こ
**명** 아이, 어린이, 자식

子こどもは 本当ほんとうに かわいいですね。
아이는 정말 귀엽네요.

---

### 23 誕生日 たんじょうび
**명** 생일

今日きょうは お母かあさんの 誕生日たんじょうびです。
오늘은 엄마의 생일입니다.

---

### 24 父 ちち
**명** (나의) 아버지

父ちちは 会社員かいしゃいんです。
아버지는 회사원입니다.

인간관계 15

## 인간관계  DAY 01

**25 年** とし
명 해, 나이

子どもは 年を 取って 大人に なって いく。
아이는 나이를 먹고 어른이 되어 간다.
➕ 年を 取る 나이를 먹다

**26 友だち** とも
명 친구

学校で 友だちが いっぱい できました。
학교에서 친구가 가득 생겼습니다.
➕ 友だちが できる 친구가 생기다

**27 二十歳** はたち
명 스무 살

妹は 今年で 二十歳に なります。
여동생은 올해로 스무 살이 됩니다.

**28 母** はは
명 (나의) 어머니

母は 学校の 先生です。
어머니는 학교 선생님입니다.

**29 番号** ばんごう
명 번호

あなたの 電話番号を 教えて ください。
당신의 전화번호를 가르쳐 주세요.

**30 人** ひと
명 사람

この 人を 知って いますか。
이 사람을 알고 있습니까?

**31 みなさん**
명 여러분

みなさん、こんにちは。
여러분, 안녕하세요.

---

**32 両親(りょうしん)**
명 부모

両親とは 一緒に 住んで いません。
부모님과는 함께 살고 있지 않습니다.

---

**33 私(わたし)**
명 나, 저

私は 韓国から 来ました。
저는 한국에서 왔습니다.

---

**34 遊ぶ(あそぶ)**
동 놀다

子どもたちが 公園で 遊んで います。
아이들이 공원에서 놀고 있습니다.

---

**35 いる**
동 있다(사람·동물)

姉は いますが、妹は いません。
언니(누나)는 있지만 여동생은 없습니다.

---

**36 優しい(やさしい)**
イ 상냥하다, 다정하다

私の おばあさんは 優しくて おもしろい 人です。
나의 할머니는 다정하고 재미있는 사람입니다.

＋ 易(やさ)しい 쉽다

인간관계 17

## 확인 문제

**1** 해당 어휘의 읽는 법을 찾고 빈칸에 그 의미를 써 넣으세요.

| 보기 | 私 | ☑ わたし | ② あなた | 나, 저 |
|---|---|---|---|---|

(1) 姉　　① あに　　② あね　　_____

(2) 人　　① ひと　　② かた　　_____

(3) 番号　① ばんご　② ばんごう　_____

(4) 優しい　① うれしい　② やさしい　_____

**2** 한국어 뜻을 참고하여 알맞은 단어를 보기 에서 골라 넣어 문장을 완성하세요.

(5) (　　　)は 500円、子どもは 200円です。
　　어른은 500엔, 어린이는 200엔입니다.

(6) 三人の (　　　)の 子が 歩いて います。
　　세 명의 여자아이가 걷고 있습니다.

(7) 子どもたちが 公園で (　　　) います。
　　아이들이 공원에서 놀고 있습니다.

(8) 学校で (　　　)が いっぱい できました。
　　학교에서 잔뜩 친구가 생겼습니다.

| 보기 | 遊んで　　大人　　友だち　　女 |
|---|---|

---

**정답**
(1) ② 언니, 누나　(2) ① 사람　(3) ② 번호　(4) ② 상냥하다, 다정하다
(5) 大人(おとな)　(6) 女(おんな)　(7) 遊(あそ)んで　(8) 友(とも)だち

## **단어** 퀴즈

✖ 단어를 보고 발음과 의미를 적어 보세요.

| 단어 | 발음 | 의미 |
|---|---|---|
| 私 | わたし | 나, 저 |
| 男 | | |
| お兄さん | | |
| お母さん | | |
| お父さん | | |
| 子ども | | |
| 二十歳 | | |
| 母 | | |
| 父 | | |
| 両親 | | |
| 年 | | |
| お姉さん | | |
| 兄 | | |
| 子 | | |
| 家族 | | |
| 妹 | | |
| お客さん | | |
| 奥さん | | |
| 弟 | | |
| 誕生日 | | |
| 兄弟 | | |

선을 따라 접으면 답을 확인할 수 있어요.

# 단어 퀴즈

❋ 한번 더 복습해 봅시다.

| 읽는 법과 뜻 | | 한자 | 발음 | 의미 |
|---|---|---|---|---|
| | | 예 私 | わたし | 나, 저 |
| ☐ | わたし<br>나, 저 | 男 | | |
| ☐ | おとこ<br>남자 | お兄さん | | |
| ☐ | おにいさん<br>오빠, 형 | お母さん | | |
| ☐ | おかあさん<br>어머니, 엄마 | お父さん | | |
| ☐ | おとうさん<br>아버지, 아빠 | 子ども | | |
| ☐ | こども<br>아이, 어린이 | 二十歳 | | |
| ☐ | はたち<br>스무 살 | 母 | | |
| ☐ | はは<br>(나의) 어머니 | 父 | | |
| ☐ | ちち<br>(나의) 아버지 | 両親 | | |
| ☐ | りょうしん<br>부모 | 年 | | |
| ☐ | とし<br>해, 나이 | お姉さん | | |
| ☐ | おねえさん<br>언니, 누나 | 兄 | | |
| ☐ | あに<br>오빠, 형 | 子 | | |
| ☐ | こ<br>아이, 자식 | 家族 | | |
| ☐ | かぞく<br>가족 | 妹 | | |
| ☐ | いもうと<br>여동생 | お客さん | | |
| ☐ | おきゃくさん<br>손님 | 奥さん | | |
| ☐ | おくさん<br>부인, 사모님 | 弟 | | |
| ☐ | おとうと<br>남동생 | 誕生日 | | |
| ☐ | たんじょうび<br>생일 | 兄弟 | | |
| ☐ | きょうだい<br>형제 | | | |

# DAY 02
# 디자인·패션·쇼핑

음성듣기

얼마나 알고 있나요?

**사전 체크**

| | | | |
|---|---|---|---|
| ☐ 01 色 | ☐ 02 買い物 | ☐ 03 紙 | ☐ 04 靴下 |
| ☐ 05 服 | ☐ 06 帽子 | ☐ 07 他 | ☐ 08 緑 |
| ☐ 09 物 | ☐ 10 要る | ☐ 11 かぶる | ☐ 12 閉まる |
| ☐ 13 閉める | ☐ 14 締める | ☐ 15 脱ぐ | ☐ 16 残る |
| ☐ 17 はく | ☐ 18 見せる | ☐ 19 青い | ☐ 20 赤い |
| ☐ 21 薄い | ☐ 22 大きい | ☐ 23 かわいい | ☐ 24 黄色い |
| ☐ 25 汚い | ☐ 26 黒い | ☐ 27 白い | ☐ 28 高い |
| ☐ 29 小さい | ☐ 30 長い | ☐ 31 丸い | ☐ 32 短い |
| ☐ 33 同じ | ☐ 34 嫌い | ☐ 35 きれい | ☐ 36 ハンサム |

## 디자인·패션·쇼핑   DAY 02

**01**
いろ
**色**
명 색

あなたの 好きな 色は 何ですか。
당신이 좋아하는 색은 무엇입니까?

---

**02**
か もの
**買い物**
명 する 물건을 삼, 쇼핑, 장보기

週末は お母さんと 一緒に 買い物に 行きます。
주말에는 엄마와 함께 쇼핑을 하러 갑니다.

---

**03**
かみ
**紙**
명 종이

この 紙を 小さく 切って ください。
이 종이를 작게 잘라 주세요.
➕ 髪 머리카락

---

**04**
くつした
**靴下**
명 양말

今日は 黒い 靴下を はいて いる。
오늘은 검은 양말을 신고 있다.
➕ 靴 신발, 구두

---

**05**
ふく
**服**
명 옷

デパートで 服を 買って きました。
백화점에서 옷을 사 왔습니다.
유 洋服 옷, 양복

---

**06**
ぼうし
**帽子**
명 모자

帽子を かぶって いる 人が 私の 兄です。
모자를 쓰고 있는 사람이 나의 오빠(형)입니다.

**Track 004**

---

**07**
ほか
**他**
명 다른 것, 딴 것

白いのは ありますから、他の 色が いいです。
하얀 것은 있으니까 다른 색이 좋습니다.

---

**08**
みどり
**緑**
명 녹색

お母さんが 緑の ハンカチを くれました。
엄마가 녹색 손수건을 주었습니다.

---

**09**
もの
**物**
명 물건, ~것

これより 長い 物は ありませんか。
이것보다 긴 것은 없나요?

---

**10**
い
**要る**
동 필요하다

同じ 物を 持って いるから、これは 要らないです。
같은 것을 가지고 있으니까 이건 필요 없습니다.
➕ いる 있다(사람·동물)

---

**11**
**かぶる**
동 (모자를) 쓰다

新しく 買った 帽子を かぶって みた。
새로 산 모자를 써 보았다.

---

**12**
し
**閉まる**
동 닫히다

買い物に 来ましたが、お店が 閉まって いました。
쇼핑하러 왔지만 가게가 닫혀 있었습니다.
타 閉める 닫다

---

디자인·패션·쇼핑 23

## 디자인·패션·쇼핑　DAY 02

**13 閉める** し
[동] 닫다

お客が いなくて 早く 店を **閉める** ことに した。
손님이 없어서 빨리 가게를 닫기로 했다.
[자] 閉まる 닫히다

**14 締める** し
[동] (넥타이를) 매다, 죄다, 졸라매다

一人では ネクタイを **締める** ことが できません。
혼자서는 넥타이를 맬 수 없습니다.

**15 脱ぐ** ぬ
[동] (옷을) 벗다

家に 帰って すぐ 服を **脱ぎました**。
집에 돌아와서 곧바로 옷을 벗었습니다.

**16 残る** のこ
[동] 남다

青いのを 買いたかったが、**残って** いませんでした。
파란 것을 사고 싶었지만, 남아 있지 않았습니다.

**17 はく**
[동] (바지·치마를) 입다, (양말·신발을) 신다

私は スカートより ズボンを **はく** ことが 多いです。
나는 치마보다 바지를 입는 일이 많습니다.

**18 見せる** み
[동] 보이다, 보여 주다

お店の 人が いろいろな 服を **見せて** くれました。
가게 사람이 여러 가지 옷을 보여 주었습니다.

**19** あお
# 青い
イ 푸르다, 파랗다

この 青い スカートを はいて みたいです。
이 파란 치마를 입어 보고 싶습니다.

**20** あか
# 赤い
イ 붉다, 빨갛다

この 赤い コップを 6つ ください。
이 빨간 컵을 6개 주세요.

**21** うす
# 薄い
イ 얇다, (농도가) 옅다, 싱겁다

こっちの 方が 色が 薄くて 好きです。
이쪽이 색이 연해서 더 좋습니다.

**22** おお
# 大きい
イ 크다

この ズボンは 私には 大きいです。
이 바지는 나에게는 큽니다.

반 小さい 작다
+ 大きな 큰(명사 수식 때 사용)

**23**
# かわいい
イ 귀엽다

その 帽子、かわいいですね。
그 모자, 귀엽네요.

**24** き いろ
# 黄色い
イ 노랗다

昨日、黄色い かばんを 買いました。
어제 노란 가방을 샀습니다.

**디자인·패션·쇼핑**　**DAY 02**

---

**25**
きたな
**汚い**
イ 더럽다

服が 汚く なったから 洗濯します。
옷이 더러워졌기 때문에 세탁합니다.

반 きれいだ 깨끗하다

---

**26**
くろ
**黒い**
イ 검다, 까맣다

この 黒い ズボンを はいて いるのは だれですか。
이 검은 바지를 입고 있는 것은 누구입니까?

---

**27**
しろ
**白い**
イ 희다, 하얗다

白い 紙に 鉛筆で 字を 書きました。
하얀 종이에 연필로 글씨를 썼습니다.

---

**28**
たか
**高い**
イ 높다, 비싸다, (키가) 크다

本が 高くて 買う ことが できませんでした。
책이 비싸서 사지 못했습니다.

반 安い 싸다, 저렴하다
　 低い 낮다, (키가) 작다

---

**29**
ちい
**小さい**
イ 작다

大きい 物 一つより 小さい 物を 三つ 買う ことに した。
큰 것 하나보다 작은 것을 세 개 사기로 했다.

반 大きい 크다
＋ 小さな 작은(명사 수식 때 사용)

---

**30**
なが
**長い**
イ 길다, 오래다

先週、長い 髪を 切りました。
지난주에 긴 머리를 잘랐습니다.

반 短い 짧다

**31**
まる
**丸い**
イ 둥글다

あそこの 丸い 椅子に 座って ください。
저기의 둥근 의자에 앉아 주세요.

---

**32**
みじか
**短い**
イ 짧다

短い スカートは 好きじゃ ない。
짧은 치마는 좋아하지 않는다.
반 長い 길다

---

**33**
おな
**同じ**
ナ 같음, 동일함

これと 同じ 物が ほしいです。
이것과 같은 것을 가지고 싶습니다.
반 違う 다르다, 틀리다

---

**34**
きら
**嫌い**
ナ 싫어함

買い物は 嫌いだから、あまり しません。
쇼핑은 싫어해서 별로 하지 않습니다.
반 好きだ 좋아하다
유 嫌だ 싫다, 불쾌하다

---

**35**
**きれい**
ナ 예쁨, 깨끗함

姉は 二十歳に なってから きれいに なりました。
언니(누나)는 스무 살이 되고 나서 예뻐졌습니다.
반 汚い 더럽다

---

**36**
**ハンサム**
ナ 잘생김, 미남임

さっき 行った お店の 人が とても ハンサムだった。
아까 갔던 가게의 사람이 매우 잘생겼었다.

디자인·패션·쇼핑

## 확인 문제

**1** 해당 어휘의 읽는 법을 찾고 빈칸에 그 의미를 써 넣으세요.

| 보기 | 私 | ☑ わたし | ② あなた | 나, 저 |
|---|---|---|---|---|

(1) 紙　　　① かみ　　　② ふく　　　_____
(2) 物　　　① もの　　　② こと　　　_____
(3) 要る　　① ある　　　② いる　　　_____
(4) 白い　　① しろい　　② くろい　　_____

**2** 한국어 뜻을 참고하여 알맞은 단어를 보기 에서 골라 넣어 문장을 완성하세요.

(5) 一人(ひとり)では ネクタイを (　　　) ことが できません。
　　혼자서는 넥타이를 맬 수 없습니다.

(6) お母(かあ)さんが (　　　)の ハンカチを くれました。
　　엄마가 녹색 손수건을 주었습니다.

(7) 私(わたし)は スカートより ズボンを (　　　) ことが 多(おお)いです。
　　나는 치마보다 바지를 입는 일이 많습니다.

(8) この ズボンは 私(わたし)には (　　　)です。
　　이 바지는 나에게는 큽니다.

| 보기 | はく | 緑(みどり) | 締(し)める | 大(おお)きい |
|---|---|---|---|---|

---

**정답**

(1) ① 종이　　(2) ① 물건, ~것　　(3) ② 필요하다　　(4) ① 희다, 하얗다
(5) 締(し)める　　(6) 緑(みどり)　　(7) はく　　(8) 大(おお)きい

# 단어 퀴즈

✽ 단어를 보고 발음과 의미를 적어 보세요.

| 단어 | 발음 | 의미 |
|---|---|---|
| 私 | わたし | 나, 저 |
| 靴下 | | |
| 残る | | |
| 見せる | | |
| 黄色い | | |
| 汚い | | |
| 帽子 | | |
| 買い物 | | |
| 高い | | |
| 黒い | | |
| 小さい | | |
| 嫌い | | |
| 丸い | | |
| 薄い | | |
| 脱ぐ | | |
| 同じ | | |
| 赤い | | |
| 閉まる | | |
| 短い | | |
| 色 | | |
| 青い | | |

📖 선을 따라 접으면 답을 확인할 수 있어요.

## 단어 퀴즈

❋ 한번 더 복습해 봅시다.

| 읽는 법과 뜻 | 한자 | 발음 | 의미 |
|---|---|---|---|
| ☐ わたし / 나, 저 | 예 私 | わたし | 나, 저 |
| ☐ くつした / 양말 | 靴下 | | |
| ☐ のこる / 남다 | 残る | | |
| ☐ みせる / 보이다, 보여 주다 | 見せる | | |
| ☐ きいろい / 노랗다 | 黄色い | | |
| ☐ きたない / 더럽다 | 汚い | | |
| ☐ ぼうし / 모자 | 帽子 | | |
| ☐ かいもの / 물건을 삼, 쇼핑 | 買い物 | | |
| ☐ たかい / 높다, 비싸다, (키가) 크다 | 高い | | |
| ☐ くろい / 검다, 까맣다 | 黒い | | |
| ☐ ちいさい / 작다 | 小さい | | |
| ☐ きらい / 싫어함 | 嫌い | | |
| ☐ まるい / 둥글다 | 丸い | | |
| ☐ うすい / 얇다, (농도가) 옅다 | 薄い | | |
| ☐ ぬぐ / (옷을) 벗다 | 脱ぐ | | |
| ☐ おなじ / 같음, 동일함 | 同じ | | |
| ☐ あかい / 붉다, 빨갛다 | 赤い | | |
| ☐ しまる / 닫히다 | 閉まる | | |
| ☐ みじかい / 짧다 | 短い | | |
| ☐ いろ / 색 | 色 | | |
| ☐ あおい / 푸르다, 파랗다 | 青い | | |

# DAY 03

# 일상생활

얼마나 알고있나요?

**사전 체크**

| | | | |
|---|---|---|---|
| ☐ 01 犬 | ☐ 02 上着 | ☐ 03 円 | ☐ 04 金 |
| ☐ 05 喫茶店 | ☐ 06 銀行 | ☐ 07 結婚 | ☐ 08 公園 |
| ☐ 09 声 | ☐ 10 散歩 | ☐ 11 せっけん | ☐ 12 洗濯 |
| ☐ 13 掃除 | ☐ 14 台所 | ☐ 15 手紙 | ☐ 16 電気 |
| ☐ 17 電話 | ☐ 18 時計 | ☐ 19 名前 | ☐ 20 話 |
| ☐ 21 風呂 | ☐ 22 会う | ☐ 23 浴びる | ☐ 24 洗う |
| ☐ 25 入れる | ☐ 26 売る | ☐ 27 起きる | ☐ 28 置く |
| ☐ 29 買う | ☐ 30 返す | ☐ 31 かける | ☐ 32 着る |
| ☐ 33 切る | ☐ 34 住む | ☐ 35 出す | ☐ 36 出る |
| ☐ 37 寝る | ☐ 38 入る | ☐ 39 話す | ☐ 40 呼ぶ |
| ☐ 41 早い | ☐ 42 ほしい | | |

음성듣기

## 일상생활  DAY 03

**01 いぬ 犬**
명 개

毎日、犬と 散歩を します。
매일 개와 산책을 합니다.

➕ 子犬 강아지

---

**02 うわぎ 上着**
명 겉옷, 윗도리(윗옷)

暑くて 上着を 脱ぎました。
더워서 겉옷을 벗었습니다.

---

**03 えん 円**
명 엔(화폐 단위)

この 本は 400円です。
이 책은 400엔입니다.

---

**04 かね 金**
명 돈

財布を 忘れて、今 お金が ありません。
지갑을 잊어서 지금 돈이 없습니다.

---

**05 きっさてん 喫茶店**
명 찻집, 카페

喫茶店で コーヒーを 飲みながら 本を 読みます。
찻집에서 커피를 마시며 책을 읽습니다.

유 カフェ 카페

---

**06 ぎんこう 銀行**
명 은행

駅の 前には 銀行が あります。
역 앞에는 은행이 있습니다.

---

**07 けっこん 結婚**
명 する 결혼

兄は まだ 結婚を して いません。
오빠는(형은) 아직 결혼을 하지 않았습니다.

## 08 こうえん　公園
**명** 공원

公園で 友だちに 会いました。
공원에서 친구를 만났습니다.

## 09 こえ　声
**명** 목소리

お父さんが 低い 声で 本を 読んで くれました。
아빠가 낮은 목소리로 책을 읽어 주었습니다.

➕ 音 소리

## 10 さんぽ　散歩
**명** **する** 산책

昼ご飯を 食べてから 散歩に 行きましょう。
점심밥을 먹고 나서 산책하러 갑시다.

## 11 せっけん
**명** 비누

せっけんを 使って 手を きれいに 洗いましょう。
비누를 사용해서 손을 깨끗이 씻읍시다.

## 12 せんたく　洗濯
**명** **する** 세탁, 빨래

毎週 土曜日は 洗濯を します。
매주 토요일은 빨래를 합니다.

## 13 そうじ　掃除
**명** **する** 청소

部屋の 掃除を してから ご飯を 食べます。
방 청소를 하고 나서 밥을 먹습니다.

## 14 だいどころ　台所
**명** 부엌

台所で お母さんが 料理を 作って います。
부엌에서 엄마가 요리를 만들고 있습니다.

🔄 キッチン 부엌

일상생활 33

**일상생활**　DAY 03

---

**15 てがみ 手紙**
명 편지

日本の 友だちに 手紙を 書きました。
일본 친구에게 편지를 썼습니다.

---

**16 でんき 電気**
명 전기, (전짓)불

暗く なったから 電気を つけました。
어두워져서 불을 켰습니다.

➕ 電気を つける (전짓)불을 켜다 ／ 火を つける 불을 붙이다

---

**17 でんわ 電話**
명 する 전화

家に 電話を したが、だれも 出ませんでした。
집에 전화를 했지만 아무도 받지 않았습니다.

➕ 電話を かける 전화를 걸다

---

**18 とけい 時計**
명 시계

テーブルの 上に 時計が あります。
테이블 위에 시계가 있습니다.

---

**19 なまえ 名前**
명 이름

ここに 名前と 電話番号を 書いて ください。
여기에 이름과 전화번호를 써 주세요.

---

**20 はなし 話**
명 이야기

友だちと 遊んで いる 時、おもしろい 話を 聞いた。
친구와 놀고 있을 때 재미있는 이야기를 들었다.

유 話す 이야기하다

---

**21 ふろ 風呂**
명 목욕, 목욕탕

父は 今 お風呂に 入って います。
아버지는 지금 목욕을 하고 있습니다.

➕ 風呂に 入る 목욕을 하다

## 22 会う
あ
동 만나다

駅で 友だちに 会って 映画を 見に 行きます。
역에서 친구를 만나 영화를 보러 갑니다.

## 23 浴びる
あ
동 뒤집어쓰다, (샤워를) 하다

昨日は シャワーを 浴びて すぐ 寝ました。
어제는 샤워를 하고 바로 잤습니다.

## 24 洗う
あら
동 씻다, 닦다

手を 洗ってから ご飯を 食べて ください。
손을 씻고 나서 밥을 먹어 주세요.

## 25 入れる
い
동 넣다

手に 持って いた スマホを かばんの 中に 入れました。
손에 들고 있던 스마트폰을 가방 안에 넣었습니다.

## 26 売る
う
동 팔다

八百屋で 玉ねぎを 安く 売って いる。
채소 가게에서 양파를 저렴하게 팔고 있다.

## 27 起きる
お
동 일어나다, (잠에서) 깨다, 발생하다

お母さんは 毎朝 6時に 起きます。
엄마는 매일 아침 6시에 일어납니다.

## 28 置く
お
동 두다, 놓다

読んで いた 本を 机の 上に 置きました。
읽고 있던 책을 책상 위에 두었습니다.

일상생활

## 일상생활 DAY 03

**29 買う**
동 사다, 구입하다

帰る 時、スーパーで 卵を 買って きて ください。
돌아올 때, 슈퍼에서 달걀을 사 와 주세요.

---

**30 返す**
동 돌려주다

友だちから 借りた 本を 返しました。
친구로부터 빌린 책을 돌려주었습니다.

반 借りる 빌리다

---

**31 かける**
동 (전화를) 걸다, (안경을) 쓰다, (비용·시간을) 들이다, 걸치다

兄が 家に いるか いないか、電話を かけて みた。
오빠가(형이) 집에 있는지 없는지 전화를 걸어 보았다.

私の 弟は 眼鏡を かけて います。
내 남동생은 안경을 쓰고 있습니다.

자 かかる (전화가) 걸리다, (비용·시간이) 들다

+ 切る (전화를) 끊다    出る (전화를) 받다

---

**32 着る**
동 (상의를) 입다

寒いから 上着を 着て 学校に 行きます。
추우니까 겉옷을 입고 학교에 갑니다.

---

**33 切る**
동 자르다, 끊다, 베다

20分くらい 話してから 電話を 切った。
20분 정도 이야기하고 나서 전화를 끊었다.

+ かける (전화를) 걸다

---

**34 住む**
동 살다, 거주하다

私は 両親と おばあさんと 一緒に 住んで います。
나는 부모님과 할머니와 함께 살고 있습니다.

---

**35 出す**
동 내다, 꺼내다, 내놓다, (편지를) 보내다, 부치다

かばんの 中から 本を 出しました。
가방 속에서 책을 꺼냈습니다.

おじいさんに 手紙を 出しました。
할아버지에게 편지를 부쳤습니다.

자 出る 나가(오)다

## 36 出る〈で〉
동 나가(오)다, 출발하다, (전화를) 받다

今日は いつもより 早く 家を 出ました。
오늘은 평소보다 빨리 집을 나왔습니다.

今は 忙しくて 電話に 出る ことが できません。
지금은 바빠서 전화를 받을 수 없습니다.

타 出す 꺼내다, 내놓다

## 37 寝る〈ね〉
동 자다

もう 12時に なったが、弟は まだ 寝て いる。
벌써 12시가 되었는데 남동생은 아직도 자고 있다.

## 38 入る〈はい〉
동 들다, 들어가(오)다, (목욕을) 하다

この 中には 入らないで ください。
이 안에는 들어가(오)지 마세요.

宿題を してから お風呂に 入ります。
숙제를 하고 나서 목욕을 합니다.

## 39 話す〈はな〉
동 이야기하다

家の 前で 父と 母が 話して いました。
집 앞에서 아버지와 어머니가 이야기하고 있었습니다.

유 話 이야기

## 40 呼ぶ〈よ〉
동 부르다

さっきから お母さんが 妹を 呼んで いる。
아까부터 엄마가 여동생을 부르고 있다.

## 41 早い〈はや〉
형 (시간이) 이르다, 빠르다

まだ 早いから もう少し 寝て ください。
아직 이르니까 조금 더 자세요.

+ 速い (속도가) 빠르다

## 42 ほしい
형 갖고 싶다, 원하다

前から 自転車が ほしかったです。
전부터 자전거를 가지고 싶었습니다.

일상생활 37

## 확인 문제

**1** 해당 어휘의 읽는 법을 찾고 빈칸에 그 의미를 써 넣으세요.

| 보기 | 私 | ✓ わたし | ② あなた | 나, 저 |
|---|---|---|---|---|

(1) 犬　　① いめ　　② いぬ　　_____

(2) 結婚　① けつこん　② けっこん　_____

(3) 時計　① どけい　　② とけい　　_____

(4) 着る　① きる　　② ねる　　_____

**2** 한국어 뜻을 참고하여 알맞은 단어를 보기에서 골라 넣어 문장을 완성하세요.

(5) 暗く なったから (　　　　)を つけました。
　　어두워져서 불을 켰습니다.

(6) 駅で 友だちに (　　　　) 映画を 見に 行きます。
　　역에서 친구를 만나 영화를 보러 갑니다.

(7) 友だちと 遊んで いる 時、おもしろい (　　　　)を 聞いた。
　　친구와 놀고 있을 때 재미있는 이야기를 들었다.

(8) 私の 弟は 眼鏡を (　　　　) います。
　　내 남동생은 안경을 쓰고 있습니다.

| 보기 | かけて | 話 | 会って | 電気 |
|---|---|---|---|---|

**정답**
(1) ② 개　(2) ② 결혼　(3) ② 시계　(4) ① (옷·상의를) 입다
(5) 電気(でんき)　(6) 会(あ)って　(7) 話(はなし)　(8) かけて

# 단어 퀴즈

✿ 단어를 보고 발음과 의미를 적어 보세요.

| 단어 | 발음 | 의미 |
|---|---|---|
| 私 | わたし | 나, 저 |
| 散歩 | | |
| 入る | | |
| 浴びる | | |
| 洗う | | |
| 声 | | |
| 台所 | | |
| 起きる | | |
| 買う | | |
| 売る | | |
| 喫茶店 | | |
| 早い | | |
| 返す | | |
| 銀行 | | |
| 手紙 | | |
| 電話 | | |
| 洗濯 | | |
| 住む | | |
| 風呂 | | |
| 名前 | | |
| 会う | | |

> 스티커 따라 접으면 답을 확인할 수 있어요.

# 단어 퀴즈

✿ 한번 더 복습해 봅시다.

| 읽는 법과 뜻 | | 한자 | 발음 | 의미 |
|---|---|---|---|---|
| ☐ | わたし<br>나, 저 | 예 私 | わたし | 나, 저 |
| ☐ | さんぽ<br>산책 | 散歩 | | |
| ☐ | はいる 들어가(오)다,<br>(목욕을) 하다 | 入る | | |
| ☐ | あびる<br>(샤워를) 하다 | 浴びる | | |
| ☐ | あらう<br>씻다, 닦다 | 洗う | | |
| ☐ | こえ<br>목소리 | 声 | | |
| ☐ | だいどころ<br>부엌 | 台所 | | |
| ☐ | おきる<br>일어나다 | 起きる | | |
| ☐ | かう<br>사다, 구입하다 | 買う | | |
| ☐ | うる<br>팔다 | 売る | | |
| ☐ | きっさてん<br>찻집, 카페 | 喫茶店 | | |
| ☐ | はやい<br>(시간이) 이르다 | 早い | | |
| ☐ | かえす<br>돌려주다 | 返す | | |
| ☐ | ぎんこう<br>은행 | 銀行 | | |
| ☐ | てがみ<br>편지 | 手紙 | | |
| ☐ | でんわ<br>전화 | 電話 | | |
| ☐ | せんたく<br>세탁, 빨래 | 洗濯 | | |
| ☐ | すむ<br>살다, 거주하다 | 住む | | |
| ☐ | ふろ<br>목욕, 목욕탕 | 風呂 | | |
| ☐ | なまえ<br>이름 | 名前 | | |
| ☐ | あう<br>만나다 | 会う | | |

# DAY 04

# 음식과 식생활

음성듣기

얼마나 알고 있나요?

**사전 체크**

- ☐ 01 朝ご飯
- ☐ 02 味
- ☐ 03 お菓子
- ☐ 04 お酒
- ☐ 05 お皿
- ☐ 06 お茶
- ☐ 07 牛肉
- ☐ 08 牛乳
- ☐ 09 果物
- ☐ 10 紅茶
- ☐ 11 ご飯
- ☐ 12 魚
- ☐ 13 さとう
- ☐ 14 しお
- ☐ 15 食堂
- ☐ 16 食べ物
- ☐ 17 卵
- ☐ 18 とり肉
- ☐ 19 肉
- ☐ 20 飲み物
- ☐ 21 晩ご飯
- ☐ 22 半分
- ☐ 23 昼ご飯
- ☐ 24 豚肉
- ☐ 25 弁当
- ☐ 26 水
- ☐ 27 八百屋
- ☐ 28 野菜
- ☐ 29 夕飯
- ☐ 30 予約
- ☐ 31 食べる
- ☐ 32 作る
- ☐ 33 甘い
- ☐ 34 おいしい
- ☐ 35 辛い
- ☐ 36 まずい

## 음식과 식생활 — DAY 04

**01 朝ご飯 (あさごはん)** 图 아침밥, 아침 식사

朝ご飯は パンを 食べました。
아침밥은 빵을 먹었습니다.

**02 味 (あじ)** 图 맛

この ジュース、りんごの 味が します。
이 주스, 사과 맛이 납니다.

＋ 味が する 맛이 나다

**03 お菓子 (おかし)** 图 과자

コンビニで 好きな お菓子を いっぱい 買った。
편의점에서 좋아하는 과자를 잔뜩 샀다.

**04 お酒 (おさけ)** 图 술

私も 姉も お酒は 飲みません。
저도 언니(누나)도 술은 마시지 않습니다.

**05 お皿 (おさら)** 图 접시, 그릇

この 店は ケーキが おいしくて、お皿も かわいい です。
이 가게는 케이크가 맛있고, 접시도 귀엽습니다.

**06 お茶 (おちゃ)** 图 차, 녹차

コーヒーより お茶の 方が 好きです。
커피보다 차 쪽을 더 좋아합니다.

**07**
ぎゅうにく
牛肉
명 소고기

この スープの 中には 牛肉が 入って いる。
이 수프 안에는 소고기가 들어 있다.

---

**08**
ぎゅうにゅう
牛乳
명 우유

私は コーヒーに 牛乳を 入れて 飲みます。
나는 커피에 우유를 넣어서 마십니다.

---

**09**
くだもの
果物
명 과일

果物の 中で バナナが 一番 好きです。
과일 중에서 바나나를 가장 좋아합니다.

---

**10**
こうちゃ
紅茶
명 홍차

紅茶と コーラを 一つずつ ください。
홍차와 콜라를 하나씩 주세요.

---

**11**
はん
ご飯
명 밥, 식사

一緒に ご飯を 食べませんか。
같이 밥을 먹지 않을래요?
유 食事 식사

---

**12**
さかな
魚
명 물고기, 생선

肉も 魚も、どっちも 好きです。
고기도 생선도 어느 쪽도 좋아합니다.

## 음식과 식생활　DAY 04

**13　さとう**
명 설탕

甘い 物は 好きじゃ ないから、さとうは 要らない です。
단 것은 좋아하지 않으니까 설탕은 필요 없습니다.

**14　しお**
명 소금

味が 薄いから しおを 入れました。
맛이 싱거워서 소금을 넣었습니다.

**15　食堂（しょくどう）**
명 식당

昼ご飯は 学校の 食堂で 食べる ことに した。
점심밥은 학교 식당에서 먹기로 했다.

**16　食べ物（たべもの）**
명 먹을 것, 음식물

おばあさんが 食べ物を たくさん 買って くれました。
할머니가 먹을 것을 많이 사 주었습니다.

**17　卵（たまご）**
명 달걀, 계란

卵は 安くて 体にも いいです。
달걀은 저렴하고 몸에도 좋습니다.

**18　とり肉（にく）**
명 닭고기

牛肉は 好きですが、とり肉は あまり 好きじゃ ないです。
소고기는 좋아합니다만, 닭고기는 그다지 좋아하지 않습니다.

**19**
にく
# 肉
**명** 고기

兄は 肉が 好きで、毎日 食べて います。
오빠는(형은) 고기를 좋아해서 매일 먹습니다.

---

**20**
の もの
# 飲み物
**명** 마실 것, 음료

飲み物を 手に 持って バスに 乗らないで ください。
음료를 손에 들고 버스를 타지 말아 주세요.

---

**21**
ばん はん
# 晩ご飯
**명** 저녁밥, 저녁 식사

今日の 晩ご飯は カレーです。
오늘의 저녁밥은 카레입니다.
**유** 夕飯 저녁밥   夕食 저녁밥, 저녁 식사

---

**22**
はんぶん
# 半分
**명** 반, 절반

お腹が すいて いなかったから、ご飯を 半分しか
食べなかった。
배가 고프지 않았기 때문에 밥을 반밖에 먹지 않았다.

---

**23**
ひる はん
# 昼ご飯
**명** 점심밥, 점심 식사

今日は まだ 昼ご飯を 食べて いない。
오늘은 아직 점심밥을 먹지 않았다.

---

**24**
ぶたにく
# 豚肉
**명** 돼지고기

トンカツは 豚肉の 料理です。
돈가스는 돼지고기 요리입니다.

음식과 식생활

## 음식과 식생활  DAY 04

**25 べんとう　弁当**
[名] 도시락

コンビニで お弁当を 買って きます。
편의점에서 도시락을 사 올게요.

---

**26 みず　水**
[名] 물

私は ご飯を 食べる 前に 水を 飲みます。
나는 밥을 먹기 전에 물을 마십니다.

---

**27 やおや　八百屋**
[名] 채소 가게

家の 近くに 八百屋が あります。
집 근처에 채소 가게가 있습니다.

---

**28 やさい　野菜**
[名] 채소, 야채

子どもが 野菜を 食べません。
아이가 야채를 먹지 않습니다.

---

**29 ゆうはん　夕飯**
[名] 저녁밥

夕飯は 家族と 一緒に 食べる ことに した。
저녁밥은 가족과 함께 먹기로 했다.

[유] 晩ご飯 저녁밥, 저녁 식사　　夕食 저녁밥, 저녁 식사

---

**30 よやく　予約**
[名] [する] 예약

土曜日は 父の 誕生日だから 有名な レストランを 予約しました。
토요일은 아버지의 생일이라서 유명한 레스토랑을 예약했습니다.

| | | |
|---|---|---|
| **31** <br> た <br> **食べる** <br> 동 먹다 | お腹が すいて ラーメンを 食べました。<br>배가 고파서 라멘을 먹었습니다. | |
| **32** <br> つく <br> **作る** <br> 동 만들다 | 姉が おいしい ケーキを 作って くれた。<br>언니(누나)가 맛있는 케이크를 만들어 주었다. | |
| **33** <br> あま <br> **甘い** <br> イ 달다, 달콤하다 | 兄は 甘い 物は あまり 食べません。<br>오빠는(형은) 달콤한 것은 별로 먹지 않습니다. | |
| **34** <br> **おいしい** <br> イ 맛있다 | お母さんが 作って くれた 料理は いつ 食べても おいしいです。<br>엄마가 만들어 준 요리는 언제 먹어도 맛있습니다.<br>반 まずい 맛없다 | |
| **35** <br> から <br> **辛い** <br> イ 맵다 | この ラーメン、ちょっと 辛いですが、おいしいです。<br>이 라멘, 조금 맵지만 맛있어요. | |
| **36** <br> **まずい** <br> イ 맛없다 | この 果物は まずいから 食べたく ありません。<br>이 과일은 맛이 없어서 먹고 싶지 않습니다.<br>반 おいしい 맛있다 | |

음식과 식생활 47

## 확인 문제

**1** 해당 어휘의 읽는 법을 찾고 빈칸에 그 의미를 써 넣으세요.

| 보기 | 私 | ✓ わたし | ② あなた | 나, 저 |
|---|---|---|---|---|
| (1) | 卵 | ① だまご | ② たまご | _____ |
| (2) | 魚 | ① さかな | ② にく | _____ |
| (3) | お菓子 | ① おがし | ② おかし | _____ |
| (4) | 作る | ① つくる | ② かえる | _____ |

**2** 한국어 뜻을 참고하여 알맞은 단어를 보기에서 골라 넣어 문장을 완성하세요.

(5) コーヒーより ( )の 方(ほう)が 好(す)きです。
커피보다 차 쪽을 더 좋아합니다.

(6) 私(わたし)は コーヒーに ( )を 入(い)れて 飲(の)みます。
나는 커피에 우유를 넣어서 마십니다.

(7) お母(かあ)さんが 作(つく)って くれた 料理(りょうり)は いつ 食(た)べても ( )です。
엄마가 만들어 준 요리는 언제 먹어도 맛있습니다.

(8) お腹(なか)が すいて ラーメンを ( )。
배가 고파서 라멘을 먹었습니다.

| 보기 | お茶(ちゃ) | 牛乳(ぎゅうにゅう) | 食(た)べました | おいしい |
|---|---|---|---|---|

**정답**

(1) ② 달걀, 계란 (2) ① 물고기, 생선 (3) ② 과자 (4) ① 만들다
(5) お茶(ちゃ) (6) 牛乳(ぎゅうにゅう) (7) おいしい (8) 食(た)べました

# 단어 퀴즈

❀ 단어를 보고 발음과 의미를 적어 보세요.

| 단어 | 발음 | 의미 |
|---|---|---|
| 私 | わたし | 나, 저 |
| とり肉 | | |
| 半分 | | |
| 弁当 | | |
| 予約 | | |
| 朝ご飯 | | |
| 昼ご飯 | | |
| 晩ご飯 | | |
| 水 | | |
| 味 | | |
| 紅茶 | | |
| お皿 | | |
| 辛い | | |
| 野菜 | | |
| 食堂 | | |
| 果物 | | |
| 八百屋 | | |
| 食べ物 | | |
| 飲み物 | | |
| お酒 | | |
| 甘い | | |

📎 QR을 따라 정오표 답을 확인할 수 있어요.

# 단어 퀴즈

❋ 한번 더 복습해 봅시다.

| 읽는 법과 뜻 | | 한자 | 발음 | 의미 |
|---|---|---|---|---|
| ☐ | わたし<br>나, 저 | 예   私 | わたし | 나, 저 |
| ☐ | とりにく<br>닭고기 | とり肉 | | |
| ☐ | はんぶん<br>반, 절반 | 半分 | | |
| ☐ | べんとう<br>도시락 | 弁当 | | |
| ☐ | よやく<br>예약 | 予約 | | |
| ☐ | あさごはん<br>아침밥, 아침 식사 | 朝ご飯 | | |
| ☐ | ひるごはん<br>점심밥, 점심 식사 | 昼ご飯 | | |
| ☐ | ばんごはん<br>저녁밥, 저녁 식사 | 晩ご飯 | | |
| ☐ | みず<br>물 | 水 | | |
| ☐ | あじ<br>맛 | 味 | | |
| ☐ | こうちゃ<br>홍차 | 紅茶 | | |
| ☐ | おさら<br>접시, 그릇 | お皿 | | |
| ☐ | からい<br>맵다 | 辛い | | |
| ☐ | やさい<br>채소, 야채 | 野菜 | | |
| ☐ | しょくどう<br>식당 | 食堂 | | |
| ☐ | くだもの<br>과일 | 果物 | | |
| ☐ | やおや<br>채소 가게 | 八百屋 | | |
| ☐ | たべもの<br>먹을 것, 음식물 | 食べ物 | | |
| ☐ | のみもの<br>마실 것, 음료 | 飲み物 | | |
| ☐ | おさけ<br>술 | お酒 | | |
| ☐ | あまい<br>달다, 달콤하다 | 甘い | | |

# DAY 05
# 학교와 회사 생활

음성듣기

얼마나 알고 있나요?

**사전 체크**

- ☐ 01 椅子
- ☐ 02 意味
- ☐ 03 英語
- ☐ 04 鉛筆
- ☐ 05 会社
- ☐ 06 会社員
- ☐ 07 学生
- ☐ 08 学校
- ☐ 09 かばん
- ☐ 10 韓国
- ☐ 11 漢字
- ☐ 12 教室
- ☐ 13 作文
- ☐ 14 仕事
- ☐ 15 辞書
- ☐ 16 質問
- ☐ 17 授業
- ☐ 18 宿題
- ☐ 19 生徒
- ☐ 20 先生
- ☐ 21 大学
- ☐ 22 机
- ☐ 23 図書館
- ☐ 24 夏休み
- ☐ 25 勉強
- ☐ 26 問題
- ☐ 27 留学生
- ☐ 28 言う
- ☐ 29 教える
- ☐ 30 覚える
- ☐ 31 終わる
- ☐ 32 帰る
- ☐ 33 書く
- ☐ 34 貸す
- ☐ 35 聞く
- ☐ 36 答える
- ☐ 37 習う
- ☐ 38 働く
- ☐ 39 ひく
- ☐ 40 読む
- ☐ 41 わかる
- ☐ 42 忘れる
- ☐ 43 忙しい
- ☐ 44 難しい
- ☐ 45 易しい
- ☐ 46 簡単
- ☐ 47 上手
- ☐ 48 大変

## 학교와 회사 생활 — DAY 05

**01 椅子 (いす)** 명 의자
学生たちが 椅子に 座って 先生を 待って いる。
학생들이 의자에 앉아 선생님을 기다리고 있다.

**02 意味 (いみ)** 명 する 의미, 뜻
この ことばの 意味を 教えて ください。
이 말의 의미를 가르쳐 주세요.

**03 英語 (えいご)** 명 영어
弟は 私より 英語が 上手です。
남동생은 나보다 영어를 잘합니다.

**04 鉛筆 (えんぴつ)** 명 연필
答えは 鉛筆で 書いて ください。
답은 연필로 써 주세요.
➕ 消しゴム 지우개

**05 会社 (かいしゃ)** 명 회사
母の 会社は 駅の 近くに あります。
어머니의 회사는 역 근처에 있습니다.

**06 会社員 (かいしゃいん)** 명 회사원
姉は 会社員では なく、学校の 先生です。
언니(누나)는 회사원이 아니라 학교 선생님입니다.

## 07
がくせい
### 学生
**명** 학생

学生は 勉強するのが 仕事です。
학생은 공부하는 것이 일입니다.

## 08
がっこう
### 学校
**명** 학교

今日は 土曜日だから 学校には 行きません。
오늘은 토요일이라서 학교에는 가지 않습니다.

## 09
### かばん
**명** 가방

お弁当は かばんの 中に あります。
도시락은 가방 안에 있습니다.

## 10
かんこく
### 韓国
**명** 한국

今日、韓国から 留学生が 来ます。
오늘 한국에서 유학생이 옵니다.

## 11
かんじ
### 漢字
**명** 한자

日本語を 勉強する 時、漢字が 一番 難しかった です。
일본어를 공부할 때 한자가 가장 어려웠습니다.

## 12
きょうしつ
### 教室
**명** 교실

教室の 中に だれも いませんね。
교실 안에 아무도 없네요.

학교와 회사 생활 53

## 학교와 회사 생활 — DAY 05

**13 作文** さくぶん
[명] [する] 작문

宿題は 短い 作文を 書く ことです。
しゅくだい みじか さくぶん か
숙제는 짧은 작문을 쓰는 것입니다.

**14 仕事** しごと
[명] [する] 일, 업무

仕事が 終わって 家に 帰りました。
しごと お いえ かえ
일이 끝나고 집에 돌아왔습니다.

**15 辞書** じしょ
[명] 사전

わからない ことばは 辞書を 引いて ください。
じしょ ひ
모르는 말은 사전을 찾아 주세요.

＋ 辞書を 引く 사전을 찾다
じしょ ひ

**16 質問** しつもん
[명] [する] 질문

先生、質問が あります。
せんせい しつもん
선생님, 질문이 있습니다.

**17 授業** じゅぎょう
[명] [する] 수업

授業中は 静かに して ください。
じゅぎょうちゅう しず
수업 중에는 조용히 해 주세요.

**18 宿題** しゅくだい
[명] 숙제

今日は 宿題が ないから 友だちと 遊びます。
きょう しゅくだい とも あそ
오늘은 숙제가 없으니까 친구와 놉니다.

Track 014

### 19
せいと
**生徒**
명 (중·고등)학생

生徒たちが 教室で 勉強して います。
학생들이 교실에서 공부하고 있습니다.
유 学生 학생

### 20
せんせい
**先生**
명 선생님

先生が 教室の 中に 入って きました。
선생님이 교실 안으로 들어왔습니다.

### 21
だいがく
**大学**
명 대학, 대학교

大学に 行って、日本語を 勉強したいです。
대학교에 가서 일본어를 공부하고 싶습니다.

### 22
つくえ
**机**
명 책상

机の 上に 本が 三冊 あります。
책상 위에 책이 세 권 있습니다.

### 23
としょかん
**図書館**
명 도서관

図書館で 読みたい 本を 借りました。
도서관에서 읽고 싶은 책을 빌렸습니다.

### 24
なつやす
**夏休み**
명 여름 방학, 여름휴가

来週から 夏休みが 始まります。
다음 주부터 여름 방학이(여름휴가가) 시작됩니다.

학교와 회사 생활 55

## 학교와 회사 생활　DAY 05

**25　べんきょう　勉強**
명 する 공부

月曜日が テストだから、週末は 勉強します。
월요일이 시험이니까 주말에는 공부합니다.

**26　もんだい　問題**
명 문제

問題は 1番から 10番まで あります。
문제는 1번부터 10번까지 있습니다.

**27　りゅうがくせい　留学生**
명 유학생

私の クラスには 日本人の 留学生が 一人 います。
우리 반에는 일본인 유학생이 한 명 있습니다.

**28　い　言う**
동 말하다

その 子は 上手な 日本語で 言いました。
그 아이는 능숙한 일본어로 말했습니다.
유 話す 이야기하다

**29　おし　教える**
동 가르치다

私の 兄は 学校で 英語を 教えて います。
우리 오빠는(형은) 학교에서 영어를 가르치고 있습니다.
반 習う 배우다, 익히다

**30　おぼ　覚える**
동 외우다, 기억하다

まだ 4月だから、クラスの みんなの 顔は 覚えて いない。
아직 4월이라서 반 모두의 얼굴은 기억하고 있지 않다.

### 31
お
### 終わる
동 끝나다, 마치다

6時に 仕事が 終わるから、ちょっと 待って いて ください。
6시에 일이 끝나니까 조금 기다리고 있어 주세요.

### 32
かえ
### 帰る
동 돌아가(오)다

もう 6時だから、早く 帰りましょう。
벌써 6시니까 빨리 돌아갑시다.

### 33
か
### 書く
동 쓰다, 적다

一番 上に 名前を 書いて ください。
제일 위에 이름을 써 주세요.

### 34
か
### 貸す
동 빌려주다

友だちに ノートを 貸しました。
친구에게 노트를 빌려주었습니다.

➕ 借りる 빌리다

### 35
き
### 聞く
동 듣다, 묻다

先生の 話を 聞きながら メモを します。
선생님의 이야기를 들으면서 메모를 합니다.

わからない 問題が あって、先生に 聞きました。
모르는 문제가 있어서 선생님께 물었습니다.

### 36
こた
### 答える
동 대답하다, 응답하다

この 問題は 本を 見ないで 答えましょう。
이 문제는 책을 보지 않고 대답합시다.

## 학교와 회사 생활 — DAY 05

**37 習う** なら
동 배우다, 익히다

私は 今、韓国語を 習って います。
나는 지금 한국어를 배우고 있습니다.
반 教える 가르치다

**38 働く** はたら
동 일하다, 근무하다

今日から ここで 働く ことに なりました。
오늘부터 여기에서 일하게 되었습니다.

**39 ひく**
동 (악기를) 연주하다, 치다, 켜다

私は ピアノを ひく ことが できます。
나는 피아노를 칠 수 있습니다.

**40 読む** よ
동 읽다

次の 問題を 読んで、質問に 答えて ください。
다음 문제를 읽고 질문에 답해 주세요.

**41 わかる**
동 알다, 이해하다

わからない 所を 兄が 教えて くれた。
모르는 곳을 오빠가(형이) 가르쳐 주었다.

**42 忘れる** わす
동 잊다, 잊어버리다

宿題が ある こと、忘れないで ください。
숙제가 있는 것을 잊지 말아 주세요.

## 43 忙しい (いそがしい)
イ 바쁘다

今日は 忙しいから 明日 会いましょう。
오늘은 바쁘니까 내일 만납시다.

반 暇だ 한가하다

## 44 難しい (むずかしい)
イ 어렵다

日本語を 話す ことは できますが、書く ことは 難しいです。
일본어를 말할 수는 있지만, 쓰는 것은 어렵습니다.

반 易しい 쉽다   簡単だ 간단하다, 쉽다

## 45 易しい (やさしい)
イ 쉽다

昨日の テストは とても 易しかったです。
어제의 시험은 매우 쉬웠습니다.

유 簡単だ 간단하다, 쉽다
반 難しい 어렵다

## 46 簡単 (かんたん)
ナ 명 간단, 쉬움

これは だれでも できる 簡単な 仕事です。
이것은 누구라도 할 수 있는 간단한 일입니다.

유 易しい 쉽다
반 難しい 어렵다

## 47 上手 (じょうず)
ナ 명 잘함, 능숙함

日本語、本当に 上手ですね。
일본어, 정말 잘하시네요.

반 下手だ 못하다, 서투르다

## 48 大変 (たいへん)
ナ 명 힘듦, 큰일임
부 몹시, 대단히

仕事は 大変だが、おもしろいです。
일은 힘들지만 재미있습니다.

학교와 회사 생활

## 확인 문제

**1** 해당 어휘의 읽는 법을 찾고 빈칸에 그 의미를 써 넣으세요.

| 보기 | 私 | ✓わたし | ②あなた | 나, 저 |
|---|---|---|---|---|

(1) 机　　①つくえ　　②すくえ　　_____

(2) 椅子　①いみ　　　②いす　　　_____

(3) 上手　①じょうじゅ　②じょうず　_____

(4) 書く　①きく　　　②かく　　　_____

**2** 한국어 뜻을 참고하여 알맞은 단어를 보기에서 골라 넣어 문장을 완성하세요.

(5) 私は ピアノを (　　　　) ことが できます。
　　나는 피아노를 칠 수 있습니다.

(6) お弁当は (　　　　)の 中に あります。
　　도시락은 가방 안에 있습니다.

(7) 月曜日が テストだから、週末は (　　　　)します。
　　월요일이 시험이니까 주말에는 공부합니다.

(8) (　　　　) 所を 兄が 教えて くれた。
　　모르는 곳을 오빠가(형이) 가르쳐 주었다.

| 보기 | わからない　　勉強　　ひく　　かばん |
|---|---|

**정답**
(1) ① 책상　(2) ② 의자　(3) ② 잘함, 능숙함　(4) ② 쓰다, 적다
(5) ひく　(6) かばん　(7) 勉強(べんきょう)　(8) わからない

# 단어 퀴즈

✽ 단어를 보고 발음과 의미를 적어 보세요.

| 단어 | 발음 | 의미 |
|---|---|---|
| 私 | わたし | 나, 저 |
| 簡単 | | |
| 夏休み | | |
| 忘れる | | |
| 難しい | | |
| 鉛筆 | | |
| 答える | | |
| 貸す | | |
| 留学生 | | |
| 図書館 | | |
| 大学 | | |
| 教える | | |
| 覚える | | |
| 会社員 | | |
| 辞書 | | |
| 大変 | | |
| 授業 | | |
| 働く | | |
| 習う | | |
| 宿題 | | |
| 生徒 | | |

📄 모르는 단어를 확인할 수 있어요.

# 단어 퀴즈

❋ 한번 더 복습해 봅시다.

| 읽는 법과 뜻 | | 한자 | 발음 | 의미 |
|---|---|---|---|---|
| ☐ | わたし<br>나, 저 | 예 私 | わたし | 나, 저 |
| ☐ | かんたん<br>간단, 쉬움 | 簡単 | | |
| ☐ | なつやすみ<br>여름 방학, 여름휴가 | 夏休み | | |
| ☐ | わすれる<br>잊다, 잊어버리다 | 忘れる | | |
| ☐ | むずかしい<br>어렵다 | 難しい | | |
| ☐ | えんぴつ<br>연필 | 鉛筆 | | |
| ☐ | こたえる<br>대답하다, 응답하다 | 答える | | |
| ☐ | かす<br>빌려주다 | 貸す | | |
| ☐ | りゅうがくせい<br>유학생 | 留学生 | | |
| ☐ | としょかん<br>도서관 | 図書館 | | |
| ☐ | だいがく<br>대학, 대학교 | 大学 | | |
| ☐ | おしえる<br>가르치다 | 教える | | |
| ☐ | おぼえる<br>외우다, 기억하다 | 覚える | | |
| ☐ | かいしゃいん<br>회사원 | 会社員 | | |
| ☐ | じしょ<br>사전 | 辞書 | | |
| ☐ | たいへん<br>힘듦, 큰일임 | 大変 | | |
| ☐ | じゅぎょう<br>수업 | 授業 | | |
| ☐ | はたらく<br>일하다, 근무하다 | 働く | | |
| ☐ | ならう<br>배우다, 익히다 | 習う | | |
| ☐ | しゅくだい<br>숙제 | 宿題 | | |
| ☐ | せいと<br>(중·고등)학생 | 生徒 | | |

# 교통과 안전

음성듣기

> 얼마나 알고 있나요?

**사전 체크**

- [ ] 01 駅
- [ ] 02 おまわりさん
- [ ] 03 外国人
- [ ] 04 階段
- [ ] 05 鍵
- [ ] 06 北口
- [ ] 07 車
- [ ] 08 警官
- [ ] 09 財布
- [ ] 10 信号
- [ ] 11 新聞
- [ ] 12 地下鉄
- [ ] 13 次
- [ ] 14 電車
- [ ] 15 飛行機
- [ ] 16 道
- [ ] 17 夜
- [ ] 18 ある
- [ ] 19 行く
- [ ] 20 押す
- [ ] 21 泳ぐ
- [ ] 22 降りる
- [ ] 23 消える
- [ ] 24 来る
- [ ] 25 消す
- [ ] 26 飛ぶ
- [ ] 27 登る
- [ ] 28 乗る
- [ ] 29 曲がる
- [ ] 30 待つ
- [ ] 31 危ない
- [ ] 32 遅い
- [ ] 33 狭い
- [ ] 34 広い
- [ ] 35 にぎやか
- [ ] 36 便利

## 교통과 안전 · DAY 06

**01 えき 駅**
명 역
駅の 前に デパートが あります。
역 앞에 백화점이 있습니다.

**02 おまわりさん**
명 '경찰'을 친근하게 부르는 말
おまわりさんが なくなった 自転車を 一緒に 探して くれました。
경찰 아저씨가 없어진 자전거를 함께 찾아 주었습니다.

**03 がいこくじん 外国人**
명 외국인
外国人に 駅までの 道を 教えました。
외국인에게 역까지의 길을 알려주었습니다.

**04 かいだん 階段**
명 계단
3階には この 階段で 行く ことが できます。
3층에는 이 계단으로 갈 수 있습니다.

**05 かぎ 鍵**
명 열쇠
家の 鍵を 会社に 置いて きました。
집 열쇠를 회사에 두고 왔습니다.

**06 きたぐち 北口**
명 북쪽 출구
北口ではなく 西口に 出て ください。
북쪽 출구가 아닌 서쪽 출구로 나와 주세요.
➕ 東口 동쪽 출구   西口 서쪽 출구   南口 남쪽 출구

**07 車** くるま
명 차, 자동차

ちち せんげつ くろ くるま か
父は 先月、黒い 車を 買いました。
아버지는 지난달에 검은 자동차를 샀습니다.

**08 警官** けいかん
명 경찰, 경찰관

みち けいかん き
道が わからなくて 警官に 聞きました。
길을 몰라서 경찰관에게 물었습니다.

**09 財布** さいふ
명 지갑

さいふ かぎ いえ わす
財布と 鍵を 家に 忘れました。
지갑과 열쇠를 집에 잊고 왔습니다.

**10 信号** しんごう
명 신호, 신호등

しんごう あお ま
信号が 青に なるまで 待ちましょう。
신호가 파랑이 될 때까지 기다립시다.

**11 新聞** しんぶん
명 신문

えき しんぶん か
駅に ある コンビニで 新聞を 買いました。
역에 있는 편의점에서 신문을 샀습니다.

**12 地下鉄** ちかてつ
명 지하철

まいにち ちかてつ の かいしゃ い
毎日 地下鉄に 乗って 会社に 行きます。
매일 지하철을 타고 회사에 갑니다.

교통과 안전 65

## 교통과 안전   DAY 06

**13 つぎ 次**
명 다음

私(わたし)は 次(つぎ)の 駅(えき)で 降(お)ります。
나는 다음 역에서 내립니다.

---

**14 でんしゃ 電車**
명 전철

今日(きょう)は 電車(でんしゃ)の 中(なか)に 人(ひと)が あまり いません。
오늘은 전철 안에 사람이 별로 없습니다.

---

**15 ひこうき 飛行機**
명 비행기

北海道(ほっかいどう)まで 飛行機(ひこうき)で 行(い)きます。
홋카이도까지 비행기로 갑니다.

---

**16 みち 道**
명 길

映画館(えいがかん)までの 道(みち)を おまわりさんが 教(おし)えて くれました。
영화관까지의 길을 경찰 아저씨가 알려 주었습니다.

---

**17 よる 夜**
명 밤

夜(よる)の 道(みち)は 危(あぶ)ないから 外(そと)には 出(で)ないで ください。
밤길은 위험하니까 밖에는 나가지 말아 주세요.

---

**18 ある**
통 있다(사물·식물)

飛行機(ひこうき)の 中(なか)には トイレが あります。
비행기 안에는 화장실이 있습니다.

➕ いる 있다(사람·동물)

## 19
### 行く
い
동 가다

コンビニに 行って きます。
편의점에 다녀오겠습니다.
반 来る 오다

## 20
### 押す
お
동 밀다, 누르다

ドアを 押して 中に 入った。
문을 밀고 안으로 들어갔다.
반 引く 당기다

## 21
### 泳ぐ
およ
동 헤엄치다, 수영을 하다

子どもの 頃は 川で 泳いだり 山で 遊んだり しました。
어릴 때는 강에서 수영하거나 산에서 놀거나 했습니다.
유 水泳 수영

## 22
### 降りる
お
동 (탈것에서) 내리다

電車から 降りて タクシーに 乗りました。
전철에서 내려 택시를 탔습니다.
반 乗る (탈것·교통수단에) 타다

## 23
### 消える
き
동 사라지다, 지워지다, (불이) 꺼지다

一人で いる 時、電気が 消えて びっくりした。
혼자 있을 때 불이 꺼져서 깜짝 놀랐다.
타 消す (불을) 끄다

## 24
### 来る
く
동 오다

次の 電車は 3分後に 来ます。
다음 전철은 3분 후에 옵니다.
반 行く 가다

교통과 안전 67

## 교통과 안전   DAY 06

**25 消す**
동 (불을) 끄다, 지우다

もう 遅いから、電気を 消して 寝ましょう。
이제 늦었으니까 불을 끄고 잡시다.
자 消える (불이) 꺼지다

---

**26 飛ぶ**
동 날다, 뛰다

青い 空には 飛行機が 飛んで いました。
푸른 하늘에는 비행기가 날고 있었습니다.

---

**27 登る**
동 (산에) 오르다, 올라가다

今日は クラスの みんなと 一緒に 山に 登ります。
오늘은 반 모두와 함께 산에 오릅니다.
반 下りる 내려가(오)다

---

**28 乗る**
동 (탈것·교통수단을) 타다

バスに 乗って 学校に 行きます。
버스를 타고 학교에 갑니다.

エレベーターに 乗って 8階に 行きます。
엘리베이터를 타고 8층으로 갑니다.
반 降りる (탈것에서) 내리다

---

**29 曲がる**
동 구부러지다, (우측·좌측으로) 돌다

次の 角を 右に 曲がって ください。
다음 모퉁이를 오른쪽으로 돌아 주세요.

---

**30 待つ**
동 기다리다

駅で 友だちを 1時間 待ちました。
역에서 친구를 한 시간 기다렸습니다.

## 31
### 危ない
**イ** 위험하다

危ないから 中には 入らないで ください。
위험하니까 안에는 들어가(오)지 말아 주세요.
유 危険 위험

## 32
### 遅い
**イ** 늦다, 느리다

バスは 遅いから タクシーで 行きましょう。
버스는 느리니까 택시로 갑시다.
반 速い (속도가) 빠르다　早い (시간이) 빠르다, 이르다

## 33
### 狭い
**イ** 좁다

この 道は 狭くて 車は 入る ことが できない。
이 길은 좁아서 자동차는 들어갈(올) 수 없다.
반 広い 넓다

## 34
### 広い
**イ** 넓다

新しい 駅は とても 広くて きれいでした。
새로운 역은 매우 넓고 깨끗했습니다.
반 狭い 좁다

## 35
### にぎやか
**ナ** 번화함, 활기참

新宿は いつ 来ても にぎやかです。
신주쿠는 언제 와도 활기찹니다.

## 36
### 便利
**ナ** **명** 편리

家の 近くに 駅が あって、とても 便利です。
집 근처에 역이 있어서 매우 편리합니다.

교통과 안전

## 확인 문제

**1** 해당 어휘의 읽는 법을 찾고 빈칸에 그 의미를 써 넣으세요.

| 보기 | 私 | ✓ わたし | ② あなた | 나, 저 |
|---|---|---|---|---|

(1) 駅　　① えき　　② やく　　_____

(2) 次　　① つぎ　　② つき　　_____

(3) 乗る　① のる　　② くる　　_____

(4) 広い　① せまい　② ひろい　_____

**2** 한국어 뜻을 참고하여 알맞은 단어를 보기 에서 골라 넣어 문장을 완성하세요.

(5) 父は 先月、黒い (　　　　) を 買いました。
　　아버지는 지난달에 검은 자동차를 샀습니다.

(6) ドアを (　　　　) 中に 入った。
　　문을 밀고 안으로 들어갔다.

(7) (　　　　) の 道は 危ないから 外には 出ないで ください。
　　밤길은 위험하니까 밖에는 나가지 말아 주세요.

(8) 電車から (　　　　) タクシーに 乗りました。
　　전철에서 내려 택시를 탔습니다.

| 보기 | 降りて | 夜 | 押して | 車 |
|---|---|---|---|---|

---

**정답**

(1) ① 역　(2) ① 다음　(3) ① (탈것·교통수단을) 타다　(4) ② 넓다
(5) 車(くるま)　(6) 押(お)して　(7) 夜(よる)　(8) 降(お)りて

## 단어 퀴즈

❋ 단어를 보고 발음과 의미를 적어 보세요.

| 단어 | 발음 | 의미 |
|---|---|---|
| 私 | わたし | 나, 저 |
| 飛行機 | | |
| 北口 | | |
| 地下鉄 | | |
| 信号 | | |
| 消す | | |
| 電車 | | |
| 鍵 | | |
| 階段 | | |
| 飛ぶ | | |
| 登る | | |
| 危ない | | |
| 曲がる | | |
| 遅い | | |
| 便利 | | |
| 財布 | | |
| 警官 | | |
| 泳ぐ | | |
| 外国人 | | |
| 狭い | | |
| 新聞 | | |

📖 선을 따라 접으면 답을 확인할 수 있어요.

# 단어 퀴즈

❋ 한번 더 복습해 봅시다.

| 읽는 법과 뜻 |
|---|
| ☐ わたし<br>나, 저 |
| ☐ ひこうき<br>비행기 |
| ☐ きたぐち<br>북쪽 출구 |
| ☐ ちかてつ<br>지하철 |
| ☐ しんごう<br>신호, 신호등 |
| ☐ けす<br>(불을) 끄다, 지우다 |
| ☐ でんしゃ<br>전철 |
| ☐ かぎ<br>열쇠 |
| ☐ かいだん<br>계단 |
| ☐ とぶ<br>날다, 뛰다 |
| ☐ のぼる<br>(산에) 오르다, 올라가다 |
| ☐ あぶない<br>위험하다 |
| ☐ まがる<br>(우측·좌측으로) 돌다 |
| ☐ おそい<br>늦다, 느리다 |
| ☐ べんり<br>편리 |
| ☐ さいふ<br>지갑 |
| ☐ けいかん<br>경찰, 경찰관 |
| ☐ およぐ<br>헤엄치다 |
| ☐ がいこくじん<br>외국인 |
| ☐ せまい<br>좁다 |
| ☐ しんぶん<br>신문 |

| 한자 | 발음 | 의미 |
|---|---|---|
| 예  私 | わたし | 나, 저 |
| 飛行機 | | |
| 北口 | | |
| 地下鉄 | | |
| 信号 | | |
| 消す | | |
| 電車 | | |
| 鍵 | | |
| 階段 | | |
| 飛ぶ | | |
| 登る | | |
| 危ない | | |
| 曲がる | | |
| 遅い | | |
| 便利 | | |
| 財布 | | |
| 警官 | | |
| 泳ぐ | | |
| 外国人 | | |
| 狭い | | |
| 新聞 | | |

# 몸과 건강

음성 듣기

얼마나 알고 있나요?

**사전 체크**

- ☐ 01 足
- ☐ 02 頭
- ☐ 03 医者
- ☐ 04 お腹
- ☐ 05 顔
- ☐ 06 風邪
- ☐ 07 髪の毛
- ☐ 08 体
- ☐ 09 薬
- ☐ 10 口
- ☐ 11 靴
- ☐ 12 背
- ☐ 13 手
- ☐ 14 歯
- ☐ 15 鼻
- ☐ 16 病院
- ☐ 17 病気
- ☐ 18 耳
- ☐ 19 目
- ☐ 20 眼鏡
- ☐ 21 休み
- ☐ 22 歩く
- ☐ 23 かかる
- ☐ 24 吸う
- ☐ 25 座る
- ☐ 26 立つ
- ☐ 27 違う
- ☐ 28 なる
- ☐ 29 飲む
- ☐ 30 みがく
- ☐ 31 休む
- ☐ 32 痛い
- ☐ 33 重い
- ☐ 34 軽い
- ☐ 35 強い
- ☐ 36 ない
- ☐ 37 速い
- ☐ 38 低い
- ☐ 39 弱い
- ☐ 40 元気
- ☐ 41 丈夫
- ☐ 42 大丈夫

## 몸과 건강 — DAY 07

**01 足** (あし) 명 발, 다리
私の 姉は 足が とても 長いです。
나의 언니(누나)는 다리가 매우 깁니다.
私の 兄は 足が とても 大きいです。
나의 오빠는(형은) 발이 매우 큽니다.

**02 頭** (あたま) 명 머리
昨日から 頭が 痛い。
어제부터 머리가 아프다.

**03 医者** (いしゃ) 명 의사
子どもの 頃は 医者に なりたかったです。
어릴 때는 의사가 되고 싶었습니다.

**04 お腹** (なか) 명 배
お腹が すいたから、ご飯を 食べませんか。
배가 고프니까 밥을 먹지 않을래요?

**05 顔** (かお) 명 얼굴
先生は 顔が とても 小さいですね。
선생님은 얼굴이 매우 작네요.

**06 風邪** (かぜ) 명 감기
風邪を 引いて 今日は 学校を 休みました。
감기에 걸려서 오늘은 학교를 쉬었습니다.

**07 髪の毛** (かみのけ) 명 머리카락, 머리
髪の毛を 切って とても 短く なりました。
머리를 잘라서 매우 짧아졌습니다.

## 08
からだ
**体**
명 몸

わたし からだ よわ かぜ ひ
私は **体**が 弱くて よく 風邪を 引きます。
나는 몸이 약해서 자주 감기에 걸립니다.

## 09
くすり
**薬**
명 약

あたま いた くすり の
頭が 痛くて、**薬**を 飲みました。
머리가 아파서 약을 먹었습니다.

➕ くすり の
薬を 飲む 약을 먹다

## 10
くち
**口**
명 입

おとうと くち あ ね
弟が **口**を 開けて 寝て いる。
남동생이 입을 벌리고 자고 있다.

## 11
くつ
**靴**
명 신발, 구두

くつ ちい
この **靴**は 小さくて はく ことが できません。
이 신발은 작아서 신을 수 없습니다.

## 12
せ
**背**
명 키

せ たか ぎゅうにゅう の
**背**が 高く なりたいから、牛乳を たくさん 飲みます。
키가 크고 싶어서 우유를 많이 마십니다.

## 13
て
**手**
명 손

こ て ちい
子どもの **手**が 小さくて かわいいです。
아이의 손이 작고 귀엽습니다.

## 14
は
**歯**
명 이, 이빨, 치아

ね まえ は
寝る 前に **歯**を みがきます。
자기 전에 이를 닦습니다.

➕ は
歯を みがく 이를 닦다

몸과 건강 **75**

## 몸과 건강  DAY 07

**15 はな 鼻**
[명] 코

はなが たかくて めが ちいさい ほうが あにです。
鼻が 高くて 目が 小さい 方が 兄です。
코가 높고 눈이 작은 쪽이 오빠(형)입니다.

---

**16 びょういん 病院**
[명] 병원

おなかが いたくて びょういんに いってから かえります。
お腹が 痛くて 病院に 行ってから 帰ります。
배가 아파서 병원에 갔다가 귀가하겠습니다.

---

**17 びょうき 病気**
[명] する 병

わたしの クラスには びょうきで がっこうを やすんで いる こが いる。
私の クラスには 病気で 学校を 休んで いる 子が いる。
우리 반에는 병으로 학교를 쉬고 있는 아이가 있다.

---

**18 みみ 耳**
[명] 귀

みみに みずが はいって びょういんに いきました。
耳に 水が 入って 病院に 行きました。
귀에 물이 들어가서 병원에 갔습니다.

---

**19 め 目**
[명] 눈

わたしも いもうとも めが わるいです。
私も 妹も 目が 悪いです。
나도 여동생도 눈이 나쁩니다.

---

**20 めがね 眼鏡**
[명] 안경

めが わるくて めがねを かけて います。
目が 悪くて 眼鏡を かけて います。
눈이 나빠서 안경을 쓰고 있습니다.

---

**21 やすみ 休み**
[명] 휴식, 쉬는 시간, 휴일, 휴가

いっかげつかん、やすみが ありませんでした。
一か月間、休みが ありませんでした。
한 달 동안 휴일이 없었습니다.

## 22
ある
**歩く**
[동] 걷다

体に いいから 今日から 歩いて 帰ります。
몸에 좋으니까 오늘부터 걸어서 돌아가겠습니다.

➕ 走る 달리다, 뛰다

## 23
**かかる**
[동] (병에) 걸리다,
(시간·비용이) 들다,
(전화가) 걸리다

おばあさんは 今 病気に かかって います。
할머니는 지금 병에 걸려 있습니다.

[타] かける (시간·비용을) 들이다, (전화를) 걸다, (안경을) 쓰다

## 24
す
**吸う**
[동] (담배를) 피우다,
들이마시다, 빨아들이다

おじいさんは ご飯を 食べた 後、いつも タバコを 吸います。
할아버지는 밥을 먹은 후에 늘 담배를 핍니다.

➕ タバコを 吸う 담배를 피우다

## 25
すわ
**座る**
[동] 앉다

足が 痛いから、ちょっと 座りたいです。
다리가 아파서, 잠깐 앉고 싶습니다.

[반] 立つ 서다

## 26
た
**立つ**
[동] 서다, 일어서다, 일어나다

今 手を あげた 人、立って ください。
지금 손을 든 사람, 일어나 주세요.

[반] 座る 앉다

## 27
ちが
**違う**
[동] 다르다, 틀리다

姉は 私と 違って、背が 低いです。
언니(누나)는 나와 달리 키가 작습니다.

[반] 同じだ 같다, 동일하다

## 28
**なる**
[동] 되다

先週 風邪を 引いたが、今は 元気に なりました。
지난주 감기에 걸렸지만 지금은 건강해졌습니다.

## 몸과 건강    DAY 07

**29 飲む**
동 마시다, (약을) 먹다, 복용하다

ご飯を 食べた 後、この 薬を 飲んで ください。
밥을 먹은 후에 이 약을 먹으세요.

➕ スープを 飲む 수프를(국물을) 먹다

---

**30 みがく**
동 닦다, 연마하다

朝 起きて、顔を 洗って 歯を みがきます。
아침에 일어나서 얼굴을 씻고 이를 닦습니다.

---

**31 休む**
やす
동 쉬다

明日は 土曜日だから ゆっくり 休みます。
내일은 토요일이니까 푹 쉬겠습니다.

---

**32 痛い**
いた
イ 아프다

足が 痛いから もう 歩きたく ありません。
다리가 아파서 이제 걷고 싶지 않습니다.

---

**33 重い**
おも
イ 무겁다, (정도가) 심하다

重い 病気じゃなくて 本当に よかったです。
무거운(심한) 병이 아니라서 정말 다행입니다.

반 軽い 가볍다

---

**34 軽い**
かる
イ 가볍다

これは 軽いから 私でも 持つ ことが できます。
이건 가벼우니까 나라도 들 수 있습니다.

반 重い 무겁다

---

**35 強い**
つよ
イ 강하다, 세다

お父さんより 大きくて 強い 人に なりたいです。
아버지보다 크고 강한 사람이 되고 싶습니다.

반 弱い 약하다

## 36
### ない
- イ 없다

南さん、今日は 元気が ないですね。
미나미 씨, 오늘은 기운이 없네요.

反 ある 있다(사물·식물)

## 37
### 速い
- イ (속도가) 빠르다

私は クラスで 一番 足が 速いです。
나는 반에서 가장 발이 빠릅니다.

反 遅い 느리다
＋ 早い (시간이) 이르다, 빠르다

## 38
### 低い
- イ 낮다, (키가) 작다

弟は 私より 背が 高いが、兄よりは 低い。
남동생은 나보다 키가 크지만, 오빠(형)보다는 작습니다.

反 高い 높다, (키가) 크다, 비싸다

## 39
### 弱い
- イ 약하다

子どもの 頃は 体が 弱かったです。
어릴 때는 몸이 약했습니다.

反 強い 강하다, 세다

## 40
### 元気
- ナ 名 건강, 기운

早く 元気に なって ください。
빨리 건강해져 주세요(회복해 주세요).

## 41
### 丈夫
- ナ 튼튼함

私は 子どもの 頃から 体だけは 丈夫でした。
나는 어릴 때부터 몸만은 튼튼했습니다.

## 42
### 大丈夫
- ナ 괜찮음

ゆっくり 休んだから、もう 大丈夫です。
푹 쉬었으니까 이제 괜찮습니다.

몸과 건강 79

## 확인 문제

**1** 해당 어휘의 읽는 법을 찾고 빈칸에 그 의미를 써 넣으세요.

| 보기 | 私 | ☑ わたし | ② あなた | 나, 저 |
|---|---|---|---|---|

(1) 頭　　① あし　　② あたま　　_____

(2) 目　　① みみ　　② め　　_____

(3) 重い　① おもい　② かるい　_____

(4) 休む　① やすむ　② のむ　　_____

**2** 한국어 뜻을 참고하여 알맞은 단어를 보기 에서 골라 넣어 문장을 완성하세요.

(5) 先週 風邪を 引いたが、今は 元気に (　　　　)。
지난주 감기에 걸렸지만 지금은 건강해졌습니다.

(6) おばあさんは 今 病気に (　　　　) います。
할머니는 지금 병에 걸려 있습니다.

(7) (　　　　)が 高く なりたいから、牛乳を たくさん 飲みます。
키가 크고 싶어서 우유를 많이 마십니다.

(8) (　　　　)を 切って とても 短く なりました。
머리를 잘라서 매우 짧아졌습니다.

| 보기 | かかって | 背 | なりました | 髪の毛 |
|---|---|---|---|---|

**정답**

(1) ② 머리　(2) ② 눈　(3) ① 무겁다, (정도가) 심하다　(4) ① 쉬다
(5) なりました　(6) かかって　(7) 背(せ)　(8) 髪(かみ)の 毛(け)

# 단어 퀴즈

❋ 단어를 보고 발음과 의미를 적어 보세요.

| 단어 | 발음 | 의미 |
|---|---|---|
| 私 | わたし | 나, 저 |
| 病院 | | |
| 病気 | | |
| 軽い | | |
| 強い | | |
| 大丈夫 | | |
| 眼鏡 | | |
| 風邪 | | |
| 医者 | | |
| 吸う | | |
| 低い | | |
| 歯 | | |
| 薬 | | |
| 飲む | | |
| 体 | | |
| 顔 | | |
| 座る | | |
| 立つ | | |
| 元気 | | |
| 違う | | |
| 弱い | | |

📖 QR을 따라 접속하면 답을 확인할 수 있어요.

몸과 건강

## 단어 퀴즈

❋ 한번 더 복습해 봅시다.

| 읽는 법과 뜻 | | 한자 | 발음 | 의미 |
|---|---|---|---|---|
| ☐ | わたし<br>나, 저 | 예 私 | わたし | 나, 저 |
| ☐ | びょういん<br>병원 | 病院 | | |
| ☐ | びょうき<br>병 | 病気 | | |
| ☐ | かるい<br>가볍다 | 軽い | | |
| ☐ | つよい<br>강하다, 세다 | 強い | | |
| ☐ | だいじょうぶ<br>괜찮음 | 大丈夫 | | |
| ☐ | めがね<br>안경 | 眼鏡 | | |
| ☐ | かぜ<br>감기 | 風邪 | | |
| ☐ | いしゃ<br>의사 | 医者 | | |
| ☐ | すう<br>(담배를) 피우다 | 吸う | | |
| ☐ | ひくい<br>낮다, (키가) 작다 | 低い | | |
| ☐ | は<br>이, 이빨, 치아 | 歯 | | |
| ☐ | くすり<br>약 | 薬 | | |
| ☐ | のむ<br>마시다, (약을) 먹다 | 飲む | | |
| ☐ | からだ<br>몸 | 体 | | |
| ☐ | かお<br>얼굴 | 顔 | | |
| ☐ | すわる<br>앉다 | 座る | | |
| ☐ | たつ<br>서다, 일어서다 | 立つ | | |
| ☐ | げんき<br>건강, 기운 | 元気 | | |
| ☐ | ちがう<br>다르다, 틀리다 | 違う | | |
| ☐ | よわい<br>약하다 | 弱い | | |

## 독해 연습

### 忙しい朝

　私は 父と 母、そして 弟の 4人家族です。私の 家の 朝は とても 忙しいです。私と 弟は 学校に 行く 前に 部屋を きれいに します。でも 弟が 早く 起きる ことが できない 時は 私が 一人で 掃除を します。ご飯を 作るのは 母ですが、テーブルに 持って いくのは 私たちの 仕事です。食べた 後 お皿を 洗うのは 父で、その 間に 母が 私たちの お弁当を 作ります。歯を みがいたり 服を 着たりして、みんな 7時半には 家を 出ます。月曜日から 金曜日までは 毎日 眠いですが、土曜日の 朝は 家族 みんなが ゆっくり 起きても いいです。

### 해석

### 바쁜 아침

　나는 아버지와 어머니, 그리고 남동생의 4인 가족입니다. 우리 집의 아침은 매우 바쁩니다. 나와 남동생은 학교에 가기 전에 방을 깨끗하게 합니다. 하지만 남동생이 빨리 일어나지 못할 때는 내가 혼자서 청소를 합니다. 식사를 만드는 것은 어머니입니다만, 테이블로 가지고 가는 것은 우리들의 일입니다. 먹은 후 그릇을 닦는 것은 아버지이고, 그 사이에 어머니가 우리들의 도시락을 만듭니다. 이를 닦거나 옷을 입거나 하고, 모두 7시 반에는 집을 나섭니다. 월요일부터 금요일까지는 매일 졸립습니다만, 토요일 아침은 가족 모두가 천천히 일어나도 됩니다.

**MEMO**

# 취미와 운동

음성듣기

얼마나 알고있나요?

**사전 체크**

| | | | |
|---|---|---|---|
| ☐ 01 一番 | ☐ 02 歌 | ☐ 03 絵 | ☐ 04 音楽 |
| ☐ 05 外国 | ☐ 06 切手 | ☐ 07 切符 | ☐ 08 雑誌 |
| ☐ 09 時間 | ☐ 10 写真 | ☐ 11 趣味 | ☐ 12 日本人 |
| ☐ 13 葉書 | ☐ 14 本 | ☐ 15 予定 | ☐ 16 料理 |
| ☐ 17 旅行 | ☐ 18 練習 | ☐ 19 歌う | ☐ 20 借りる |
| ☐ 21 困る | ☐ 22 知る | ☐ 23 する | ☐ 24 使う |
| ☐ 25 撮る | ☐ 26 並べる | ☐ 27 始まる | ☐ 28 見る |
| ☐ 29 持つ | ☐ 30 やる | ☐ 31 新しい | ☐ 32 うるさい |
| ☐ 33 おもしろい | ☐ 34 楽しい | ☐ 35 安い | ☐ 36 嫌 |
| ☐ 37 好き | ☐ 38 大好き | ☐ 39 暇 | ☐ 40 下手 |
| ☐ 41 有名 | ☐ 42 いろいろ | | |

## 취미와 운동 — DAY 08

**01 いちばん 一番**
- 명 1번, 첫째
- 부 가장, 제일

この 中
なか
で 一番
いちばん
 好
す
きな 物
もの
を 選
えら
んで ください。
이 안에서 가장 좋아하는 것을 골라 주세요.

**02 うた 歌**
- 명 노래

私
わたし
は 歌
うた
が 下手
へた
で、歌
うた
うのも 嫌
きら
いです。
나는 노래를 못해서, 노래하는 것도 싫어합니다.

**03 え 絵**
- 명 그림

絵
え
を かくのは 好
す
きですが、上手
じょうず
では ないです。
그림을 그리는 것은 좋아하지만 능숙하지는 않습니다.

+ 絵
え
を かく 그림을 그리다

**04 おんがく 音楽**
- 명 음악

音楽
おんがく
を 聞
き
きながら 勉強
べんきょう
を します。
음악을 들으면서 공부를 합니다.

**05 がいこく 外国**
- 명 외국

外国
がいこく
の 音楽
おんがく
を 聞
き
くのが 好
す
きです。
외국 음악을 듣는 것을 좋아합니다.

**06 きって 切手**
- 명 우표

時
とき
どき きれいな 切手
きって
を 買
か
いに 郵便局
ゆうびんきょく
に 行
い
きます。
가끔 예쁜 우표를 사러 우체국에 갑니다.

**07 きっぷ 切符**
- 명 표

ディズニーランドで 一日
いちにち
 遊
あそ
ぶ ことが できる 切符
きっぷ
を 買
か
いました。
디즈니랜드에서 하루동안 놀 수 있는 표를 샀습니다.

유 チケット 티켓, 표

## 08
**雑誌**（ざっし）
명 잡지

雑誌で かわいい 服を 見るのが 好きです。
잡지에서 귀여운 옷을 보는 것을 좋아합니다.

## 09
**時間**（じかん）
명 시간, 때, 시각

私は 一人で 本を 読んで いる 時間が 一番 楽しい です。
나는 혼자서 책을 읽고 있는 시간이 가장 즐겁습니다.

## 10
**写真**（しゃしん）
명 사진

スマホの 中には 趣味で 撮った 写真が いっぱい 入って います。
스마트폰 안에는 취미로 찍은 사진이 가득 들어 있습니다.

## 11
**趣味**（しゅみ）
명 취미

私は 趣味が 多くて 休みの 日も 忙しいです。
나는 취미가 많아서 휴일에도 바쁩니다.

## 12
**日本人**（にほんじん）
명 일본인

日本人の 友だちが できて、いろいろな 所へ 遊びに 行って います。
일본인 친구가 생겨서 여러 곳으로 놀러 다니고 있습니다.

## 13
**葉書**（はがき）
명 엽서

メールじゃなく、葉書や 手紙を 書く 方が 好きです。
메일이 아닌 엽서나 편지를 쓰는 쪽을 더 좋아합니다.

➕ 絵葉書（えはがき） 그림 엽서

## 14
**本**（ほん）
명 책

1か月に 1冊、本を 読んで います。
한 달에 한 권 책을 읽고 있습니다.

취미와 운동

## 취미와 운동　DAY 08

**15　予定**
　よてい
　[명] 예정, 일정

週末は 友だちと 図書館に 行く 予定です。
주말에는 친구와 도서관에 갈 예정입니다.

---

**16　料理**
　りょうり
　[명] [する] 요리

趣味で 作った 料理を 家族と 一緒に 食べました。
취미로 만든 요리를 가족과 함께 먹었습니다.

---

**17　旅行**
　りょこう
　[명] [する] 여행

旅行に 行きたいですが、時間が ありません。
여행을 가고 싶지만 시간이 없습니다.

---

**18　練習**
　れんしゅう
　[명] [する] 연습

毎週 水曜日は サッカーの 練習を します。
매주 수요일은 축구 연습을 합니다.

---

**19　歌う**
　うた う
　[동] 노래하다

兄が 大きな 声で 歌を 歌って います。
오빠가(형이) 큰 소리로 노래를 부르고 있습니다.

➕ 歌を 歌う 노래를 부르다

---

**20　借りる**
　か
　[동] 빌리다

図書館で 本を 2冊 借りて きた。
도서관에서 책을 두 권 빌려 왔다.

➕ 貸す 빌려주다

---

**21　困る**
　こま
　[동] 곤란하다, 난처하다

映画館までの 道が わからなくて 困って いる。
영화관까지의 길을 몰라서 난처해하고 있다.

## 22 知る
し
**동** 알다(지식)

姉は 映画が とても 好きで、外国の 映画も たくさん 知って いる。
언니(누나)는 영화를 매우 좋아해서 외국 영화도 많이 알고 있다.

## 23 する
**동** 하다

私は 今 ゲームを して います。
나는 지금 게임을 하고 있습니다.

유 やる 하다

## 24 使う
つか
**동** 쓰다, 사용하다

SNSを 使って 外国人と 友だちに なりました。
SNS를 사용하여 외국인과 친구가 되었습니다.

## 25 撮る
と
**동** (사진을) 찍다

公園で 花や 木など、たくさんの 写真を 撮りました。
공원에서 꽃이나 나무 등 많은 사진을 찍었습니다.

## 26 並べる
なら
**동** 나열하다, 늘어놓다

今年 見た 映画の チケットを 机の 上に 並べて みた。
올해 본 영화 티켓을 책상 위에 나열해 보았다.

+ 並ぶ 줄을 서다, 늘어서다

## 27 始まる
はじ
**동** 시작되다

見たかった ドラマが 9時から 始まります。
보고 싶었던 드라마가 9시부터 시작됩니다.

타 始める 시작하다

## 28 見る
み
**동** 보다

休みの 日は 映画を 見たり 犬と 散歩を したり します。
휴일에는 영화를 보거나 개와 산책을 하거나 합니다.

## 취미와 운동　DAY 08

**29 持つ**　동 들다, 가지다, 쥐다

それと 同じ ものを 私も 持って います。
그것과 같은 것을 나도 가지고 있습니다.

**30 やる**　동 하다

週末、一緒に サッカーを やりませんか。
주말에 같이 축구를 하지 않을래요?

유 する 하다

**31 新しい**　イ 새롭다

新しく 出た 本を 買いに 行きます。
새로 나온 책을 사러 갑니다.

**32 うるさい**　イ 시끄럽다

隣の 部屋の 人が 歌う 声が うるさい。
옆방 사람이 노래하는 소리가 시끄럽다.

반 静かだ 조용하다

**33 おもしろい**　イ 재미있다

この 映画は 何回 見ても おもしろい。
이 영화는 몇 번을 봐도 재미있다.

반 つまらない 재미없다, 시시하다

**34 楽しい**　イ 즐겁다

楽しい 時間は すぐ 終わりますね。
즐거운 시간은 금방 끝나네요.

**35 安い**　イ 싸다, 저렴하다

好きな パンを 安く 売って いたから たくさん 買って きた。
좋아하는 빵을 저렴하게 팔고 있어서 많이 사 왔다.

반 高い 비싸다

🎧 Track 025

**36 いや**
嫌
ナ 싫음, 불쾌함

一人(ひとり)で ジムに 行(い)くのは 嫌(いや)だから、一緒(いっしょ)に 行(い)きませんか。
혼자서 헬스장에 가는 것은 싫으니까 함께 가지 않을래요?
반 いい・よい 좋다
유 嫌(きら)いだ 싫어하다

**37 す**
好き
ナ 명 좋아함

前(まえ)は お酒(さけ)が 好(す)きでしたが、今(いま)は 嫌(きら)いです。
전에는 술을 좋아했습니다만, 지금은 싫어합니다.
반 嫌(きら)いだ 싫어하다

**38 だい す**
大好き
ナ 매우 좋아함

私(わたし)は 犬(いぬ)や 猫(ねこ)が 大好(だいす)きです。
나는 개나 고양이를 매우 좋아합니다.
반 大嫌(だいきら)いだ 매우 싫어하다

**39 ひま**
暇
ナ 명 한가함

今日(きょう)は やる ことが なくて、とても 暇(ひま)です。
오늘은 할 일이 없어서 매우 한가합니다.
반 忙(いそが)しい 바쁘다

**40 へ た**
下手
ナ 명 못함, 서투름

母(はは)は 父(ちち)より 料理(りょうり)が 下手(へた)です。
엄마는 아빠보다 요리를 못합니다.
반 上手(じょうず)だ 잘하다, 능숙하다

**41 ゆうめい**
有名
ナ 명 유명

有名(ゆうめい)な お店(みせ)に 行(い)って おいしい 料理(りょうり)を 食(た)べるのが 趣味(しゅみ)です。
유명한 가게에 가서 맛있는 요리를 먹는 것이 취미입니다.

**42**
いろいろ
ナ 명 여러 가지, 다양함

夏休(なつやす)みが 終(お)わる 前(まえ)に いろいろな 所(ところ)に 行(い)ってみたい。
여름 방학이 끝나기 전에 여러 곳에 가 보고 싶다.

취미와 운동 91

## 확인 문제

**1** 해당 어휘의 읽는 법을 찾고 빈칸에 그 의미를 써 넣으세요.

| 보기 | 私 | ✓ わたし | ② あなた | 나, 저 |
|---|---|---|---|---|

(1) 本 　　① ほん　　② もん　　_____

(2) 雑誌　　① ざっし　　② ざつし　　_____

(3) 並べる　① たべる　　② ならべる　_____

(4) 楽しい　① あたらしい　② たのしい　_____

**2** 한국어 뜻을 참고하여 알맞은 단어를 보기에서 골라 넣어 문장을 완성하세요.

(5) 私(わたし)は 今(いま) ゲームを (　　　) います。
　　나는 지금 게임을 하고 있습니다.

(6) この 映画(えいが)は 何回(なんかい) 見(み)ても (　　　)。
　　이 영화는 몇 번을 봐도 재미있다.

(7) 私(わたし)は 犬(いぬ)や 猫(ねこ)が (　　　) です。
　　나는 개나 고양이를 매우 좋아합니다.

(8) 隣(となり)の 部屋(へや)の 人(ひと)が 歌(うた)う 声(こえ)が (　　　)。
　　옆방 사람이 노래하는 소리가 시끄럽다.

| 보기 | して | うるさい | 大好(だいす)き | おもしろい |
|---|---|---|---|---|

---

**정답**
(1) ① 책　(2) ① 잡지　(3) ② 나열하다, 늘어놓다　(4) ② 즐겁다
(5) して　(6) おもしろい　(7) 大好(だいす)き　(8) うるさい

# 단어 퀴즈

�ખ 단어를 보고 발음과 의미를 적어 보세요.

| 단어 | 발음 | 의미 |
|---|---|---|
| 私 | わたし | 나, 저 |
| 趣味 | | |
| 知る | | |
| 借りる | | |
| 音楽 | | |
| 切符 | | |
| 困る | | |
| 料理 | | |
| 嫌 | | |
| 好き | | |
| 旅行 | | |
| 始まる | | |
| 葉書 | | |
| 予定 | | |
| 撮る | | |
| 下手 | | |
| 新しい | | |
| 安い | | |
| 練習 | | |
| 一番 | | |
| 暇 | | |

📖 선을 따라 접으면 답을 확인할 수 있어요.

# 단어 퀴즈

❈ 한번 더 복습해 봅시다.

| 읽는 법과 뜻 |
|---|
| ☐ わたし / 나, 저 |
| ☐ しゅみ / 취미 |
| ☐ しる / 알다(지식) |
| ☐ かりる / 빌리다 |
| ☐ おんがく / 음악 |
| ☐ きっぷ / 표 |
| ☐ こまる / 곤란하다, 난처하다 |
| ☐ りょうり / 요리 |
| ☐ いや / 싫음, 불쾌함 |
| ☐ すき / 좋아함 |
| ☐ りょこう / 여행 |
| ☐ はじまる / 시작되다 |
| ☐ はがき / 엽서 |
| ☐ よてい / 예정, 일정 |
| ☐ とる / (사진을) 찍다 |
| ☐ へた / 못함, 서투름 |
| ☐ あたらしい / 새롭다 |
| ☐ やすい / 싸다, 저렴하다 |
| ☐ れんしゅう / 연습 |
| ☐ いちばん / 가장, 제일, 1번 |
| ☐ ひま / 한가함 |

| 한자 | 발음 | 의미 |
|---|---|---|
| 예 私 | わたし | 나, 저 |
| 趣味 | | |
| 知る | | |
| 借りる | | |
| 音楽 | | |
| 切符 | | |
| 困る | | |
| 料理 | | |
| 嫌 | | |
| 好き | | |
| 旅行 | | |
| 始まる | | |
| 葉書 | | |
| 予定 | | |
| 撮る | | |
| 下手 | | |
| 新しい | | |
| 安い | | |
| 練習 | | |
| 一番 | | |
| 暇 | | |

# DAY 09
# 자연과 날씨

음성듣기

얼마나 알고있나요?

**사전 체크**

- □ 01 秋
- □ 02 雨
- □ 03 池
- □ 04 海
- □ 05 傘
- □ 06 風
- □ 07 花びん
- □ 08 川
- □ 09 木
- □ 10 空
- □ 11 天気
- □ 12 動物
- □ 13 鳥
- □ 14 夏
- □ 15 猫
- □ 16 花
- □ 17 春
- □ 18 冬
- □ 19 山
- □ 20 雪
- □ 21 生まれる
- □ 22 咲く
- □ 23 死ぬ
- □ 24 吹く
- □ 25 降る
- □ 26 明るい
- □ 27 暖かい
- □ 28 暑い
- □ 29 多い
- □ 30 暗い
- □ 31 寒い
- □ 32 少ない
- □ 33 涼しい
- □ 34 古い
- □ 35 よい・いい
- □ 36 悪い

## 자연과 날씨 DAY 09

**01 あき 秋** 명 가을

秋は ご飯が おいしく なります。
가을에는 밥이 맛있어집니다.

**02 あめ 雨** 명 비

今、雨が 降って いますか。
지금 비가 오고 있나요?

**03 いけ 池** 명 연못

この 池には 小さい 魚や カエルなどが 住んで います。
이 연못에는 작은 물고기나 개구리 등이 살고 있습니다.

**04 うみ 海** 명 바다

夏だから 海に 行って 泳ぎましょう。
여름이니까 바다에 가서 수영합시다.

**05 かさ 傘** 명 우산

朝 雨が 降って いたから 傘を 持って きました。
아침에 비가 내리고 있었기 때문에 우산을 가지고 왔습니다.

**06 かぜ 風** 명 바람

外は 強い 風が 吹いて います。
밖에는 강한 바람이 불고 있습니다.

## 07 花びん
**か**
명 꽃병, 화병

テーブルの 上に 花びんが あります。
테이블 위에 꽃병이 있습니다.

## 08 川
**かわ**
명 강

危ないから この 川で 泳がないで ください。
위험하니까 이 강에서 헤엄치지 마세요.

## 09 木
**き**
명 나무

この 木は 私が 子どもの 頃から 庭に ありました。
이 나무는 내가 어렸을 때부터 정원에 있었습니다.

## 10 空
**そら**
명 하늘

高くて 青い 空が、とても きれいです。
높고 푸른 하늘이 매우 예쁩니다.

## 11 天気
**てんき**
명 날씨

今日は 天気が いいから 歩いて 帰りたいです。
오늘은 날씨가 좋으니까 걸어서 돌아가고 싶습니다.

## 12 動物
**どうぶつ**
명 동물

山の 中には いろいろな 動物たちが 住んで います。
산속에는 다양한 동물들이 살고 있습니다.

## 자연과 날씨  DAY 09

**13 とり 鳥**
명 새

鳥が 空を 飛んで います。
새가 하늘을 날고 있습니다.

**14 なつ 夏**
명 여름

夏は 暑いから 嫌いです。
여름은 더워서 싫어합니다.

**15 ねこ 猫**
명 고양이

庭で 猫たちが 遊んで います。
정원에서 고양이들이 놀고 있습니다.
➕ 子猫 새끼 고양이

**16 はな 花**
명 꽃

公園に いろいろな 色の 花が 咲いて います。
공원에 여러 가지 색의 꽃이 피어 있습니다.

**17 はる 春**
명 봄

私は 秋より 春の 方が 好きです。
나는 가을보다 봄 쪽을 더 좋아합니다.

**18 ふゆ 冬**
명 겨울

冬が 終わって、暖かく なりました。
겨울이 끝나서 따뜻해졌습니다.

| | |
|---|---|
| **19** やま<br>**山**<br>명 산 | 私の 学校は 山の 中に あります。<br>우리 학교는 산속에 있습니다. |
| **20** ゆき<br>**雪**<br>명 눈 | 今年 初めての 雪が 降って います。<br>올해의 첫눈이 내리고 있습니다. |
| **21** う<br>**生まれる**<br>동 태어나다 | 昨日、子猫が 3匹 生まれました。<br>어제 아기 고양이가 세 마리 태어났습니다. |
| **22** さ<br>**咲く**<br>동 (꽃이) 피다 | この 木は 秋に 花が 咲きます。<br>이 나무는 가을에 꽃이 핍니다. |
| **23** し<br>**死ぬ**<br>동 죽다 | 人も 動物も、いつかは 死にます。<br>사람도 동물도, 언젠가는 죽습니다. |
| **24** ふ<br>**吹く**<br>동 (바람이) 불다,<br>(입으로) 불다 | 風が 吹いて とても 涼しいです。<br>바람이 불어서 굉장히 시원합니다. |

자연과 날씨 99

## 자연과 날씨 — DAY 09

**25 降る** ふる
動 (눈·비가) 내리다

朝 降って いた 雨が 午後には 雪に なりました。
아침에 내리고 있던 비가 오후에는 눈이 되었습니다.

---

**26 明るい** あかるい
イ 밝다, 환하다

夏は 夜の 7時に なっても 明るいです。
여름은 밤 7시가 되어도 밝습니다.

반 暗い 어둡다

---

**27 暖かい** あたたかい
イ 따뜻하다(기온)

もう 暖かいから コートは 要らないです。
이제 따뜻하니까 코트는 필요 없습니다.

반 涼しい 시원하다

---

**28 暑い** あつい
イ 덥다(기온)

今日は 昨日よりも 暑いですね。
오늘은 어제보다도 덥네요.

반 寒い 춥다
+ 熱い 뜨겁다(온도)

---

**29 多い** おおい
イ 많다

天気が いいから 公園で 散歩して いる 人が 多い。
날씨가 좋아서 공원에서 산책하고 있는 사람이 많다.

반 少ない 적다

---

**30 暗い** くらい
イ 어둡다

暗く なる 前に 帰りましょう。
어두워지기 전에 돌아갑시다.

반 明るい 밝다, 환하다

## 31
**寒い** (さむ)
- イ 춥다

今日は 全然 寒く ないです。
오늘은 전혀 춥지 않습니다.

## 32
**少ない** (すく)
- イ 적다

この 道は いつも 人が 少ないです。
이 길은 언제나 사람이 적습니다.
- 반 多い 많다

## 33
**涼しい** (すず)
- イ 시원하다

来週には 涼しく なるでしょう。
다음 주에는 시원해질 거예요.
- 반 暖かい 따뜻하다(기온)

## 34
**古い** (ふる)
- イ 오래되다, 낡다

傘が 古いから 新しいのを 買いました。
우산이 오래돼서 새것을 샀습니다.
- 반 新しい 새롭다

## 35
**よい・いい**
- イ 좋다

今日は 本当に 天気が いいですね。
오늘은 정말로 날씨가 좋군요.
- 반 悪い 나쁘다   嫌だ 싫다, 불쾌하다
- ＋ よかった 다행이다

雨が 降らなくて よかったです。
비가 내리지 않아서 다행이에요.

## 36
**悪い** (わる)
- イ 나쁘다

天気が 悪い 時は 飛行機は 飛びません。
날씨가 나쁠 때는 비행기는 뜨지 않습니다.
- 반 よい・いい 좋다

자연과 날씨  101

## 확인 문제

**1** 해당 어휘의 읽는 법을 찾고 빈칸에 그 의미를 써 넣으세요.

| 보기 | 私 | ✓ わたし | ② あなた | 나, 저 |
|---|---|---|---|---|
| (1) | 池 | ① いけ | ② うみ | ____ |
| (2) | 川 | ① やま | ② かわ | ____ |
| (3) | 咲く | ① ふく | ② さく | ____ |
| (4) | 寒い | ① さむい | ② あつい | ____ |

**2** 한국어 뜻을 참고하여 알맞은 단어를 보기 에서 골라 넣어 문장을 완성하세요.

(5) テーブルの 上(うえ)に ( )が あります。
테이블 위에 꽃병이 있습니다.

(6) 今日(きょう)は 本当(ほんとう)に 天気(てんき)が ( )ですね。
오늘은 정말로 날씨가 좋군요.

(7) 昨日(きのう)、子猫(こねこ)が 3匹(さんびき)( )。
어제 아기 고양이가 세 마리 태어났습니다.

(8) 山(やま)の 中(なか)には いろいろな ( )たちが 住(す)んで います。
산속에는 다양한 동물들이 살고 있습니다.

| 보기 | 花(か)びん | 動物(どうぶつ) | 生(う)まれました | いい |
|---|---|---|---|---|

**정답**
(1) ① 연못   (2) ② 강   (3) ② (꽃이) 피다   (4) ① 춥다
(5) 花(か)びん   (6) いい   (7) 生(う)まれました   (8) 動物(どうぶつ)

# 단어 퀴즈

✽ 단어를 보고 발음과 의미를 적어 보세요.

| 단어 | 발음 | 의미 |
|---|---|---|
| 私 | わたし | 나, 저 |
| 海 | | |
| 傘 | | |
| 風 | | |
| 鳥 | | |
| 夏 | | |
| 猫 | | |
| 木 | | |
| 空 | | |
| 吹く | | |
| 降る | | |
| 山 | | |
| 少ない | | |
| 涼しい | | |
| 暑い | | |
| 暖かい | | |
| 明るい | | |
| 天気 | | |
| 花 | | |
| 悪い | | |
| 暗い | | |

📖 실을 따라 접으면 답을 확인할 수 있어요.

## 단어 퀴즈

❋ 한번 더 복습해 봅시다.

| 읽는 법과 뜻 | 한자 | 발음 | 의미 |
|---|---|---|---|
| わたし / 나, 저 | 예 私 | わたし | 나, 저 |
| うみ / 바다 | 海 | | |
| かさ / 우산 | 傘 | | |
| かぜ / 바람 | 風 | | |
| とり / 새 | 鳥 | | |
| なつ / 여름 | 夏 | | |
| ねこ / 고양이 | 猫 | | |
| き / 나무 | 木 | | |
| そら / 하늘 | 空 | | |
| ふく / (바람이) 불다 | 吹く | | |
| ふる / (눈·비가) 내리다 | 降る | | |
| やま / 산 | 山 | | |
| すくない / 적다 | 少ない | | |
| すずしい / 시원하다 | 涼しい | | |
| あつい / 덥다(기온) | 暑い | | |
| あたたかい / 따뜻하다(기온) | 暖かい | | |
| あかるい / 밝다, 환하다 | 明るい | | |
| てんき / 날씨 | 天気 | | |
| はな / 꽃 | 花 | | |
| わるい / 나쁘다 | 悪い | | |
| くらい / 어둡다 | 暗い | | |

# DAY 10

# 때와 시간

음성듣기

얼마나 알고 있나요?

**사전 체크**

- 01 朝
- 02 あさって
- 03 明日
- 04 後
- 05 今
- 06 おととい
- 07 おととし
- 08 昨日
- 09 今日
- 10 去年
- 11 今朝
- 12 午後
- 13 午前
- 14 今年
- 15 今月
- 16 今週
- 17 今晩
- 18 先月
- 19 先週
- 20 昼
- 21 毎朝
- 22 毎週
- 23 毎月
- 24 毎年
- 25 毎日
- 26 来月
- 27 来週
- 28 来年

## 때와 시간  DAY 10

**01 あさ / 朝**
명 아침
明日、朝 10時に 会いましょう。
내일 아침 10시에 만납시다.
반 夜 밤

**02 あさって**
명 내일모레
あさっては 日曜日です。
내일모레는 일요일입니다.
반 おととい 그저께

**03 あした / 明日**
명 내일
明日は 友だちに 会って 買い物に 行きます。
내일은 친구를 만나서 쇼핑하러 갑니다.
반 昨日 어제
+ 明日 내일

**04 あと / 後**
명 후, 뒤, 나중(시간)
ご飯を 食べた 後、宿題を します。
밥을 먹은 후에 숙제를 합니다.
반 前 전(시간), 앞(공간)
+ 後ろ 뒤(공간)

**05 いま / 今**
명 지금
今 何時ですか。
지금 몇 시입니까?

**06 おととい**
명 그저께
おととい 本を 借りて きたが、まだ 読んで いません。
그저께 책을 빌려 왔는데 아직 읽지 않았습니다.
반 あさって 내일모레

**07 おととし**
명 재작년
おととし、弟が 大学に 入りました。
재작년에 남동생이 대학교에 들어갔습니다.
반 再来年 내후년

**08 昨日(きのう)**
명 어제

昨日(きのう)は 夜遅(よるおそ)く 家(いえ)に 帰(かえ)りました。
어제는 밤 늦게 집으로 돌아왔습니다.
반 明日(あした) 내일

**09 今日(きょう)**
명 오늘

今日(きょう)は 休(やす)みですから、会社(かいしゃ)に 行(い)きません。
오늘은 휴일이라서 회사에 가지 않습니다.

**10 去年(きょねん)**
명 작년

去年(きょねん)の 夏休(なつやす)みに アメリカへ 行(い)って きました。
작년 여름 방학에(여름휴가 때) 미국에 갔다 왔습니다.
반 来年(らいねん) 내년

**11 今朝(けさ)**
명 오늘 아침

今朝(けさ)は 朝(あさ)ご飯(はん)を 食(た)べなかったから お腹(なか)が すいた。
오늘 아침은 아침밥을 먹지 않았기 때문에 배가 고프다.
반 今晩(こんばん) 오늘 밤

**12 午後(ごご)**
명 오후

今日(きょう)の 仕事(しごと)は 午後(ごご) 2時(じ)からです。
오늘 업무는 오후 2시부터입니다.
반 午前(ごぜん) 오전

**13 午前(ごぜん)**
명 오전

午前(ごぜん)の 授業(じゅぎょう)が 終(お)わった 後(あと)は、図書館(としょかん)に 行(い)く 予定(よてい)です。
오전 수업이 끝난 후에는 도서관에 갈 예정입니다.
반 午後(ごご) 오후

**14 今年(ことし)**
명 올해

今年(ことし)の 夏(なつ)は 去年(きょねん)の 夏(なつ)より 暑(あつ)く ないです。
올해 여름은 작년 여름보다 덥지 않습니다.

때와 시간

## 때와 시간 — DAY 10

**15 こんげつ 今月**
명 이번 달

こんげつ　　あたら　　　かいしゃ　　はたら
今月から 新しい 会社で 働きます。
이번 달부터 새로운 회사에서 일합니다.

---

**16 こんしゅう 今週**
명 이번 주

こんしゅう　　しゅうまつ　　　　しごと
今週は 週末にも 仕事が あります。
이번 주는 주말에도 일이(업무가) 있습니다.

---

**17 こんばん 今晩**
명 오늘 밤

こんばん　　そと　　　はん　　た
今晩は 外で ご飯を 食べませんか。
오늘 밤은 밖에서 밥을 먹지 않을래요?

こんばん
今晩は。
안녕하세요.(저녁 인사)

반 今朝(けさ) 오늘 아침　　유 今夜(こんや) 오늘 밤

---

**18 せんげつ 先月**
명 지난달

せんげつ　　　　　　　　　なら
先月から ピアノを 習って います。
지난달부터 피아노를 배우고 있습니다.

반 来月(らいげつ) 다음 달

---

**19 せんしゅう 先週**
명 지난주

えいが　　せんしゅう　み
その 映画は 先週 見ました。
그 영화는 지난주에 봤습니다.

반 来週(らいしゅう) 다음 주

---

**20 ひる 昼**
명 낮, 점심, 점심 식사

きょう　　ひる　　　　　　　ね
今日は 昼まで ゆっくり 寝ました。
오늘은 낮까지 여유롭게 잤습니다.

ひる　　かんたん　　た
お昼は 簡単に 食べたい。
점심 식사는 간단하게 먹고 싶다.

---

**21 まいあさ 毎朝**
명 부 매일 아침, 아침마다

とう　　　まいあさ　こうえん　　さんぽ
お父さんは 毎朝 公園を 散歩します。
아버지는 매일 아침 공원을 산책합니다.

반 毎晩(まいばん) 매일 밤, 밤마다

## 22
まいしゅう
**毎週**
명 매주

毎週 金曜日は 英語教室に 通って いる。
매주 금요일은 영어 교실(학원)에 다니고 있다.

## 23
まいつき ・ まいげつ
**毎月 ・ 毎月**
명 매월

毎月 10日と 20日は 休みです。
매월 10일과 20일은 휴일입니다.

## 24
まいとし ・ まいねん
**毎年 ・ 毎年**
명 매년, 해마다

クリスマスは 毎年 家族と 一緒に ご飯を 食べに 行きます。
크리스마스에는 매년 가족과 함께 밥을 먹으러 갑니다.

## 25
まいにち
**毎日**
명 매일

毎日 寝る 前には お風呂に 入ります。
매일 자기 전에는 목욕을 합니다.

## 26
らいげつ
**来月**
명 다음 달

来月の 15日から 新しい ドラマが 始まります。
다음 달 15일부터 새로운 드라마가 시작됩니다.
반 先月 지난달

## 27
らいしゅう
**来週**
명 다음 주

宿題は 来週の 水曜日までです。
숙제는 다음 주 수요일까지입니다.
반 先週 지난주

## 28
らいねん
**来年**
명 내년

お店では もう 来年の カレンダーを 売って いた。
가게에서는 벌써 내년 달력을 팔고 있었다.
반 去年 작년

때와 시간 109

## 확인 문제

**1** 해당 어휘의 읽는 법을 찾고 빈칸에 그 의미를 써 넣으세요.

| 보기 | 私 | ✓① わたし | ② あなた | 나, 저 |

(1) 昼　　　① よる　　　② ひる　　　_____
(2) 今朝　　① けさ　　　② あさ　　　_____
(3) 今日　　① きょう　　② きのう　　_____
(4) 今月　　① ことし　　② こんげつ　_____

**2** 한국어 뜻을 참고하여 알맞은 단어를 보기 에서 골라 넣어 문장을 완성하세요.

(5) (　　　) 本を 借りて きたが、まだ 読んで いません。
　　그저께 책을 빌려 왔는데 아직 읽지 않았습니다.

(6) (　　　)は 日曜日です。
　　내일모레는 일요일입니다.

(7) 今日の 仕事は (　　　) 2時からです。
　　오늘 업무는 오후 2시부터입니다.

(8) (　　　)は 友だちに 会って 買い物に 行きます。
　　내일은 친구를 만나서 쇼핑하러 갑니다.

| 보기 | あさって　　おととい　　明日　　午後 |

---

**정답**
(1) ② 낮, 점심, 점심 식사　(2) ① 오늘 아침　(3) ① 오늘　(4) ② 이번 달
(5) おととい　(6) あさって　(7) 午後(ごご)　(8) 明日(あした)

## 단어 퀴즈

✤ 단어를 보고 발음과 의미를 적어 보세요.

선을 따라 접으면 답을 확인할 수 있어요.

| 단어 | 발음 | 의미 |
|---|---|---|
| 私 | わたし | 나, 저 |
| 朝 | | |
| 昨日 | | |
| 今日 | | |
| 明日 | | |
| 午前 | | |
| 今年 | | |
| 去年 | | |
| 後 | | |
| 今週 | | |
| 今晩 | | |
| 先月 | | |
| 先週 | | |
| 今 | | |
| 来月 | | |
| 来週 | | |
| 来年 | | |
| 毎朝 | | |
| 毎週 | | |
| 毎月 | | |
| 毎年 | | |

# 단어 퀴즈

❈ 한번 더 복습해 봅시다.

| 읽는 법과 뜻 | 한자 | 발음 | 의미 |
|---|---|---|---|
| ☐ わたし / 나, 저 | 예 私 | わたし | 나, 저 |
| ☐ あさ / 아침 | 朝 | | |
| ☐ きのう / 어제 | 昨日 | | |
| ☐ きょう / 오늘 | 今日 | | |
| ☐ あした / 내일 | 明日 | | |
| ☐ ごぜん / 오전 | 午前 | | |
| ☐ ことし / 올해 | 今年 | | |
| ☐ きょねん / 작년 | 去年 | | |
| ☐ あと / 후, 뒤, 나중(시간) | 後 | | |
| ☐ こんしゅう / 이번 주 | 今週 | | |
| ☐ こんばん / 오늘 밤 | 今晩 | | |
| ☐ せんげつ / 지난달 | 先月 | | |
| ☐ せんしゅう / 지난주 | 先週 | | |
| ☐ いま / 지금 | 今 | | |
| ☐ らいげつ / 다음 달 | 来月 | | |
| ☐ らいしゅう / 다음 주 | 来週 | | |
| ☐ らいねん / 내년 | 来年 | | |
| ☐ まいあさ / 매일 아침, 아침마다 | 毎朝 | | |
| ☐ まいしゅう / 매주 | 毎週 | | |
| ☐ まいつき / 매월 | 毎月 | | |
| ☐ まいとし・まいねん / 매년, 해마다 | 毎年 | | |

# 장소와 방향

음성듣기

얼마나 알고있나요?

**사전 체크**

| | | | |
|---|---|---|---|
| 01 間 | 02 家 | 03 入口 | 04 上 |
| 05 後ろ | 06 映画館 | 07 角 | 08 がわ |
| 09 北 | 10 国 | 11 交番 | 12 先 |
| 13 下 | 14 外 | 15 そば | 16 建物 |
| 17 出口 | 18 所 | 19 隣 | 20 中 |
| 21 西 | 22 庭 | 23 東 | 24 左 |
| 25 部屋 | 26 方 | 27 前 | 28 町 |
| 29 窓 | 30 右 | 31 店 | 32 南 |
| 33 向こう | 34 門 | 35 郵便局 | 36 横 |
| 37 上がる | 38 開く | 39 開ける | 40 近い |
| 41 遠い | 42 静か | | |

## 장소와 방향 — DAY 11

**01 あいだ / 間**
명 사이, 동안
ベッドと 机の 間に 猫が 入って います。
침대와 책상 사이에 고양이가 들어가 있습니다.

**02 いえ / 家**
명 집
私の 家に 遊びに 来て ください。
우리 집에 놀러 와 주세요.

**03 いりぐち / 入口**
명 입구, 들어가는 곳
入口は こちらです。
입구는 이쪽입니다.
반 出口 출구, 나가는 곳

**04 うえ / 上**
명 위
机の 上に かばんを 置きました。
책상 위에 가방을 두었습니다.
반 下 아래

**05 うしろ / 後ろ**
명 뒤(공간)
お母さんの 後ろに 妹が 立って います。
엄마 뒤에 여동생이 서 있습니다.
반 前 앞(공간), 전(시간)
+ 後 후, 뒤, 나중(시간)

**06 えいがかん / 映画館**
명 영화관
映画館までは バスで 行く ことが できます。
영화관까지는 버스로 갈 수 있습니다.

**07 かど / 角**
명 구석, 모서리, 길모퉁이
まっすぐ 行って 次の 角を 左に 曲がって ください。
곧장 가서 다음 모퉁이를 왼쪽으로 돌아 주세요.

## 08
### がわ
명 쪽, 측

駅の 北がわには 交番が あります。
역의 북쪽에는 파출소가 있습니다.

➕ 東がわ 동쪽　西がわ 서쪽　南がわ 남쪽

## 09
### 北
きた
명 북, 북쪽

アメリカの 北の 方には カナダが ある。
미국의 북쪽에는 캐나다가 있다.

반 南 남, 남쪽

## 10
### 国
くに
명 나라, 고국, 본국

今年の 冬休みには 国へ 帰りたいです。
올해 겨울 방학에는 본국으로 돌아가고 싶습니다.

## 11
### 交番
こうばん
명 파출소

おまわりさんが 交番に 入って いきました。
경찰 아저씨가 파출소로 들어갔습니다.

## 12
### 先
さき
명 앞부분, 선두, 먼저

ここから 先は 車は 入る ことが できません。
여기부터 앞은 자동차는 들어갈 수 없습니다.

私が 先に 食べて みます。
내가 먼저 먹어 보겠습니다.

## 13
### 下
した
명 아래, 밑

椅子の 下で 犬が 寝て いました。
의자 밑에서 개가 자고 있었습니다.

반 上 위

## 14
### 外
そと
명 밖, 겉

子どもたちは 今 外で 遊んで います。
아이들은 지금 밖에서 놀고 있습니다.

반 中 안, 속

## 장소와 방향　DAY 11

**15 そば**
명 옆, 곁

怖いから そばに いて ください。
무서우니까 옆에 있어 주세요.

**16 建物 (たてもの)**
명 건물

学生たちが 建物から 出て きました。
학생들이 건물에서 나왔습니다.

**17 出口 (でぐち)**
명 출구, 나가는 곳

すみません、出口は どこですか。
죄송합니다, 출구는 어디인가요?
반 入口(いりぐち) 입구

**18 所 (ところ)**
명 곳, 장소, 부분

ここより 静かな 所が いいです。
여기보다 조용한 곳이 좋습니다.

**19 隣 (となり)**
명 바로 옆, 이웃, 이웃 사람

大学の 先生が 隣の 部屋に 住んで います。
대학교 교수님이 옆방(옆집)에 살고 있습니다.

**20 中 (なか)**
명 가운데, 속, 안

かばんの 中には ノートが 入って います。
가방 속에는 공책이 들어 있습니다.
반 外(そと) 밖, 겉

**21 西 (にし)**
명 서, 서쪽

西の 空が 赤く なって、とても きれいです。
서쪽 하늘이 붉어져서 매우 예쁩니다.
반 東(ひがし) 동, 동쪽

## 22 にわ / 庭
**명** 정원, 뜰, 마당

友だちの 家の 庭には 小さな プールが あります。
친구네 집 정원에는 작은 수영장이 있습니다.

## 23 ひがし / 東
**명** 동, 동쪽

この 島は 日本の 一番 東に あります。
이 섬은 일본의 가장 동쪽에 있습니다.

**반** 西 서, 서쪽

## 24 ひだり / 左
**명** 왼쪽

コンビニは ホテルから 出て すぐ 左に あります。
편의점은 호텔에서 나와 바로 왼쪽에 있습니다.

**반** 右 오른쪽

## 25 へや / 部屋
**명** 방

掃除を しなかったから 部屋が 汚い。
청소를 하지 않았기 때문에 방이 더럽다.

## 26 ほう / 方
**명** 쪽, 방면, 방향

駅の 右の 方には 交番が、左の 方には ホテルが あります。
역의 오른쪽에는 파출소가, 왼쪽에는 호텔이 있습니다.

りんごより オレンジの 方が 好きです。
사과보다 오렌지 쪽을 더 좋아합니다.

## 27 まえ / 前
**명** 전(시간), 앞(공간)

テレビを 見る 前に 宿題を します。
TV를 보기 전에 숙제를 합니다.

家の 前に 知らない 人が 立って いる。
집 앞에 모르는 사람이 서 있다.

**반** 後 후(시간)　後ろ 뒤(공간)

## 28 まち / 町
**명** 동네, 시내, 마을

私の おじいさんは 隣の 町に 住んで います。
우리 할아버지는 옆 동네에 살고 있습니다.

## 장소와 방향 — DAY 11

**29 まど 窓**
명 창, 창문

暑いから 窓を 開けましょう。
더우니까 창문을 엽시다.

---

**30 みぎ 右**
명 오른쪽

一番 右に 座って いるのが 私の 姉です。
가장 오른쪽에 앉아 있는 것이 나의 언니(누나)입니다.

반 左 왼쪽

---

**31 みせ 店**
명 가게

ここは テレビにも 出た 有名な お店です。
여기는 TV에도 나온 유명한 가게입니다.

---

**32 みなみ 南**
명 남, 남쪽

韓国の 南には チェジュドという 大きい 島が あります。
한국의 남쪽에는 제주도라고 하는 커다란 섬이 있습니다.

반 北 북, 북쪽

---

**33 む 向こう**
명 맞은편, 건너편

銀行の 向こうには 学校が あります。
은행 건너편에는 학교가 있습니다.

---

**34 もん 門**
명 문, 대문

朝 9時に 学校の 門を 閉めます。
아침 9시에 학교 문(정문)을 닫습니다.

유 ドア 문

---

**35 ゆうびんきょく 郵便局**
명 우체국

郵便局で 手紙を 出しました。
우체국에서 편지를 부쳤습니다.

|  |  |  |
|---|------|------|
| 36 | よこ<br>**横**<br>명 옆, 측면(좌우 방향) | お母(かあ)さんの 横(よこ)で 子(こ)どもが 寝(ね)て います。<br>어머니 옆에서 아이가 자고 있습니다.<br>＋ そば 옆, 곁(물리적·심리적 거리가 가까움)<br>隣(となり) 옆, 이웃(같은 종류로 서로 이웃해 있음) |
| 37 | あ<br>**上がる**<br>동 올라가다 | エレベーターで 7階(ななかい)に 上(あ)がります。<br>엘리베이터로 7층에 올라갑니다.<br>반 下(さ)がる 내려가다<br>타 上(あ)げる 올리다 |
| 38 | あ<br>**開く**<br>동 열리다 | 風(かぜ)が 吹(ふ)いて ドアが 開(あ)きました。<br>바람이 불어서 문이 열렸습니다.<br>타 開(あ)ける 열다 |
| 39 | あ<br>**開ける**<br>동 열다 | 部屋(へや)の ドアを 開(あ)けたのは 猫(ねこ)でした。<br>방문을 연 것은 고양이였습니다.<br>자 開(あ)く 열리다 |
| 40 | ちか<br>**近い**<br>イ 가깝다 | 私(わたし)の 家(いえ)は 駅(えき)から とても 近(ちか)いです。<br>우리 집은 역에서 매우 가깝습니다.<br>반 遠(とお)い 멀다 |
| 41 | とお<br>**遠い**<br>イ 멀다 | ここから 駅(えき)までは 遠(とお)く ないから 歩(ある)いて 行(い)きましょう。<br>여기부터 역까지는 멀지 않으니까 걸어 갑시다.<br>반 近(ちか)い 가깝다 |
| 42 | しず<br>**静か**<br>ナ 조용함 | 図書館(としょかん)では 静(しず)かに して ください。<br>도서관에서는 조용히 해 주세요.<br>반 うるさい 시끄럽다 |

장소와 방향

## 확인 문제

**1** 해당 어휘의 읽는 법을 찾고 빈칸에 그 의미를 써 넣으세요.

| 보기 | 私 | ✓ わたし | ② あなた | 나, 저 |
|---|---|---|---|---|
| (1) | 左 | ① みぎ | ② ひだり | _____ |
| (2) | 上 | ① した | ② うえ | _____ |
| (3) | 庭 | ① にわ | ② となり | _____ |
| (4) | 遠い | ① とおい | ② ちかい | _____ |

**2** 한국어 뜻을 참고하여 알맞은 단어를 보기 에서 골라 넣어 문장을 완성하세요.

(5) 駅の 北( )には 交番が あります。
역의 북쪽에는 파출소가 있습니다.

(6) 私の ( )に 遊びに 来て ください。
우리 집에 놀러 와 주세요.

(7) 銀行の ( )には 学校が あります。
은행 건너편에는 학교가 있습니다.

(8) 怖いから ( )に いて ください。
무서우니까 옆에 있어 주세요.

| 보기 | そば　家　がわ　向こう |
|---|---|

**정답**
(1) ② 왼쪽　(2) ② 위　(3) ① 정원, 뜰, 마당　(4) ① 멀다
(5) がわ　(6) 家(いえ)　(7) 向(む)こう　(8) そば

# 단어 퀴즈

✽ 단어를 보고 발음과 의미를 적어 보세요.

| 단어 | 발음 | 의미 |
|---|---|---|
| 私 | わたし | 나, 저 |
| 前 | | |
| 後ろ | | |
| 間 | | |
| 下 | | |
| 中 | | |
| 外 | | |
| 横 | | |
| 隣 | | |
| 交番 | | |
| 角 | | |
| 部屋 | | |
| 窓 | | |
| 東 | | |
| 西 | | |
| 南 | | |
| 北 | | |
| 郵便局 | | |
| 上がる | | |
| 開ける | | |
| 静か | | |

> 정답은 뒷면에서 확인할 수 있어요.

# 단어 퀴즈

❈ 한번 더 복습해 봅시다.

| 읽는 법과 뜻 | | 한자 | 발음 | 의미 |
|---|---|---|---|---|
| ☐ | わたし<br>나, 저 | 예 私 | わたし | 나, 저 |
| ☐ | まえ<br>전(시간), 앞(공간) | 前 | | |
| ☐ | うしろ<br>뒤(공간) | 後ろ | | |
| ☐ | あいだ<br>사이, 동안 | 間 | | |
| ☐ | した<br>아래, 밑 | 下 | | |
| ☐ | なか<br>가운데, 속, 안 | 中 | | |
| ☐ | そと<br>밖, 겉 | 外 | | |
| ☐ | よこ<br>옆, 측면 | 横 | | |
| ☐ | となり<br>바로 옆, 이웃 | 隣 | | |
| ☐ | こうばん<br>파출소 | 交番 | | |
| ☐ | かど<br>구석, 모서리, 길모퉁이 | 角 | | |
| ☐ | へや<br>방 | 部屋 | | |
| ☐ | まど<br>창, 창문 | 窓 | | |
| ☐ | ひがし<br>동, 동쪽 | 東 | | |
| ☐ | にし<br>서, 서쪽 | 西 | | |
| ☐ | みなみ<br>남, 남쪽 | 南 | | |
| ☐ | きた<br>북, 북쪽 | 北 | | |
| ☐ | ゆうびんきょく<br>우체국 | 郵便局 | | |
| ☐ | あがる<br>올라가다 | 上がる | | |
| ☐ | あける<br>열다 | 開ける | | |
| ☐ | しずか<br>조용함 | 静か | | |

# DAY 12
# 조사와 접미어

얼마나 알고 있나요?

**사전 체크**

| | | | |
|---|---|---|---|
| ☐ 01 ~か | ☐ 02 ~が | ☐ 03 ~から | ☐ 04 ~くらい・ぐらい |
| ☐ 05 ~しか | ☐ 06 ~ずつ | ☐ 07 ~だけ | ☐ 08 ~で |
| ☐ 09 ~でも | ☐ 10 ~と | ☐ 11 ~など | ☐ 12 ~に |
| ☐ 13 ~の | ☐ 14 ~は | ☐ 15 ~へ | ☐ 16 ~まで |
| ☐ 17 ~も | ☐ 18 ~や | ☐ 19 ~より | ☐ 20 ~を |
| ☐ 21 ~階 | ☐ 22 ~回 | ☐ 23 ~か月 | ☐ 24 ~月 |
| ☐ 25 ~冊 | ☐ 26 ~時 | ☐ 27 ~台 | ☐ 28 ~たち |
| ☐ 29 ~人 | ☐ 30 ~杯 | ☐ 31 ~番 | ☐ 32 ~匹 |
| ☐ 33 ~分 | ☐ 34 ~本 | ☐ 35 ~枚 | ☐ 36 ~曜日 |

# 조사와 접미어  DAY 12

## 01 ～か
조 ～까 의문
～나/～이나 나열

誕生日（たんじょうび）は いつです**か**。
생일은 언제입니까?

今日（きょう）の 3時（さんじ）**か** 4時（よじ）に 電話（でんわ）して ください。
오늘 3시나 4시에 전화해 주세요.

## 02 ～が
조 ～이/가 주격
　 ～만/지만 역접
　 ～을/를
　 취향 희망 능력 가능

宿題（しゅくだい）**が** 多（おお）くて 大変（たいへん）です。
숙제가 많아서 힘듭니다.

肉（にく）は 好（す）きです**が**、野菜（やさい）は 嫌（きら）いです。
고기는 좋아하지만 채소는 싫어합니다.

動物（どうぶつ）の 中（なか）で クマ**が** 一番（いちばん） 好（す）きです。
동물 중에서 곰을 가장 좋아합니다.

＊ '～을/를'은 취향 「好きだ 좋아하다」, 「嫌いだ 싫어하다」 /
　 희망 「ほしい 원하다」, 「～たい ～싶다」 / 능력 「上手（じょうず）だ 잘하다」,
　 「下手（へた）だ 못하다」 등 한정된 서술어와 함께 사용

## 03 ～から
조 ～부터/에서
　 시간 장소 출처
　 ～해서/～니까 이유 원인

家（いえ）**から** 学校（がっこう）まで 20分（にじゅっぷん） かかります。
집에서 학교까지 20분 걸립니다.

友（とも）だち**から** 電話（でんわ）が かかって きた。
친구로부터 전화가 걸려 왔다.

今（いま）は 忙（いそが）しい**から**、後（あと）で 電話（でんわ）します。
지금은 바쁘니까 나중에 전화하겠습니다.

## 04 ～くらい・～ぐらい
조 ～정도, ～만큼

兄（あに）は 1時間（いちじかん）**くらい** 前（まえ）に 家（いえ）を 出（で）ました。
오빠는(형은) 한 시간 정도 전에 집을 나섰습니다.

## 05 ～しか
조 ～밖에(부정 수반)

今（いま）は お金（かね）が 2,000円（にせんえん）**しか** ありません。
지금은 돈이 2천 엔밖에 없습니다.

## 06 ～ずつ
조 ～씩

一人ずつ 中に 入って ください。
한 명씩 안으로 들어와(가) 주세요.

## 07 ～だけ
조 ～뿐, ～만

店の 中には お客さんが 私 一人だけでした。
가게 안에는 손님이 나 혼자뿐이었습니다.

## 08 ～で
조 ～에서 장소
～로 수단 방법
～로/～해서 이유 원인

喫茶店で コーヒーを 飲みます。
카페에서 커피를 마십니다.

今日は 学校まで 自転車で 来ました。
오늘은 학교까지 자전거로 왔습니다.

風邪で 会社を 休みました。
감기로 회사를 쉬었습니다.

## 09 ～でも
조 ～라도, ～에서도

それは 子どもでも わかりますよ。
그건 아이라도 알아요.

この ドラマは 日本でも 有名です。
이 드라마는 일본에서도 유명합니다.

## 10 ～と
조 ～와/과

スーパーで 卵と 牛乳を 買った。
슈퍼에서 달걀과 우유를 샀다.

## 11 ～など
조 ～등

八百屋では りんごや いちごなどの 果物も 売って います。
채소 가게에서는 사과나 딸기 등의 과일도 팔고 있습니다.

## 조사와 접미어  DAY 12

**12 ～に**
조 ～에 시간 장소 횟수
　～으로 장소
　～에게 대상
　～을/를 목적격

7時に 会社の 前に 来て ください。
7시에 회사 앞으로 와 주세요.

わからない 所が あって、先生に 質問しました。
모르는 곳이 있어서 선생님에게 질문했습니다.

駅の 前で 友だちに 会いました。
역 앞에서 친구를 만났습니다.

✳ '～을/를'은 「会う 만나다」, 「乗る 타다」와 함께 사용할 때만 해당

**13 ～の**
조 ～의 소유격
　～의 것
　～한 것

それ、私の スマホです。
그거, 나의 스마트폰입니다.

その スマホは 私のです。
그 스마트폰은 나의 것입니다.

スマホは 新しいのが いいです。
스마트폰은 새로운 것이 좋습니다.

**14 ～は**
조 ～은/는 주격

あの 人は 私の 英語の 先生です。
저 사람은 나의 영어 선생님입니다.

**15 ～へ**
조 ～에, ～로 방향 장소

弟は 毎朝 8時に 学校へ 行きます。
남동생은 매일 아침 8시에 학교에 갑니다.

**16 ～まで**
조 ～까지 시간 장소

午後の 2時まで 学校に いました。
오후 2시까지 학교에 있었습니다.

家から 会社まで どれくらい かかりますか。
집에서 회사까지 어느 정도 걸립니까?

| | | |
|---|---|---|
| **17** **〜も** 조 〜도 〜나 정도 | その 本、私も 読みたいです。<br>그 책, 나도 읽고 싶어요.<br>私の 父は 兄弟が 5人も います。<br>나의 아버지는 형제가 다섯 명이나 있습니다. | |
| **18** **〜や** 조 〜랑, 〜(이)나 | 妹は 韓国の ドラマや 音楽が 好きです。<br>여동생은 한국 드라마나 음악을 좋아합니다. | |
| **19** **〜より** 조 〜보다 | 私は 姉より 料理が 上手です。<br>나는 언니(누나)보다 요리를 잘합니다. | |
| **20** **〜を** 조 〜을/를 목적격 | 一緒に 写真を 撮りませんか。<br>함께 사진을 찍지 않을래요? | |
| **21** **〜階・階** 접미 〜층 | この 建物の 1階には コンビニが、3階には 病院が あります。<br>이 건물 1층에는 편의점이, 3층에는 병원이 있습니다. | |
| **22** **〜回** 접미 〜회, 〜번 | 毎週 1回、母に 電話を して います。<br>매주 한 번, 어머니에게 전화를 하고 있습니다. | |
| **23** **〜か月** 접미 〜개월 | 私は 1か月に 2回は 図書館に 行きます。<br>나는 한 달에 두 번은 도서관에 갑니다. | |

## 조사와 접미어   DAY 12

**24 〜月** (がつ)
접미 〜월

今日は 1月 20日です。
오늘은 1월 20일입니다.

**25 〜冊** (さつ)
접미 〜권 (책을 세는 단위)

今 かばんの 中には 本が 4冊 入って います。
지금 가방 안에는 책이 네 권 들어 있습니다.

**26 〜時** (じ)
접미 〜시

学校は 2時 半に 終わります。
학교는 2시 반에 끝납니다.

**27 〜台** (だい)
접미 〜대 (차량·기계를 세는 단위)

お父さんは ケータイを 2台 持って います。
아버지는 휴대 전화를 두 대 가지고 있습니다.

**28 〜たち**
접미 〜들

プールで 子どもたちが 泳いで います。
수영장에서 아이들이 헤엄치고 있습니다.

**29 〜人・人** (にん・じん)
접미 〜명, 〜인

今 教室の 中に 何人 いますか。
지금 교실 안에 몇 명 있어요?

あなたは 韓国人ですか。
당신은 한국인입니까?

**30 〜杯・杯・杯** (はい・ばい・ぱい)
접미 〜잔

ビールを 1杯、ワインを 3杯、それから 水を 2杯 ください。
맥주를 한 잔, 와인을 세 잔, 그리고 물을 두 잔 주세요.

| 31 ~番 <br> 접미 ~번 | 電話番号は 何番ですか。<br>전화번호는 몇 번입니까? |
|---|---|
| 32 ~匹・匹・匹 <br> 접미 ~마리 | 先週、子犬が 6匹 生まれました。<br>지난주에 강아지가 여섯 마리 태어났습니다. |
| 33 ~分・分・分 <br> 접미 ~분 | 私は 毎日 8時 15分の 電車に 乗ります。<br>나는 매일 8시 15분 전철을 탑니다. |
| 34 ~本・本・本 <br> 접미 ~병, ~자루 <br> (가늘고 긴 것을 세는 단위) | コーラを 3本 買って きて ください。<br>콜라를 세 병 사 와 주세요. |
| 35 ~枚 <br> 접미 ~장 <br> (종이 등 얇은 것을 세는 단위) | 紙を 切って、1枚が 2枚に なりました。<br>종이를 잘라서 한 장이 두 장으로 되었습니다. |
| 36 ~曜日 <br> 접미 ~요일 | 来週の 月曜日は 何日ですか。<br>다음 주 월요일은 며칠입니까? |

## 확인 문제

**1** 한국어 뜻을 참고하여 알맞은 조사를 보기 에서 골라 넣으세요.

(1) 動物の 中で クマ( ) 一番 好きです。  동물 중에서 곰을 가장 좋아합니다.

(2) この ドラマは 日本( ) 有名です。  이 드라마는 일본에서도 유명합니다.

(3) あの 人( ) 私の 英語の 先生です。  저 사람은 나의 영어 선생님입니다.

(4) スマホは 新しい( )が いいです。  스마트폰은 새로운 것이 좋습니다.

| 보기 | の | が | は | でも |

**2** 한국어 뜻을 참고하여 알맞은 접미사를 보기 에서 골라 넣으세요.

(5) 今 かばんの 中には 本が 4( ) 入って います。
지금 가방 안에는 책이 네 권 들어 있습니다.

(6) お父さんは ケータイを 2( ) 持って います。
아버지는 휴대 전화를 두 대 가지고 있습니다.

(7) 先週、子犬が 6( ) 生まれました。
지난주에 강아지가 6마리 태어났습니다.

(8) 今 教室の 中に 何( ) いますか。
지금 교실 안에 몇 명 있어요?

| 보기 | 冊(さつ) | 匹(ぴき) | 台(だい) | 人(にん) |

**정답**

(1) が  (2) でも  (3) は  (4) の
(5) 冊(さつ)  (6) 台(だい)  (7) 匹(ぴき)  (8) 人(にん)

# 단어 퀴즈

✽ 단어를 보고 발음과 의미를 적어 보세요.

| 단어 | 발음 | 의미 |
|---|---|---|
| 私 | わたし | 나, 저 |
| ~から | | |
| ~で | | |
| ~に | | |
| ~と | | |
| ~など | | |
| ~だけ | | |
| ~しか | | |
| ~くらい・ぐらい | | |
| ~へ | | |
| ~ずつ | | |
| ~まで | | |
| ~も | | |
| ~や | | |
| ~より | | |
| ~を | | |
| ~回 | | |
| ~か月 | | |
| ~杯 | | |
| ~本 | | |
| ~番 | | |

선을 따라 접으면 답을 확인할 수 있어요.

# 단어 퀴즈

❋ 한번 더 복습해 봅시다.

| 읽는 법과 뜻 | | 한자 | 발음 | 의미 |
|---|---|---|---|---|
| ☐ | わたし<br>나, 저 | 예 私 | わたし | 나, 저 |
| ☐ | ~부터, ~해서 | ~から | | |
| ☐ | ~에서, ~로, ~으로 | ~で | | |
| ☐ | ~에, ~으로, ~에게 | ~に | | |
| ☐ | ~와/과 | ~と | | |
| ☐ | ~등 | ~など | | |
| ☐ | ~뿐, ~만 | ~だけ | | |
| ☐ | ~밖에 | ~しか | | |
| ☐ | ~정도, ~만큼 | ~ぐらい・くらい | | |
| ☐ | ~에, ~로 | ~へ | | |
| ☐ | ~씩 | ~ずつ | | |
| ☐ | ~까지 | ~まで | | |
| ☐ | ~도, ~나 | ~も | | |
| ☐ | ~랑, ~이나 | ~や | | |
| ☐ | ~보다 | ~より | | |
| ☐ | ~을/를 | ~を | | |
| ☐ | ~かい<br>~회, ~번 | ~回 | | |
| ☐ | ~かげつ<br>~개월 | ~か月 | | |
| ☐ | ~はい・ばい・ぱい<br>~잔 | ~杯 | | |
| ☐ | ~ほん・ぼん・ぽん<br>~병, ~자루 | ~本 | | |
| ☐ | ~ばん<br>~번 | ~番 | | |

# DAY 13
# 의문사와 접속사

얼마나 알고 있나요?

**사전 체크**

- ☐ 01 いくつ
- ☐ 02 いくら
- ☐ 03 いつ
- ☐ 04 だれ
- ☐ 05 どう
- ☐ 06 どうして
- ☐ 07 どなた
- ☐ 08 なぜ
- ☐ 09 何
- ☐ 10 そして
- ☐ 11 それから
- ☐ 12 だから
- ☐ 13 では・じゃ
- ☐ 14 でも

## 의문사와 접속사 DAY 13

**01 いくつ**
명 몇, 몇 개, 몇 살

お いくつですか。
몇 살입니까?

1,000円で りんごを いくつ 買う ことが できますか。
천 엔으로 사과를 몇 개 살 수 있습니까?

**02 いくら**
명 얼마
부 얼마나, 아무리

この かばんは いくらですか。
이 가방은 얼마인가요?

**03 いつ**
명 언제

今日、いつ 帰って くるか わからない。
오늘 언제 돌아올지 모른다.

**04 だれ**
명 누구

あの 白い シャツを 着て いるのは だれですか。
저 하얀 셔츠를 입고 있는 것은 누구입니까?

**05 どう**
명 어떻게

どう やっても 上手に 作る ことが できない。
어떻게 해도 능숙하게 만들 수 없다.

**06 どうして**
명 어째서, 왜

昨日 学校に 来なかったのは、どうしてですか。
어제 학교에 오지 않은 것은 어째서인가요?

유 なぜ 어째서, 왜

**07 どなた**
명 어느 분, 누구(경어)

日本語の 先生は どなたでしょうか。
일본어 선생님은 어느 분이신가요?

## 08 なぜ
**명** 어째서, 왜

ここに 来たのは なぜですか。
여기에 온 것은 어째서입니까?

유 どうして 어째서, 왜

## 09 何・何
**명** 무엇, 몇 ~, 무슨 ~

ポケットの 中には 何が 入って いますか。
주머니 안에는 뭐가 들어 있습니까?

今日は 何曜日ですか。
오늘은 무슨 요일입니까?

## 10 そして
**접속** 그리고 나열

友だちに 会いました。そして 喫茶店に 行きました。
친구를 만났습니다. 그리고 카페에 갔습니다.

## 11 それから
**접속** 그다음에, 그리고, 그리고 나서 시간 나열

朝ご飯を 食べました。それから 家の 掃除を しました。
아침밥을 먹었습니다. 그다음에 집 청소를 했습니다.

## 12 だから
**접속** 그래서, 그러니까

お腹が すいた。だから たくさん 食べた。
배가 고팠다. 그래서 많이 먹었다.

## 13 では・じゃ
**접속** 그럼, 그러면

もう 10時ですね。では、授業を 始めます。
벌써 10시군요. 그럼, 수업을 시작하겠습니다.

유 それでは 그럼, 그러면

## 14 でも
**접속** 하지만

姉と 駅で 会う ことに した。でも 姉は 来なかった。
언니(누나)와 역에서 만나기로 했다. 하지만 언니(누나)는 오지 않았다.

의문사와 접속사

## 확인 문제

● 한국어 뜻을 참고하여 알맞은 표현을 보기 에서 골라 넣으세요.

(1) あの 白(しろ)い シャツを 着(き)て いるのは (　　　)ですか。
저 하얀 셔츠를 입고 있는 것은 누구입니까?

(2) ポケットの 中(なか)には (　　　)が 入(はい)って いますか。
주머니 안에는 뭐가 들어 있습니까?

(3) お(　　　)ですか。
몇 살입니까?

(4) この かばんは (　　　)ですか。
이 가방은 얼마인가요?

(5) もう 10時(じゅうじ)ですね。(　　　)、授業(じゅぎょう)を 始(はじ)めます。
벌써 10시군요. 그럼, 수업을 시작하겠습니다.

(6) お腹(なか)が すいた。(　　　) たくさん 食(た)べた。
배가 고팠다. 그래서 많이 먹었다.

(7) 姉(あね)と 駅(えき)で 会(あ)う ことに した。(　　　) 姉(あね)は 来(こ)なかった。
언니(누나)와 역에서 만나기로 했다. 하지만 언니(누나)는 오지 않았다.

(8) 朝(あさ)ご飯(はん)を 食(た)べました。(　　　) 家(いえ)の 掃除(そうじ)を しました。
아침밥을 먹었습니다. 그 다음에 집 청소를 했습니다.

| 보기 | いくら | だれ | 何(なに) | いくつ |
| | それから | でも | では | だから |

---

**정답**

(1) だれ　(2) 何(なに)　(3) いくつ　(4) いくら
(5) では　(6) だから　(7) でも　(8) それから

# 단어 퀴즈

❀ 단어를 보고 발음과 의미를 적어 보세요.

| 단어 | 발음 | 의미 |
|---|---|---|
| 私 | わたし | 나, 저 |
| いくつ | | |
| いくら | | |
| いつ | | |
| だれ | | |
| どう | | |
| どうして | | |
| どなた | | |
| なぜ | | |
| 何 | | |
| そして | | |
| それから | | |
| だから | | |
| では・じゃ | | |
| でも | | |

📖 설를 따라 접으면 답을 확인할 수 있어요.

# 단어 퀴즈

❋ 한번 더 복습해 봅시다.

| 읽는 법과 뜻 | | 단어 | 발음 | 의미 |
|---|---|---|---|---|
| ☐ | わたし<br>나, 저 | 예 私 | わたし | 나, 저 |
| ☐ | 몇, 몇 개, 몇 살 | | いくつ | |
| ☐ | 얼마 | | いくら | |
| ☐ | 언제 | | いつ | |
| ☐ | 누구 | | だれ | |
| ☐ | 어떻게 | | どう | |
| ☐ | 어째서, 왜 | | どうして | |
| ☐ | 어느 분,<br>누구(경어) | | どなた | |
| ☐ | 어째서, 왜 | | なぜ | |
| ☐ | なに・なん<br>무엇, 몇~, 무슨~ | | 何 | |
| ☐ | 그리고 | | そして | |
| ☐ | 그 다음에, 그리고 | | それから | |
| ☐ | 그래서, 그러니까 | | だから | |
| ☐ | 그럼 | | では・じゃ | |
| ☐ | 하지만 | | でも | |

# DAY 14
# 부사

얼마나 알고 있나요?

**사전 체크**

- ☐ 01 あまり
- ☐ 02 一緒に
- ☐ 03 いっぱい
- ☐ 04 いつも
- ☐ 05 すぐ(に)
- ☐ 06 少し
- ☐ 07 たくさん
- ☐ 08 だんだん
- ☐ 09 ちょっと
- ☐ 10 どうぞ
- ☐ 11 時どき
- ☐ 12 とても
- ☐ 13 本当に
- ☐ 14 また
- ☐ 15 まだ
- ☐ 16 まっすぐ
- ☐ 17 もう
- ☐ 18 もう一度
- ☐ 19 もっと
- ☐ 20 ゆっくり
- ☐ 21 よく

## 부사  DAY 14

**01 あまり**
부 별로, 그다지(부정 수반), 너무, 지나치게

辛い 物は あまり 食べません。
매운 것은 별로 먹지 않습니다.

---

**02 いっしょに 一緒に**
부 함께, 같이

家が 近い 友だちと 一緒に 帰ります。
집이 가까운 친구와 함께 돌아갑니다.

---

**03 いっぱい**
부 ナ 잔뜩, 가득

電車の 中に 人が いっぱい いました。
전철 안에 사람이 가득 있었습니다.
＋ 一杯 한 잔

---

**04 いつも**
부 늘, 언제나
명 여느 때, 보통 때

お母さんは いつも 同じ 時間に 散歩を します。
엄마는 늘 같은 시간에 산책을 합니다.

---

**05 すぐ(に)**
부 바로, 곧, 즉시

会社から 帰って すぐ(に) お風呂に 入ります。
회사에서 돌아와서 바로 목욕을 합니다.

---

**06 すこし 少し**
부 조금

ここで 少し 休みましょう。
여기에서 조금 쉽시다.
유 ちょっと 조금, 좀, 잠깐

## 07 たくさん
부 ナ 많이

夏休みだから、たくさん 遊びたいです。
여름 방학이니까 많이 놀고 싶습니다.

## 08 だんだん
부 점점, 차차

日本語の 勉強が だんだん 好きに なりました。
일본어 공부가 점점 좋아졌습니다.

## 09 ちょっと
부 조금, 좀, 잠깐

ちょっと 待って ください。
잠깐 기다려 주세요.

유 少し 조금

## 10 どうぞ
부 아무쪼록, 부디

どうぞ、よろしく お願いします。
부디 잘 부탁합니다.

## 11 時どき
부 때때로, 가끔

私は 時どき 一人で 旅行に 行きます。
나는 가끔 혼자서 여행을 갑니다.

## 12 とても
부 매우, 몹시, 대단히

お父さんが 買って きた ケーキは とても おいしかったです。
아버지가 사 온 케이크는 매우 맛있었습니다.

## 부사 — DAY 14

**13 本当に** (ほんとう)
🔵 정말로

本当に、ありがとうございました。
정말로 고마웠습니다.

---

**14 また**
🔵 또, 다시

また 一緒に 遊びましょう。
또 같이 놀아요.

---

**15 まだ**
🔵 아직

父は まだ 帰って いません。
아버지는 아직 돌아오지 않았습니다.

---

**16 まっすぐ**
🔵 ナ 쭉, 똑바로, 곧장

この 道を まっすぐ 行って ください。
이 길을 곧장 가 주세요.

---

**17 もう**
🔵 이미, 벌써, 이제

もう 9時ですから、今日は 帰りましょうか。
벌써 9시니까 오늘은 돌아갈까요?

もう お腹 いっぱいです。
이제 배가 부릅니다.

---

**18 もう一度** (いちど)
🔵 다시 한번, 한번 더

すみません、もう一度 言って ください。
죄송합니다, 다시 한번 말해 주세요.

🎧 Track 039

### 19
## もっと
**부** 더, 좀 더, 더욱

もっと 安(やす)い 物(もの)は ありませんか。
좀 더 저렴한 것은 없습니까?

### 20
## ゆっくり
**부** 천천히, 푹, 느긋하게, 여유롭게

今日(きょう)は 早(はや)く 帰(かえ)って、**ゆっくり** 休(やす)んで ください。
오늘은 빨리 돌아가서 푹 쉬어 주세요.

### 21
## よく
**부** 자주(빈도), 잘(정도)

この レストランは おいしいから **よく** 来(き)ます。
이 레스토랑은 맛있어서 자주 옵니다.

## 확인 문제

● 한국어 뜻을 참고하여 알맞은 표현을 보기 에서 골라 넣으세요.

(1) ここで (　　　　) 休<sub>やす</sub>みましょう。
여기에서 조금 쉽시다.

(2) 父<sub>ちち</sub>は (　　　　) 帰<sub>かえ</sub>って いません。
아버지는 아직 돌아오지 않았습니다.

(3) この 道<sub>みち</sub>を (　　　　) 行<sub>い</sub>って ください。
이 길을 곧장 가 주세요.

(4) 今日<sub>きょう</sub>は 早<sub>はや</sub>く 帰<sub>かえ</sub>って、(　　　　) 休<sub>やす</sub>んで ください。
오늘은 빨리 돌아가서 푹 쉬어 주세요.

(5) お母<sub>かあ</sub>さんは (　　　　) 同<sub>おな</sub>じ 時間<sub>じかん</sub>に 散歩<sub>さんぽ</sub>を します。
엄마는 늘 같은 시간에 산책을 합니다.

(6) (　　　　)、よろしく お願<sub>ねが</sub>いします。
부디 잘 부탁합니다.

(7) お父<sub>とう</sub>さんが 買<sub>か</sub>って きた ケーキは (　　　　) おいしかったです。
아버지가 사 온 케이크는 매우 맛있었습니다.

(8) 辛<sub>から</sub>い 物<sub>もの</sub>は (　　　　) 食<sub>た</sub>べません。
매운 것은 별로 먹지 않습니다.

---

보기　　あまり　　とても　　少<sub>すこ</sub>し
　　　　どうぞ　　いつも
　　まっすぐ　　まだ　　ゆっくり

---

**정답**

(1) 少(すこ)し　(2) まだ　(3) まっすぐ　(4) ゆっくり
(5) いつも　(6) どうぞ　(7) とても　(8) あまり

# 단어 퀴즈

✿ 단어를 보고 발음과 의미를 적어 보세요.

| 단어 | 발음 | 의미 |
|---|---|---|
| 私 | わたし | 나, 저 |
| 一緒に | | |
| いっぱい | | |
| いつも | | |
| すぐ(に) | | |
| 少し | | |
| たくさん | | |
| だんだん | | |
| ちょっと | | |
| どうぞ | | |
| 時どき | | |
| とても | | |
| 本当に | | |
| また | | |
| まだ | | |
| まっすぐ | | |
| もう | | |
| もう一度 | | |
| もっと | | |
| ゆっくり | | |
| よく | | |

> 선을 따라 접으면 답을 확인할 수 있어요.

# 단어 퀴즈

❋ 한번 더 복습해 봅시다.

| 읽는 법과 뜻 | 한자 | 발음 | 의미 |
|---|---|---|---|
| わたし / 나, 저 | 예 私 | わたし | 나, 저 |
| いっしょに / 함께, 같이 | 一緒に | | |
| 잔뜩, 가득 | いっぱい | | |
| 늘, 언제나 | いつも | | |
| 바로, 곧, 즉시 | すぐ(に) | | |
| すこし / 조금 | 少し | | |
| 많이 | たくさん | | |
| 점점, 차차 | だんだん | | |
| 조금, 좀, 잠깐 | ちょっと | | |
| 아무쪼록, 부디 | どうぞ | | |
| ときどき / 때때로, 가끔 | 時どき | | |
| 매우, 아주 | とても | | |
| ほんとうに / 정말로 | 本当に | | |
| 또, 다시 | また | | |
| 아직 | まだ | | |
| 쭉, 똑바로, 곧장 | まっすぐ | | |
| 이미, 벌써, 이제 | もう | | |
| もういちど / 다시 한번, 한번 더 | もう一度 | | |
| 더, 좀 더, 더욱 | もっと | | |
| 천천히, 푹 | ゆっくり | | |
| 자주(빈도), 잘(정도) | よく | | |

# DAY 15
# 가타카나어

음성듣기

얼마나 알고 있나요?

**사전 체크**

- ☐ 01 アパート
- ☐ 02 アメリカ
- ☐ 03 アルバイト
- ☐ 04 エアコン
- ☐ 05 エレベーター
- ☐ 06 カメラ
- ☐ 07 カレー
- ☐ 08 カレンダー
- ☐ 09 ギター
- ☐ 10 クラス
- ☐ 11 コート
- ☐ 12 コーヒー
- ☐ 13 コップ
- ☐ 14 コピー
- ☐ 15 コンビニ
- ☐ 16 シャワー
- ☐ 17 ストーブ
- ☐ 18 スカート
- ☐ 19 スプーン
- ☐ 20 スポーツ
- ☐ 21 ズボン
- ☐ 22 スマホ
- ☐ 23 セーター
- ☐ 24 ゼロ
- ☐ 25 タクシー
- ☐ 26 タバコ
- ☐ 27 チケット
- ☐ 28 チョコレート
- ☐ 29 テーブル
- ☐ 30 テスト
- ☐ 31 デパート
- ☐ 32 テレビ
- ☐ 33 ドア
- ☐ 34 トイレ
- ☐ 35 ナイフ
- ☐ 36 ネクタイ
- ☐ 37 ノート
- ☐ 38 バス
- ☐ 39 パスポート
- ☐ 40 パン
- ☐ 41 ハンカチ
- ☐ 42 ペン
- ☐ 43 ポケット
- ☐ 44 ボタン
- ☐ 45 ホテル
- ☐ 46 ラーメン
- ☐ 47 ラジオ
- ☐ 48 レストラン

# 가타카나어 DAY 15

**01 アパート**
명 아파트

大学の 時は 小さい アパートに 住んで いました。
대학 때는 작은 아파트에 살고 있었습니다.

**02 アメリカ**
명 미국

アメリカから 来た 留学生と 友だちに なりました。
미국에서 온 유학생과 친구가 되었습니다.

**03 アルバイト**
명 する 아르바이트

授業が 終わった 後は アルバイトを します。
수업이 끝난 후에는 아르바이트를 합니다.

**04 エアコン**
명 에어컨

暑いから 1時間だけ エアコンを つけましょう。
더우니까 한 시간만 에어컨을 틉시다.

**05 エレベーター**
명 엘리베이터

この 建物は 古いから エレベーターが ありません。
이 건물은 오래되어서 엘리베이터가 없습니다.

**06 カメラ**
명 카메라

これは スマホの カメラで 撮った 写真です。
이것은 스마트폰 카메라로 찍은 사진입니다.

### 07 カレー
명 카레

お母さんが 作った カレーが 一番 おいしい。
엄마가 만든 카레가 제일 맛있다.

### 08 カレンダー
명 캘린더, 달력

カレンダーに 来週の 予定を 書きました。
달력에 다음 주 예정(일정)을 적었습니다.

### 09 ギター
명 기타(악기)

ギターと ベースギターは どう 違いますか。
기타와 베이스 기타는 어떻게 다른가요?

### 10 クラス
명 클래스, 반, 학급

この クラスは 女の 子が 10人、男の 子が 12人 います。
이 반은 여자아이가 10명, 남자아이가 12명 있습니다.

### 11 コート
명 코트(옷)

今日は 寒いから コートを 着て 会社に 行きます。
오늘은 추우니까 코트를 입고 회사에 갑니다.

### 12 コーヒー
명 커피

コーヒーと お茶、どっちが 好きですか。
커피와 차(녹차), 어느 쪽을 좋아합니까?

## 가타카나어  DAY 15

**13 コップ**
명 컵

この コップは 紙で 作りました。
이 컵은 종이로 만들었습니다.

**14 コピー**
명 する 복사

これを 3枚、コピーして ください。
이걸 세 장 복사해 주세요.

**15 コンビニ**
명 편의점

コンビニで パンと 飲み物を 買って きた。
편의점에서 빵과 음료를 사 왔다.

＋ スーパー 슈퍼, 슈퍼마켓

**16 シャワー**
명 샤워

朝 起きて シャワーを 浴びます。
아침에 일어나서 샤워를 합니다.

**17 ストーブ**
명 스토브, 난로

ちょっと 暑いから、ストーブを 消しましょう。
조금 더우니까 난로를 끕시다.

**18 スカート**
명 스커트, 치마

もっと 長い スカートは ありませんか。
좀 더 긴 치마는 없나요?

반 ズボン 바지

### 19 スプーン
**명** 스푼, 숟가락

スープは スプーンで 飲んで ください。
수프는 숟가락으로 먹어 주세요.

### 20 スポーツ
**명** 스포츠

スポーツは 見るのは 好きだが、やるのは 好きじゃない。
스포츠는 보는 것은 좋아하지만 하는 것은 좋아하지 않는다.

### 21 ズボン
**명** 바지

この ズボンと 同じ 色の Tシャツは ありますか。
이 바지와 같은 색의 티셔츠는 있나요?

반 スカート 스커트, 치마

### 22 スマホ
**명** '스마트폰'의 준말

新しく 買った スマホは 前のより 大きいです。
새로 산 스마트폰은 이전 것보다 큽니다.

＋ ケータイ 휴대 전화

### 23 セーター
**명** 스웨터

電車の 中で 同じ セーターを 着た 人を 見ました。
전철 안에서 똑같은 스웨터를 입은 사람을 봤습니다.

### 24 ゼロ
**명** 제로, 숫자 0

電話番号の 0は「ゼロ」と 読みます。
전화번호의 0은 '제로'라고 읽습니다.

## 가타카나어  DAY 15

**25 タクシー**
명 택시

時間が ないから タクシーに 乗りました。
시간이 없어서 택시를 탔습니다.

**26 タバコ**
명 담배

ここで タバコを 吸わないで ください。
여기에서 담배를 피우지 말아 주세요.

**27 チケット**
명 티켓, 표

コンサートの チケットを 買う ことが できなかった。
콘서트 티켓을 사지 못했다.
유 切符 표

**28 チョコレート**
명 초콜렛

この お菓子の 中には チョコレートが 入って いる。
이 과자 안에는 초콜렛이 들어 있다.

**29 テーブル**
명 테이블

椅子と テーブルを 買って 部屋に 置きました。
의자와 테이블을 사서 방에 놓았습니다.

**30 テスト**
명 する 테스트, 검사, 시험

テストは 来週の 木曜日です。
시험은 다음 주 목요일입니다.
유 試験 시험

|  |  |  |
|---|---|---|
| 31 | **デパート**<br>명 백화점 | デパートで お母さんの 誕生日プレゼントを 買いました。<br>백화점에서 어머니의 생일 선물을 샀습니다. |
| 32 | **テレビ**<br>명 텔레비전 | 私は テレビを あまり 見ません。<br>나는 TV를 별로 보지 않습니다. |
| 33 | **ドア**<br>명 도어, 문 | 一番 後ろに 座って いた 人が ドアを 閉めた。<br>제일 뒤에 앉아 있던 사람이 문을 닫았다. |
| 34 | **トイレ**<br>명 화장실 | 授業が 始まる 前に トイレに 行って きました。<br>수업이 시작되기 전에 화장실에 다녀왔습니다.<br>유 お手洗い 화장실 |
| 35 | **ナイフ**<br>명 나이프, 칼 | お肉は ナイフで 切って 食べます。<br>고기는 나이프로 잘라서 먹습니다. |
| 36 | **ネクタイ**<br>명 넥타이 | お父さんに ネクタイを プレゼントしました。<br>아버지에게 넥타이를 선물했습니다. |

가타카나어 153

## 가타카나어  DAY 15

**37 ノート**
명 노트, 공책

友だちに 授業の ノートを 借りました。
친구에게 수업 노트를 빌렸습니다.

**38 バス**
명 버스

バスより 電車の 方が 早いです。
버스보다 전철 쪽이 빠릅니다.

**39 パスポート**
명 패스포트, 여권

日本に 行く 前に パスポートを 作ります。
일본에 가기 전에 여권을 만듭니다.

**40 パン**
명 빵

ここの しおパンが 大好きです。
이곳의 소금빵을 아주 좋아합니다.

**41 ハンカチ**
명 손수건

かばんの 中には いつも ハンカチが 入って います。
가방 속에는 늘 손수건이 들어 있습니다.

**42 ペン**
명 펜

すみませんが、ペンを 貸して ください。
죄송합니다만, 펜을 빌려 주세요.

➕ ボールペン 볼펜

## 43 ポケット
**명** 포켓, 주머니

買った お菓子を ポケットに 入れました。
구입한 과자를 주머니에 넣었습니다.

## 44 ボタン
**명** 버튼, 단추

丸い ボタンが かわいくて、この 服を 買いました。
둥근 단추가 귀여워서 이 옷을 샀습니다.

## 45 ホテル
**명** 호텔

駅から 近い ホテルを 予約した。
역에서 가까운 호텔을 예약했다.

## 46 ラーメン
**명** 라멘

日本の 料理の 中で ラーメンが 一番 好きです。
일본 요리 중에 라멘을 가장 좋아합니다.

## 47 ラジオ
**명** 라디오

スマホで ラジオも 聞く ことが できます。
스마트폰으로 라디오도 들을 수 있습니다.

## 48 レストラン
**명** 레스토랑

この レストランは いつも 人が 多いから 予約を した 方が いい。
이 레스토랑은 항상 사람이 많으니까 예약을 하는 편이 좋다.

## 확인 문제

● 한국어 뜻을 참고하여 알맞은 표현을 보기 에서 골라 넣으세요.

(1) 朝 起きて (　　　)を 浴びます。
아침에 일어나서 샤워를 합니다.

(2) ここで (　　　)を 吸わないで ください。
여기에서 담배를 피우지 말아 주세요.

(3) (　　　)に 来週の 予定を 書きました。
달력에 다음 주 예정을 적었습니다.

(4) 日本に 行く 前に (　　　)を 作ります。
일본에 가기 전에 여권을 만듭니다.

(5) この (　　　)と 同じ 色の Tシャツは ありますか。
이 바지와 같은 색의 티셔츠는 있나요?

(6) 今日は 寒いから (　　　)を 着て 会社に 行きます。
오늘은 추우니까 코트를 입고 회사에 갑니다.

(7) かばんの 中には いつも (　　　)が 入って います。
가방 속에는 늘 손수건이 들어 있습니다.

(8) 日本の 料理の 中で (　　　)が 一番 好きです。
일본 요리 중에 라멘을 가장 좋아합니다.

| 보기 | タバコ | パスポート | コート |
|---|---|---|---|
| | ハンカチ | ラーメン | |
| | カレンダー | シャワー | ズボン |

정답
(1) シャワー　(2) タバコ　(3) カレンダー　(4) パスポート
(5) ズボン　(6) コート　(7) ハンカチ　(8) ラーメン

# 단어 퀴즈

✱ 단어를 보고 의미를 적어 보세요.

| 단어 | 의미 |
|---|---|
| アメリカ | 미국 |
| トイレ | |
| コップ | |
| ボタン | |
| チケット | |
| ゼロ | |
| ホテル | |
| ラジオ | |
| レストラン | |
| タクシー | |
| ナイフ | |
| コンビニ | |
| スマホ | |
| クラス | |
| アルバイト | |
| アパート | |
| エレベーター | |
| カレー | |
| コーヒー | |
| スポーツ | |
| コピー | |

📖 선을 따라 접으면 답을 확인할 수 있어요.

# 단어 퀴즈

❋ 한번 더 복습해 봅시다.

| 뜻 | | 단어 | 의미 |
|---|---|---|---|
| | | 예 アメリカ | 미국 |
| ☐ | 미국 | | |
| ☐ | 화장실 | トイレ | |
| ☐ | 컵 | コップ | |
| ☐ | 단추, 버튼 | ボタン | |
| ☐ | 티켓, 표 | チケット | |
| ☐ | 제로, 숫자 0 | ゼロ | |
| ☐ | 호텔 | ホテル | |
| ☐ | 라디오 | ラジオ | |
| ☐ | 레스토랑 | レストラン | |
| ☐ | 택시 | タクシー | |
| ☐ | 나이프, 칼 | ナイフ | |
| ☐ | 편의점 | コンビニ | |
| ☐ | '스마트폰'의 준말 | スマホ | |
| ☐ | 클래스, 반, 학급 | クラス | |
| ☐ | 아르바이트 | アルバイト | |
| ☐ | 아파트 | アパート | |
| ☐ | 엘리베이터 | エレベーター | |
| ☐ | 카레 | カレー | |
| ☐ | 커피 | コーヒー | |
| ☐ | 스포츠 | スポーツ | |
| ☐ | 복사 | コピー | |

## 독해 연습

### 今年の 夏休み

今年の 夏休みは 友だちと 旅行に 行く 予定です。どこに 行くか みんなで 話しましたが、私は 海に 行きたいと 言いました。海の 中で 泳ぐのが 大好きだからです。そして、海では おいしい 魚の 料理も 食べる ことが できます。でも 他の 友だちは 山が いいと 言いました。泳ぐ ことが できない 人も いるからです。山では きれいな 花の 写真を 撮ったり、山に 登って 青い 空を 見たり する ことも できます。みんな どちらも いいと 言いました。だから はじめに 電車に 乗って 海に 行ってから、次の 日に バスで 山に 行く ことに しました。今年の 夏は とても 楽しい 休みに なるでしょう。

### 해석

### 올해 여름 방학

올해 여름 방학은 친구들과 여행을 갈 예정입니다. 어디로 갈지 다 함께 이야기했는데, 나는 바다에 가고 싶다고 말했습니다. 바다 속을 헤엄치는 것을 매우 좋아하기 때문입니다. 그리고 바다에서는 맛있는 생선 요리도 먹을 수 있습니다. 하지만 다른 친구들은 산이 좋다고 말했습니다. 헤엄을 치지 못하는 사람도 있기 때문입니다. 산에서는 예쁜 꽃 사진을 찍거나 산에 올라가서 푸른 하늘을 보거나 할 수도 있습니다. 다들 어느 쪽도 좋다고 말했습니다. 그래서 처음에 전철을 타고 바다에 간 후에, 다음 날에 버스로 산에 가기로 했습니다. 올 여름은 매우 즐거운 휴가가 될 거예요.

# N4 필수 단어

## 품사 일람표

| 명 | 명사 |
|---|---|
| 동 | 동사 |
| する | 동작성 명사(~하다) |
| イ | イ형용사 |
| ナ | ナ형용사 |
| 부 | 부사 |
| 겸 | 겸양어 |
| 존 | 존경어 |

## 관련어 일람표

| + | 추가 관련 어휘 |
|---|---|
| 반 | 반의어 |
| 유 | 유의어 |
| 자 | 자동사 |
| 타 | 타동사 |

# DAY 01
# 인간관계

얼마나 알고 있나요?

**사전 체크**

| | | | |
|---|---|---|---|
| ☐ 01 あいさつ | ☐ 02 赤ちゃん | ☐ 03 嘘 | ☐ 04 遠慮 |
| ☐ 05 お祝い | ☐ 06 おかげ | ☐ 07 お宅 | ☐ 08 夫 |
| ☐ 09 お年寄り | ☐ 10 思い出 | ☐ 11 お礼 | ☐ 12 家庭 |
| ☐ 13 家内 | ☐ 14 彼氏 | ☐ 15 関係 | ☐ 16 君 |
| ☐ 17 けんか | ☐ 18 個人 | ☐ 19 様 | ☐ 20 自分 |
| ☐ 21 姉妹 | ☐ 22 主人 | ☐ 23 紹介 | ☐ 24 正月 |
| ☐ 25 女性 | ☐ 26 世話 | ☐ 27 相談 | ☐ 28 祖父 |
| ☐ 29 祖母 | ☐ 30 父親 | ☐ 31 妻 | ☐ 32 母親 |
| ☐ 33 僕 | ☐ 34 孫 | ☐ 35 息子 | ☐ 36 娘 |
| ☐ 37 約束 | ☐ 38 老人 | ☐ 39 上げる | ☐ 40 いじめる |
| ☐ 41 祝う | ☐ 42 くれる | ☐ 43 訪ねる | ☐ 44 亡くなる |
| ☐ 45 似る | ☐ 46 迎える | ☐ 47 別れる | ☐ 48 親しい |

## 인간관계 — DAY 01

**01 あいさつ**
[명] [する] 인사

道で 先生に 会って あいさつしました。
길에서 선생님을 만나 인사했습니다.

**02 赤ちゃん**
[명] 아기

赤ちゃんが 大きな 声で 泣いて いる。
아기가 큰 소리로 울고 있다.

**03 嘘**
[명] 거짓말

嘘を ついては いけない。
거짓말을 해서는 안 된다.

＋ 嘘を つく 거짓말을 하다

**04 遠慮**
[명] [する] 사양, 겸손, 삼가

遠慮しないで、たくさん 食べて ください。
사양하지 말고 많이 드세요.

ここで タバコは ご遠慮 ください。
여기에서 담배는 삼가 주세요.

**05 お祝い**
[명] 축하, 축하 선물

母の 誕生日に お祝いを あげました。
어머니 생일에 축하 선물을 드렸습니다.

**06 おかげ**
[명] 덕분

先生の おかげで、英語が 上手に なりました。
선생님 덕분에 영어가 능숙해졌습니다.

## 07
### お宅(たく)
명 댁, '상대방 집'의 높임말

品物は 今日の 夜、お宅に 届けます。
물건은 오늘 밤에 댁으로 배달하겠습니다.

## 08
### 夫(おっと)
명 남편

私の 夫は 映画が 好きです。
내 남편은 영화를 좋아합니다.

유 主人(しゅじん) 남편
반 妻(つま) 아내　家内(かない) 아내, 집사람

## 09
### お年寄り(としよ)
명 노인, 어르신

お年寄りが 喜ぶ プレゼントは こちらに あります。
어르신이 기뻐할 선물은 이쪽에 있습니다.

유 老人(ろうじん) 노인

## 10
### 思い出(おもで)
명 추억

この 公園には 子どもの 時の 思い出が ある。
이 공원에는 어렸을 때의 추억이 있다.

## 11
### お礼(れい)
명 감사, 사례, 감사 인사, 감사 선물

お世話に なった 人に お礼の 手紙を 書きました。
신세를 진 사람에게 감사 편지를 썼습니다.

## 12
### 家庭(かてい)
명 가정

お正月の 料理を 作る 家庭が 少なく なった。
설 요리를 만드는 가정이 적어졌다.

인간관계 165

## 인간관계   DAY 01

**13 家内** (かない)
명 아내, 집사람

家内は 用事が あって 出掛けました。
아내는 볼일이 있어서 외출했습니다.
유 妻(つま) 아내　반 夫(おっと) 남편　主人(しゅじん) 남편
＋ 奥(おく)さん 타인의 아내, 부인

**14 彼氏** (かれし)
명 남자 친구

明日、両親に 彼氏を 紹介します。
내일 부모님께 남자 친구를 소개합니다.
반 彼女(かのじょ) 여자 친구, 그녀(3인칭)

**15 関係** (かんけい)
명 する 관계

彼女とは 先輩後輩の 関係です。
그녀와는 선후배 관계입니다.

**16 君** (きみ)
명 자네, 너

この 仕事を 君と 一緒に できなくて 残念だ。
이 일을 자네와 함께 할 수 없어서 아쉽다.

**17 けんか**
명 する 다툼, 싸움

あの 二人は 会うと いつも けんかを する。
저 두 사람은 만나면 언제나 싸움을 한다.

**18 個人** (こじん)
명 개인

これは 私 個人の 意見です。
이건 저 개인의 의견입니다.

Track 045

**19 様 (さま)**
명 '존경·공손'을 나타내는 호칭, ~님

北村様が いらっしゃって います。
기타무라 님께서 와 계십니다.

**20 自分 (じぶん)**
명 자기, 자신

自分の 部屋は 自分で 掃除します。
제 방은 스스로 청소합니다.
+ 自分で 스스로, 직접

**21 姉妹 (しまい)**
명 자매

二人は 似て いるから 姉妹かと 思いました。
두 사람은 닮아서 자매인가 하고 생각했습니다.
+ 兄弟 형제

**22 主人 (しゅじん)**
명 주인, 남편

その 問題は 主人と 相談して また ご連絡します。
그 문제는 남편과 상의하고 다시 연락드리겠습니다.
+ ご主人 타인의 남편, 남편분
유 夫 남편

**23 紹介 (しょうかい)**
명 する 소개

先輩が 紹介した 会社で アルバイトを して いる。
선배가 소개한 회사에서 아르바이트를 하고 있다.

**24 正月 (しょうがつ)**
명 정월, 일본의 설날(1월 1일)

正月は 1日から 5日まで 休む ところが 多い。
설날은 1일부터 5일까지 쉬는 곳이 많다.

인간관계 167

## 인간관계 — DAY 01

**25 女性** (じょせい)
명 여성

女性の 方は こっちに、男性の 方は あっちに 集まって ください。
여성분은 이쪽으로, 남성분은 저쪽으로 모여 주세요.

반 男性 (だんせい) 남성

---

**26 世話** (せわ)
명 する 보살핌, 신세, 시중, 돌봄

私の 家では 子どもが 犬の 世話を する ことに なって います。
우리 집에서는 아이가 개를 돌보게 되어 있습니다.

＋ 世話に なる 신세를 지다

今日から 1か月間 お世話に なります。
오늘부터 한 달 동안 신세를 지겠습니다.

---

**27 相談** (そうだん)
명 する 상담, 상의, 의논

悩んだ 時は、いつも 姉に 相談する。
고민할 때는 언제나 언니(누나)에게 상담한다.

---

**28 祖父** (そふ)
명 조부, 할아버지

祖父の 時から ずっと 東京に 住んで います。
할아버지 때부터 계속 도쿄에 살고 있습니다.

반 祖母 (そぼ) 조모, 할머니

유 おじいさん 할아버지

---

**29 祖母** (そぼ)
명 조모, 할머니

祖母は 田舎で 元気に 働いて います。
할머니는 시골에서 건강하게 일하고 있습니다.

반 祖父 (そふ) 조부, 할아버지

유 おばあさん 할머니

---

**30 父親** (ちちおや)
명 부친, 아버지

彼は 父親に 全然 似て いない。
그는 아버지를 전혀 닮지 않았다.

반 母親 (ははおや) 모친, 어머니

## 31 つま / 妻
명 아내

今日から 6日間、妻と 子どもたちが 旅行に 行きます。
오늘부터 6일간, 아내와 아이들이 여행을 갑니다.

반 夫 남편　主人 남편
유 奥さん 아내　家内 아내, 집사람

## 32 ははおや / 母親
명 모친, 어머니

ここの カレーを 食べると 母親の 味を 思い出します。
이곳의 카레를 먹으면 어머니의 맛이 떠오릅니다.

반 父親 부친, 아버지

## 33 ぼく / 僕
명 나(남자의 1인칭)

僕は おじいさんと おばあさんが 大好きです。
나는 할아버지와 할머니를 정말 좋아합니다.

## 34 まご / 孫
명 손주

祖父は 孫ぐらいの 学生たちと 一緒に 大学で 勉強して いる。
할아버지는 손주 정도의 학생들과 함께 대학에서 공부하고 있다.

## 35 むすこ / 息子
명 아들

息子は 夫に 似て 背が 高い。
아들은 남편을 닮아 키가 크다.

반 娘 딸, 아가씨

## 36 むすめ / 娘
명 딸, 아가씨

私には 娘が 二人 います。
저에게는 딸이 두 명 있습니다.

반 息子 아들

인간관계 169

## 인간관계   DAY 01

**37 やくそく 約束**
[명] [する] 약속

彼女と デートの 約束を しました。
그녀와 데이트 약속을 했습니다.

---

**38 ろうじん 老人**
[명] 노인

田舎には 老人が 多く、若い 人が 少ない。
시골에는 노인이 많고 젊은 사람이 적다.

[유] お年寄り 노인, 어르신

---

**39 あ 上げる**
[동] 주다, 올리다

友だちの 誕生日に プレゼントを 上げるのを 忘れて いた。
친구 생일에 선물을 주는 것을 잊고 있었다.

[+] やる (동물·식물·아랫사람에게) 주다
[자] 上がる 올라가다, 오르다

---

**40 いじめる**
[동] 괴롭히다

子どもの 頃 よく 妹を いじめて 怒られました。
어렸을 때 자주 여동생을 괴롭혀서 혼났습니다.

---

**41 いわ 祝う**
[동] 축하하다, 축복하다

友だちの 結婚を 心から 祝って います。
친구의 결혼을 진심으로 축하하고 있습니다.

---

**42 くれる**
[동] (나에게) 주다

祖母が 若い 時に 買った 指輪を 私に くれた。
할머니가 젊은 시절에 산 반지를 나에게 주셨다.

[+] もらう (남에게) 받다

## 43 訪ねる
たず
동 방문하다, 찾아가다

先生の お宅を 訪ねるのは 2回目です。
선생님 댁을 방문하는 것은 두 번째입니다.

## 44 亡くなる
な
동 죽다, 돌아가시다

おじさんは 3年前に 亡くなりました。
숙부님은 3년 전에 돌아가셨습니다.

## 45 似る
に
동 닮다, 비슷하다

この 二人は 兄弟でも ないのに とても 似て います。
이 두 사람은 형제도 아닌데 매우 닮았습니다.

## 46 迎える
むか
동 마중하다, 맞이하다

新年を 迎えて 久しぶりに 家族が 集まった。
신년을 맞이하여 오랜만에 가족이 모였다.

## 47 別れる
わか
동 헤어지다, 이별하다

3時に 友だちと 別れて 家に 帰って きました。
3시에 친구와 헤어져서 집으로 돌아왔습니다.

## 48 親しい
した
イ 친하다, 사이가 좋다

パーティーには 親しい 人だけ 呼ぶ つもりです。
파티에는 친한 사람만 부를 생각입니다.

# 확인 문제

**1** 해당 어휘의 읽는 법을 찾고 빈칸에 그 의미를 써 넣으세요.

| 보기 | 私 | ✓① わたし | ② あなた | 나, 저 |
|---|---|---|---|---|

(1) 孫　　　① まご　　　② むこ　　　_____

(2) 君　　　① さま　　　② きみ　　　_____

(3) お祝い　① おねがい　② おいわい　_____

(4) 似る　　① みる　　　② にる　　　_____

**2** 한국어 뜻을 참고하여 알맞은 단어를 보기에서 골라 넣어 문장을 완성하세요.

(5) お(　　　)に なった 人に お礼の 手紙を 書きました。
신세를 진 사람에게 감사 편지를 썼습니다.

(6) 私の (　　　)は 映画が 好きです。
내 남편은 영화를 좋아합니다.

(7) 悩んだ 時は、いつも 姉に (　　　)する。
고민할 때는 언제나 언니(누나)에게 상담한다.

(8) 先生の お宅を (　　　)のは 2回目です。
선생님 댁을 방문하는 것은 두 번째입니다.

| 보기 | 相談 | 世話 | 訪ねる | 夫 |
|---|---|---|---|---|

---

**정답**

(1) ① 손주　(2) ② 자네, 너　(3) ② 축하, 축하 선물　(4) ② 닮다, 비슷하다
(5) 世話(せわ)　(6) 夫(おっと)　(7) 相談(そうだん)　(8) 訪(たず)ねる

## **단어** 퀴즈

✤ 단어를 보고 발음과 의미를 적어 보세요.

| 단어 | 발음 | 의미 |
|---|---|---|
| 私 | わたし | 나, 저 |
| 遠慮 | | |
| お年寄り | | |
| 約束 | | |
| 亡くなる | | |
| 母親 | | |
| 息子 | | |
| 主人 | | |
| 祝う | | |
| 家庭 | | |
| 関係 | | |
| 親しい | | |
| 嘘 | | |
| 上げる | | |
| 紹介 | | |
| 娘 | | |
| 姉妹 | | |
| 迎える | | |
| 妻 | | |
| 自分 | | |
| 祖母 | | |

선을 따라 접으면 답을 확인할 수 있어요.

## 단어 퀴즈

❈ 한번 더 복습해 봅시다.

| 읽는 법과 뜻 | | 한자 | 발음 | 의미 |
|---|---|---|---|---|
| ☐ | わたし<br>나, 저 | 예 私 | わたし | 나, 저 |
| ☐ | えんりょ<br>사양, 겸손, 삼가 | 遠慮 | | |
| ☐ | おとしより<br>노인, 어르신 | お年寄り | | |
| ☐ | やくそく<br>약속 | 約束 | | |
| ☐ | なくなる<br>죽다, 돌아가시다 | 亡くなる | | |
| ☐ | ははおや<br>모친, 어머니 | 母親 | | |
| ☐ | むすこ<br>아들 | 息子 | | |
| ☐ | しゅじん<br>남편, 주인 | 主人 | | |
| ☐ | いわう<br>축하하다, 축복하다 | 祝う | | |
| ☐ | かてい<br>가정 | 家庭 | | |
| ☐ | かんけい<br>관계 | 関係 | | |
| ☐ | したしい<br>친하다, 사이가 좋다 | 親しい | | |
| ☐ | うそ<br>거짓말 | 嘘 | | |
| ☐ | あげる<br>주다, 올리다 | 上げる | | |
| ☐ | しょうかい<br>소개 | 紹介 | | |
| ☐ | むすめ<br>딸, 아가씨 | 娘 | | |
| ☐ | しまい<br>자매 | 姉妹 | | |
| ☐ | むかえる<br>마중하다, 맞이하다 | 迎える | | |
| ☐ | つま<br>아내 | 妻 | | |
| ☐ | じぶん<br>자기, 자신 | 自分 | | |
| ☐ | そぼ<br>조모, 할머니 | 祖母 | | |

# 기분과 태도

음성듣기

> 얼마나 알고 있나요?

**사전 체크**

| | | | |
|---|---|---|---|
| ☐ 01 安心 | ☐ 02 気 | ☐ 03 気分 | ☐ 04 気持ち |
| ☐ 05 心 | ☐ 06 言葉 | ☐ 07 心配 | ☐ 08 反対 |
| ☐ 09 本気 | ☐ 10 謝る | ☐ 11 驚く | ☐ 12 思い出す |
| ☐ 13 考える | ☐ 14 がんばる | ☐ 15 しかる | ☐ 16 手伝う |
| ☐ 17 泣く | ☐ 18 願う | ☐ 19 ほめる | ☐ 20 喜ぶ |
| ☐ 21 笑う | ☐ 22 おかしい | ☐ 23 大人しい | ☐ 24 悲しい |
| ☐ 25 厳しい | ☐ 26 苦しい | ☐ 27 さびしい | ☐ 28 すごい |
| ☐ 29 すばらしい | ☐ 30 恥ずかしい | ☐ 31 ひどい | ☐ 32 結構 |
| ☐ 33 残念 | ☐ 34 親切 | ☐ 35 大切 | ☐ 36 確か |
| ☐ 37 だめ | ☐ 38 丁寧 | ☐ 39 熱心 | ☐ 40 変 |
| ☐ 41 真面目 | ☐ 42 十分・充分 | | |

## 기분과 태도 DAY 02

**01 あんしん 安心**
명 する 안심

父が 退院したので 安心しました。
아버지가 퇴원했기 때문에 안심했습니다.

**02 き 気**
명 기, 기운, 마음, 느낌

今日は いい ことが ありそうな 気が する。
오늘은 좋은 일이 있을 것 같은 기분이 든다.

➕ 気が する 기분·느낌이 들다

**03 きぶん 気分**
명 기분

花見を して、気分が よく なった。
꽃구경을 해서 기분이 좋아졌다.

**04 きも 気持ち**
명 마음, 기분

他の 人の 気持ちを 考えて みましょう。
다른 사람의 마음을 생각해 봅시다.

ここの マッサージは とても 気持ちが いい。
여기 마사지는 매우 기분이 좋다.

**05 こころ 心**
명 마음, 느낌

事故の 話を 聞いて 心が 痛く なりました。
사고 이야기를 듣고 마음이 아파졌습니다.

**06 ことば 言葉**
명 말, 언어

今の 私の 気持ちは 言葉には できません。
지금 내 기분은 말로는 할 수 없습니다.

**07 しんぱい 心配**
명 ナ する 걱정

私は 元気ですから 心配しないで ください。
저는 건강하니까(잘 지내고 있으니) 걱정하지 마세요.

## 08 反対 (はんたい)
명 する 반대

彼女は その 意見に 反対しました。
그녀는 그 의견에 반대했습니다.

반 賛成(さんせい) 찬성

## 09 本気 (ほんき)
명 ナ 진심, 본심

今度は 本気で しますから 必ず 勝ちます。
이번에는 진심으로 할 거니까 반드시 이기겠습니다.

## 10 謝る (あやまる)
동 사과하다, 사죄하다

約束の 時間に 遅れて 友だちに 謝りました。
약속 시간에 늦어서 친구에게 사과했습니다.

## 11 驚く (おどろく)
동 놀라다

4月に 雪が 降って 驚きました。
4월에 눈이 내려서 놀랐습니다.

유 びっくりする 깜짝 놀라다

## 12 思い出す (おもいだす)
동 생각나다, 떠올리다

友だちと 約束した ことを 思い出しました。
친구와 약속한 것이 생각났습니다.

## 13 考える (かんがえる)
동 생각하다, 고안하다

ずっと 考えて いるが なかなか 答えが わからない。
계속 생각하고 있지만 좀처럼 답을 알 수 없다.

## 14 がんばる
동 열심히 하다, 노력하다

どんなに がんばっても 明日までには 終わらない。
아무리 열심히 해도 내일까지는 끝나지 않는다.

## 기분과 태도   DAY 02

**15 しかる**
동 혼내다, 야단치다

弟を いじめて、父に しかられました。
남동생을 괴롭혀서 아버지에게 혼났습니다.

**16 手伝う** (てつだう)
동 돕다, 도와주다

友だちが 宿題を 手伝って くれて うれしかったです。
친구가 숙제를 도와주어서 기뻤습니다.

**17 泣く** (なく)
동 울다

お腹が 空いたのか、赤ちゃんが 泣いて いる。
배가 고픈 것인지, 아기가 울고 있다.
＋ 鳴く (동물이) 울다

**18 願う** (ねがう)
동 원하다, 바라다

みんなの 健康を 願って います。
여러분의 건강을 바라고 있습니다.

**19 ほめる**
동 칭찬하다

子どもは できるだけ ほめたいです。
아이는 가능한 한 칭찬하고 싶어요.

**20 喜ぶ** (よろこぶ)
동 기뻐하다

妹の 結婚を 家族 みんなが 喜んだ。
여동생의 결혼을 가족 모두가 기뻐했다.

**21 笑う** (わらう)
동 웃다

子どもが 笑って いるのを 見て 私も うれしくなった。
아이가 웃고 있는 것을 보고 나도 기뻐졌다.

## 22 おかしい
*イ* 이상하다, 웃기다

まだ 誰(だれ)も 来(こ)ないのは おかしいですね。
아직 아무도 오지 않는 것은 이상하네요.

## 23 大人(おとな)しい
*イ* 얌전하다

彼女(かのじょ)は 知(し)らない 人(ひと)の 前(まえ)では 大人(おとな)しい。
그녀는 모르는 사람 앞에서는 얌전하다.

## 24 悲(かな)しい
*イ* 슬프다

映画(えいが)が 悲(かな)しくて、泣(な)いて しまった。
영화가 슬퍼서 울고 말았다.

## 25 厳(きび)しい
*イ* 엄하다, 심하다, 혹독하다

彼(かれ)は 子(こ)どもを 厳(きび)しく 教育(きょういく)した。
그는 아이를 엄하게 교육했다.

## 26 苦(くる)しい
*イ* 괴롭다

休(やす)まないで 1,000m 走(はし)るのは 苦(くる)しいです。
쉬지 않고 1,000m를 달리는 것은 괴롭습니다.

## 27 さびしい
*イ* 외롭다, 섭섭하다

日本(にほん)に 留学(りゅうがく)して いた 時(とき)は さびしかった。
일본에 유학하고 있을 때는 외로웠다.

## 28 すごい
*イ* 굉장하다

彼(かれ)の 歌(うた)は すごいと 思(おも)います。
그의 노래는 굉장하다고 생각합니다.

## 기분과 태도  DAY 02

**29 すばらしい**
- イ 훌륭하다, 굉장하다

まだ 若いのに すばらしい 作品を 作った。
아직 젊은데 훌륭한 작품을 만들었다.

**30 恥ずかしい**
- イ 창피하다, 부끄럽다

みんなの 前で 話すのは 恥ずかしかった。
모두의 앞에서 이야기하는 것은 창피했다.

**31 ひどい**
- イ 심하다, 지독하다

どんなに ひどい ことを 言っても 彼は 何も 言わなかった。
아무리 심한 말을 해도 그는 아무 말도 하지 않았다.

**32 けっこう 結構**
- ナ 좋음, 만족스러움, 됐음(거절)
- 부 꽤

もう お腹が いっぱいなので デザートは 結構です。
이제 배가 불러서 후식은 됐습니다(사양하겠습니다).

雨で 結構 濡れて しまった。
비로 인해(비를 맞아) 꽤 젖고 말았다.

**33 ざんねん 残念**
- ナ 명 안타까움, 유감임, 아쉬움

みんなに 会えなくて 残念です。
모두를 만나지 못해 아쉽습니다.

**34 しんせつ 親切**
- ナ 명 친절

優しくて 親切な 人に なりたいです。
상냥하고 친절한 사람이 되고 싶습니다.

**35 たいせつ 大切**
- ナ 소중함, 중요함

これは 友だちに もらった 大切な 手紙です。
이것은 친구에게 받은 소중한 편지입니다.

유 大事だ 중요하다, 소중하다

### 36
たし
### 確か
- ナ 확실함, 틀림없음
- 부 분명, 확실히

今回の 仕事で 彼が ミスを したのは 確かです。
이번 업무에서 그가 실수를 한 것은 틀림없습니다.

彼の 娘さんは 確か 3才だったはずです。
그의 딸은 분명 세 살이었을 겁니다.

### 37
### だめ
- ナ 명 안 됨, 소용없음

ここから 出ては だめです。
여기에서 나와서는 안 됩니다.

### 38
ていねい
### 丁寧
- ナ 명 정중함, 친절함

彼女の 話し方は 丁寧で、わかりやすい。
그녀의 말투는 정중하고 이해하기 쉽다.

### 39
ねっしん
### 熱心
- ナ 명 열심

学生は 先生の 言葉を 熱心に メモしました。
학생은 선생님의 말을 열심히 메모했습니다.

### 40
へん
### 変
- ナ 명 이상함

台所から 変な 匂いが します。
부엌에서 이상한 냄새가 납니다.

### 41
まじめ
### 真面目
- ナ 명 성실함, 진지함

彼は 遅刻した ことが ない 真面目な 学生だ。
그는 지각한 적이 없는 성실한 학생이다.

### 42
じゅうぶん　じゅうぶん
### 十分・充分
- ナ 명 충분
- 부 충분히

お気持ちだけで 十分です。
마음만으로 충분합니다.

準備運動を 十分 してから プールに 入りましょう。
준비 운동을 충분히 하고 나서 수영장에 들어갑시다.

기분과 태도

## 확인 문제

**1** 해당 어휘의 읽는 법을 찾고 빈칸에 그 의미를 써 넣으세요.

| 보기 | 私 | ✓① わたし | ② あなた | 나, 저 |
|---|---|---|---|---|

(1) 心　　　① こころ　　② こごろ　　_____

(2) 心配　　① しんぱい　② しんはい　_____

(3) 大人しい　① だいじんしい　② おとなしい　_____

(4) 真面目　① まじめ　　② みじめ　　_____

**2** 한국어 뜻을 참고하여 알맞은 단어를 보기 에서 골라 넣어 문장을 완성하세요.

(5) 他の 人の (　　　　)を 考えて みましょう。
다른 사람의 기분을 생각해 봅시다.

(6) 約束の 時間に 遅れて 友だちに (　　　　)。
약속 시간에 늦어서 친구에게 사과했습니다.

(7) 4月に 雪が 降って (　　　　)。
4월에 눈이 내려서 놀랐습니다.

(8) 優しくて (　　　　)な 人に なりたいです。
상냥하고 친절한 사람이 되고 싶습니다.

| 보기 | 驚きました | 謝りました | 気持ち | 親切 |
|---|---|---|---|---|

**정답**
(1) ① 마음, 느낌　(2) ① 걱정　(3) ② 얌전하다　(4) ① 성실함, 진지함
(5) 気持(きも)ち　(6) 謝(あやま)りました　(7) 驚(おどろ)きました　(8) 親切(しんせつ)

# 단어 퀴즈

✿ 단어를 보고 발음과 의미를 적어 보세요.

| 단어 | 발음 | 의미 |
|---|---|---|
| 私 | わたし | 나, 저 |
| 考える | | |
| 本気 | | |
| 苦しい | | |
| 笑う | | |
| 変 | | |
| 手伝う | | |
| 気持ち | | |
| 丁寧 | | |
| 泣く | | |
| 喜ぶ | | |
| 厳しい | | |
| 結構 | | |
| 熱心 | | |
| 思い出す | | |
| 残念 | | |
| 大切 | | |
| 言葉 | | |
| 安心 | | |
| 確か | | |
| 願う | | |

📖 스티커를 따라 접으면 답을 확인할 수 있어요.

기분과 태도  183

# 단어 퀴즈

❋ 한번 더 복습해 봅시다.

| 읽는 법과 뜻 | 한자 | 발음 | 의미 |
|---|---|---|---|
| わたし<br>나, 저 | 예 私 | わたし | 나, 저 |
| かんがえる<br>생각하다, 고안하다 | 考える | | |
| ほんき<br>진심, 본심 | 本気 | | |
| くるしい<br>괴롭다 | 苦しい | | |
| わらう<br>웃다 | 笑う | | |
| へん<br>이상함 | 変 | | |
| てつだう<br>돕다, 도와주다 | 手伝う | | |
| きもち<br>마음, 기분 | 気持ち | | |
| ていねい<br>정중함, 친절함 | 丁寧 | | |
| なく<br>울다 | 泣く | | |
| よろこぶ<br>기뻐하다 | 喜ぶ | | |
| きびしい<br>엄하다, 심하다 | 厳しい | | |
| けっこう<br>좋음, 됐음(거절) | 結構 | | |
| ねっしん<br>열심 | 熱心 | | |
| おもいだす<br>생각나다, 떠올리다 | 思い出す | | |
| ざんねん<br>안타까움, 유감임, 아쉬움 | 残念 | | |
| たいせつ<br>소중함, 중요함 | 大切 | | |
| ことば<br>말, 언어 | 言葉 | | |
| あんしん<br>안심 | 安心 | | |
| たしか<br>확실함, 틀림없음, 확실히 | 確か | | |
| ねがう<br>원하다, 바라다 | 願う | | |

# 패션과 디자인

음성듣기

**사전 체크** — 얼마나 알고 있나요?

| | | | |
|---|---|---|---|
| ☐ 01 糸 | ☐ 02 居間 | ☐ 03 鏡 | ☐ 04 形 |
| ☐ 05 格好 | ☐ 06 着物 | ☐ 07 ごみ | ☐ 08 時代 |
| ☐ 09 下着 | ☐ 10 招待 | ☐ 11 背広 | ☐ 12 茶色 |
| ☐ 13 手袋 | ☐ 14 床屋 | ☐ 15 人形 | ☐ 16 箱 |
| ☐ 17 はさみ | ☐ 18 布団 | ☐ 19 指輪 | ☐ 20 洋服 |
| ☐ 21 合う | ☐ 22 変える | ☐ 23 飾る | ☐ 24 変わる |
| ☐ 25 捨てる | ☐ 26 付く | ☐ 27 出掛ける | ☐ 28 似合う |
| ☐ 29 もらう | ☐ 30 汚れる | ☐ 31 厚い | ☐ 32 美しい |
| ☐ 33 太い | ☐ 34 細い | ☐ 35 若い | ☐ 36 特別 |

## 패션과 디자인 — DAY 03

**01 いと 糸**
몡 실

服<sup>ふく</sup>から 出<sup>で</sup>て いる 糸<sup>いと</sup>を 切<sup>き</sup>った.
옷에서 나와 있는 실을 잘랐다.

**02 いま 居間**
몡 거실

家族<sup>かぞく</sup>が 一緒<sup>いっしょ</sup>に 居間<sup>いま</sup>で 過<sup>す</sup>ごす 時間<sup>じかん</sup>は 少<sup>すく</sup>ない.
가족이 함께 거실에서 지내는 시간은 적다.

유 リビングルーム 리빙룸, 거실

**03 かがみ 鏡**
몡 거울

鏡<sup>かがみ</sup>を 見<sup>み</sup>ながら ネクタイを 締<sup>し</sup>めた.
거울을 보면서 넥타이를 맸다.

**04 かたち 形**
몡 모양, 형태

帽子<sup>ぼうし</sup>の 形<sup>かたち</sup>が かわいいですね.
모자 모양이 귀엽네요.

**05 かっこう 格好**
몡 모습, 꼴

そんな 格好<sup>かっこう</sup>で 外<sup>そと</sup>に 出<sup>で</sup>ないで ください.
그런 모습으로 밖에 나가지 말아 주세요.

**06 きもの 着物**
몡 기모노(일본 전통 복장), 옷, 의복

一人<sup>ひとり</sup>で 着物<sup>きもの</sup>を 着<sup>き</sup>るのは 難<sup>むずか</sup>しいです.
혼자서 기모노를 입는 것은 어렵습니다.

🎧 Track 051

**07 ごみ**
名 쓰레기, 먼지

着なく なった 服を ごみに 出した。
입지 않게 된 옷을 쓰레기로 내놓았다.

**08 時代 (じだい)**
名 시대

昔の 映画を 見ると、その 時代の ファッションが わかる。
옛날 영화를 보면 그 시대의 패션을 알 수 있다.

**09 下着 (したぎ)**
名 속옷, 내의

最近の 下着は 軽くて サイズも いろいろ ある。
요즘 속옷은 가볍고 사이즈도 여러 가지 있다.
반 上着(うわぎ) 겉옷, 상의

**10 招待 (しょうたい)**
名 する 초대, 초청

パーティーに 招待されたが 着て 行く 服が ない。
파티에 초대받았는데 입고 갈 옷이 없다.

**11 背広 (せびろ)**
名 신사복, 남성 정장

会議には 背広を 着て 行かなければ なりません。
회의에는 정장을 입고 가지 않으면 안 됩니다.
유 スーツ 슈트, 정장

**12 茶色 (ちゃいろ)**
名 갈색

あそこの 茶色の 封筒には 何が 入って いますか。
저기의 갈색 봉투에는 무엇이 들어 있습니까?

패션과 디자인 187

## 패션과 디자인   DAY 03

**13 手袋** (てぶくろ)
명 장갑

昨日(きのう)は 手袋(てぶくろ)を しないと 手(て)が 痛(いた)く なるほど 寒(さむ)かった。
어제는 장갑을 끼지 않으면 손이 아파질 정도로 추웠다.

➕ 手袋(てぶくろ)を する 장갑을 끼다

**14 床屋** (とこや)
명 이발소, 이발사

床屋(とこや)には 毎月(まいつき) 1回(いっかい) 行(い)きます。
이발소에는 매달 한 번 갑니다.

**15 人形** (にんぎょう)
명 인형

この頃(ごろ)、かばんに 付(つ)ける かわいい 人形(にんぎょう)が 人気(にんき)です。
요즘 가방에 다는 귀여운 인형이 인기입니다.

➕ ぬいぐるみ 봉제 인형

**16 箱** (はこ)
명 상자

3つ(みっ)の 箱(はこ)の どれかに 白(しろ)い ボールが 入(はい)って いる。
세 개의 상자 중 어느 하나에 하얀 공이 들어 있다.

**17 はさみ**
명 가위

紙(かみ)を はさみで 切(き)って 星(ほし)の 形(かたち)を 作(つく)った。
종이를 가위로 잘라 별 모양을 만들었다.

**18 布団** (ふとん)
명 이불, 이부자리

冬(ふゆ)の 朝(あさ)は 布団(ふとん)の 中(なか)から 出(で)たく ない。
겨울 아침에는 이불 속에서 나오고 싶지 않다.

## 19 ゆびわ
### 指輪
**명** 반지

これは 友だちと ペアで 買った 指輪です。
이건 친구와 쌍으로 산 반지입니다.

**유** リング 반지, 고리

## 20 ようふく
### 洋服
**명** 양복, 옷

昨日 買って きた 洋服の サイズが 合わない。
어제 사 온 옷의 사이즈가 맞지 않는다.

**유** 服 옷

## 21 あ
### 合う
**동** 맞다, 어울리다, 조화를 이루다

新しく 買った シャツに 合う ネクタイが ほしい です。
새로 산 셔츠에 어울리는 넥타이를 가지고 싶습니다.

## 22 か
### 変える
**동** 바꾸다

デザインは 同じでも 色を 変えると 若く 見えます。
디자인은 같아도 색을 바꾸면 젊어 보입니다.

**자** 変わる 변하다

## 23 かざ
### 飾る
**동** 꾸미다, 장식하다

部屋の 中に クリスマスツリーを 飾りました。
방 안에 크리스마스 트리를 장식했습니다.

## 24 か
### 変わる
**동** 바뀌다, 변하다

髪の 毛を 切ったら イメージが 変わりました。
머리를 잘랐더니 이미지가 바뀌었습니다.

**타** 変える 바꾸다

패션과 디자인

## 패션과 디자인 — DAY 03

**25 捨てる** 图 버리다

この 服は もう 着ないので 捨てる ことに した.
이 옷은 이제 입지 않으니까 버리기로 했다.

**26 付く** 图 붙다, 달라붙다, 묻다

道を 歩いて いる 時、靴の 底に ガムが 付いた.
길을 걷고 있을 때 구두 바닥에 껌이 붙었다.

➕ 付ける 붙이다

**27 出掛ける** 图 외출하다, 나가다

兄は 帽子を かぶって 出掛けました.
오빠는(형은) 모자를 쓰고 외출했습니다.

**28 似合う** 图 어울리다

黒い 服が よく 似合いますね.
검은 옷이 잘 어울리네요.

**29 もらう** 图 (남에게) 받다

これは 友だちに もらった マフラーです.
이건 친구에게 받은 머플러입니다.

➕ くれる (나에게) 주다

**30 汚れる** 图 더러워지다

白い 靴は すぐ 汚れて しまいます.
흰 신발은 금방 더러워지고 맙니다.

➕ 汚す 더럽히다

## 31 厚い
あつ
**イ** 두껍다, 두텁다(두께)

底が 厚い 靴を はいたので 背が 高く 見える。
바닥이 두꺼운 구두를 신었기 때문에 키가 커 보인다.
**반** 薄い 얇다

## 32 美しい
うつく
**イ** 아름답다

ウェディングドレスを 着た 姉は とても 美しかった です。
웨딩드레스를 입은 언니(누나)는 매우 아름다웠습니다.

**유** きれいだ 예쁘다, 아름답다, 깨끗하다

## 33 太い
ふと
**イ** 굵다(굵기)

この うどんは 太くて おいしいです。
이 우동은 (면이) 굵고 맛있습니다.
**반** 細い 가늘다

## 34 細い
ほそ
**イ** 가늘다

この ズボンは はくと 足が 細く 見えるので 人気が ある。
이 바지는 입으면 다리가 얇아 보이기 때문에 인기가 있다.
**반** 太い 굵다

## 35 若い
わか
**イ** 젊다

年より 10歳は 若く 見えますよ。
나이보다 열 살은 젊어 보여요.

## 36 特別
とくべつ
**ナ 명** 특별
**부** 특별히

この ワンピースは 特別な 日に 着る ために 買いました。
이 원피스는 특별한 날에 입기 위해 샀습니다.

패션과 디자인

## 확인 문제

**1** 해당 어휘의 읽는 법을 찾고 빈칸에 그 의미를 써 넣으세요.

| 보기 | 私 | ☑ わたし | ② あなた | 나, 저 |
|---|---|---|---|---|

(1) 鏡　　　① かがみ　　② めがね　　_____

(2) 太い　　① ふとい　　② ほそい　　_____

(3) 布団　　① ふとん　　② ふだん　　_____

(4) 下着　　① したき　　② したぎ　　_____

**2** 한국어 뜻을 참고하여 알맞은 단어를 보기 에서 골라 넣어 문장을 완성하세요.

(5) そんな (　　　)で 外に 出ないで ください。
　　그런 모습으로 밖에 나가지 말아 주세요.

(6) 黒い 服が よく (　　　)ね。
　　검은 옷이 잘 어울리네요.

(7) 紙を (　　　)で 切って 星の 形を 作った。
　　종이를 가위로 잘라 별 모양을 만들었다.

(8) パーティーに (　　　)されたが 着て 行く 服が ない。
　　파티에 초대받았는데 입고 갈 옷이 없다.

| 보기 | 似合います | 格好 | はさみ | 招待 |
|---|---|---|---|---|

**정답**

(1) ① 거울　　(2) ① 굵다　　(3) ① 이불, 이부자리　　(4) ② 속옷, 내의
(5) 格好(かっこう)　　(6) 似合(にあ)います　　(7) はさみ　　(8) 招待(しょうたい)

# 단어 퀴즈

✿ 단어를 보고 발음과 의미를 적어 보세요.

| 단어 | 발음 | 의미 |
|---|---|---|
| 私 | わたし | 나, 저 |
| 箱 | | |
| 変わる | | |
| 捨てる | | |
| 美しい | | |
| 床屋 | | |
| 飾る | | |
| 細い | | |
| 特別 | | |
| 人形 | | |
| 背広 | | |
| 指輪 | | |
| 若い | | |
| 出掛ける | | |
| 厚い | | |
| 形 | | |
| 汚れる | | |
| 居間 | | |
| 洋服 | | |
| 茶色 | | |
| 手袋 | | |

스틸 따라 접으면 답을 확인할 수 있어요.

# 단어 퀴즈

❋ 한번 더 복습해 봅시다.

| 읽는 법과 뜻 | 한자 | 발음 | 의미 |
|---|---|---|---|
|  | 예 私 | わたし | 나, 저 |
| ☐ わたし / 나, 저 | 箱 | | |
| ☐ はこ / 상자 | 変わる | | |
| ☐ かわる / 바뀌다, 변하다 | 捨てる | | |
| ☐ すてる / 버리다 | 美しい | | |
| ☐ うつくしい / 아름답다 | 床屋 | | |
| ☐ とこや / 이발소, 이발사 | 飾る | | |
| ☐ かざる / 꾸미다, 장식하다 | 細い | | |
| ☐ ほそい / 가늘다 | 特別 | | |
| ☐ とくべつ / 특별, 특별히 | 人形 | | |
| ☐ にんぎょう / 인형 | 背広 | | |
| ☐ せびろ / 신사복, 남성 정장 | 指輪 | | |
| ☐ ゆびわ / 반지 | 若い | | |
| ☐ わかい / 젊다 | 出掛ける | | |
| ☐ でかける / 외출하다, 나가다 | 厚い | | |
| ☐ あつい / 두껍다, 두텁다 | 形 | | |
| ☐ かたち / 모양, 형태 | 汚れる | | |
| ☐ よごれる / 더러워지다 | 居間 | | |
| ☐ いま / 거실 | 洋服 | | |
| ☐ ようふく / 양복, 옷 | 茶色 | | |
| ☐ ちゃいろ / 갈색 | 手袋 | | |
| ☐ てぶくろ / 장갑 | | | |

# DAY 04

# 일상생활

음성듣기

얼마나 알고 있나요?

**사전 체크**

- ☐ 01 運
- ☐ 02 押し入れ
- ☐ 03 おもちゃ
- ☐ 04 金持ち
- ☐ 05 教会
- ☐ 06 近所
- ☐ 07 玄関
- ☐ 08 支度
- ☐ 09 市民
- ☐ 10 習慣
- ☐ 11 住所
- ☐ 12 水道
- ☐ 13 棚
- ☐ 14 手元
- ☐ 15 電灯
- ☐ 16 寝坊
- ☐ 17 封筒
- ☐ 18 普通
- ☐ 19 用意
- ☐ 20 連絡
- ☐ 21 わけ
- ☐ 22 忘れ物
- ☐ 23 空く
- ☐ 24 起こす
- ☐ 25 飼う
- ☐ 26 片付ける
- ☐ 27 壊れる
- ☐ 28 つける
- ☐ 29 できる
- ☐ 30 閉じる
- ☐ 31 無くなる
- ☐ 32 鳴る
- ☐ 33 慣れる
- ☐ 34 引っ越す
- ☐ 35 開く
- ☐ 36 拾う
- ☐ 37 見つける
- ☐ 38 戻す
- ☐ 39 やる
- ☐ 40 割れる
- ☐ 41 眠い
- ☐ 42 不便

# 일상생활 DAY 04

**01 運** (うん)
명 운, 운수

今日は 運が よくて 電車で ずっと 座れました。
오늘은 운이 좋아서 전철에서 계속 앉을 수 있었습니다.

**02 押し入れ** (おしいれ)
명 벽장

暑く なって 冬の 服を 押し入れに 片付けた。
더워져서 겨울 옷을 벽장에 정리했다.

**03 おもちゃ**
명 장난감

これは 娘が 小さかった 頃 好きだった おもちゃ です。
이건 딸이 어렸을 때 좋아했던 장난감입니다.

**04 金持ち** (かねもち)
명 부자

子どもの 頃は 金持ちに なるのが 夢でした。
어렸을 때는 부자가 되는 것이 꿈이었습니다.

**05 教会** (きょうかい)
명 교회

お父さんの 紹介で 新しい 教会に 行って みた。
아버지의 소개로 새로운 교회에 가 보았다.

**06 近所** (きんじょ)
명 근처, 이웃

家の 近所には 大きい スーパーが 二つも ある。
집 근처에는 큰 슈퍼가 두 개나 있다.
유 近く 근처, 부근

**07 玄関** (げんかん)
명 현관

玄関に 入ると きれいな 花が ありました。
현관에 들어서자 예쁜 꽃이 있었습니다.

## 08 支度 (したく)
**명** する 준비, 채비

母は 夕食の 支度を してから 出掛けました。
엄마는 저녁 식사 준비를 하고 나서 외출했습니다.

유 用意(ようい) 준비  準備(じゅんび) 준비

## 09 市民 (しみん)
**명** 시민

新しく できた 公園を 多くの 市民が 利用して いる。
새로 생긴 공원을 많은 시민이 이용하고 있다.

## 10 習慣 (しゅうかん)
**명** 습관

悪い 習慣は 簡単には 変わりません。
나쁜 습관은 쉽게 바뀌지 않습니다.

## 11 住所 (じゅうしょ)
**명** 주소

新しい 住所を まだ 覚えて いない。
새 주소를 아직 외우지 못하고 있다.

## 12 水道 (すいどう)
**명** 수도

昨日から 水道の 水が 出なくて 困って いる。
어제부터 수돗물이 나오지 않아 난처해하고 있다.

## 13 棚 (たな)
**명** 선반

この 棚には 家族写真を 飾る つもりです。
이 선반에는 가족 사진을 장식할 생각입니다.

## 14 手元 (てもと)
**명** 자기 주위, 바로 옆, 수중, 손이 미치는 범위

手元には 1,000円しか 残って いません。
수중에는 천 엔밖에 남아 있지 않습니다.

## 일상생활 DAY 04

**15 でんとう 電灯**
명 전등

暗く なると 自動で 電灯が つきました。
어두워지자 자동으로 전등이 켜졌습니다.

**16 ねぼう 寝坊**
명 ナ する 늦잠

今日は 寝坊して 約束の 時間に 遅れた。
오늘은 늦잠을 자서 약속 시간에 늦었다.

**17 ふうとう 封筒**
명 봉투

お金は 封筒に 入れて 渡す 方が いいです。
돈은 봉투에 넣어서 건네는 편이 좋습니다.

**18 ふつう 普通**
명 부 보통

会社まで 普通、車で 1時間 かかります。
회사까지 보통 차로 1시간 걸립니다.

**19 ようい 用意**
명 する 준비, 대비

明日の 掃除の ために ごみを 入れる 袋を 用意して ください。
내일 청소를 위해 쓰레기를 담을 봉투를 준비해 주세요.
유 支度 준비, 채비   準備 준비

**20 れんらく 連絡**
명 する 연락

来る 前に 私に 連絡して ください。
오기 전에 저에게 연락해 주세요.

**21 わけ**
명 이유, 까닭, 뜻

彼女が あんなに 怒って いるのは 何か わけが あるのでしょう。
그녀가 저렇게 화를 내고 있는 것은 뭔가 이유가 있겠지요.
유 理由 이유

## 22 忘れ物
わすれもの

명 물건을 깜박 잊음, 잊은 물건, 분실물

家に 忘れ物を して 急いで 帰りました。
집에 두고 온 물건이 있어서 서둘러 돌아갔습니다.

## 23 空く
あく

동 비다, (공간·자리가) 나다

席が 空いたので すぐ 座りました。
자리가 비어서 곧바로 앉았습니다.

➕ 空く 공간에 여유가 있다, (배가) 고프다

## 24 起こす
おこす

동 일으키다, 깨우다

毎朝 同じ 時間に 子どもを 起こして、ご飯を 食べさせる。
매일 아침 같은 시간에 아이를 깨워 밥을 먹인다.

자 起こる 일어나다, 발생하다

## 25 飼う
かう

동 (동물을) 키우다, 기르다

ペットを 飼う 人が 増えて いる。
반려동물을 키우는 사람이 늘고 있다.

## 26 片付ける
かたづける

동 치우다, 정리하다

お客さんが 来るので 部屋を 片付けた。
손님이 오기 때문에 방을 치웠다.

## 27 壊れる
こわれる

동 망가지다, 부서지다, 고장 나다

テレビが 壊れて 何も 聞こえなく なりました。
TV가 고장 나서 아무것도 들리지 않게 되었습니다.

타 壊す 부수다, 고장 내다

## 28 つける

동 붙이다, (전깃불을) 켜다

まだ 早い 時間だが 暗いので 電気を つけた。
아직 이른 시간이지만 어두워서 불을 켰다.

자 付く 붙다, (불이) 붙다, (전깃불이) 들어오다

일상생활

## 일상생활 DAY 04

**29 できる**
동 할 수 있다, (새로) 생기다

簡単(かんたん)な メニューなら すぐ 作(つく)る ことが できます。
간단한 메뉴라면 금방 만들 수 있습니다.

駅前(えきまえ)に できた 本屋(ほんや)に 行(い)って みたい。
역 앞에 생긴 서점에 가 보고 싶다.

**30 閉(と)じる**
동 감다, 닫다

目(め)を 閉(と)じても 眠(ねむ)れない 時(とき)が あります。
눈을 감아도 잠들지 못할 때가 있습니다.

**31 無(な)くなる**
동 없어지다, 다 떨어지다

寝坊(ねぼう)を して ご飯(はん)を 食(た)べる 時間(じかん)が 無(な)くなった。
늦잠을 자서 밥을 먹을 시간이 없어졌다.

**32 鳴(な)る**
동 울리다, 소리가 나다

ケータイが 鳴(な)って いるのが わからなかった。
휴대 전화가 울리고 있는 것을 몰랐다.

**33 慣(な)れる**
동 익숙해지다

日本(にほん)の 生活(せいかつ)にも 慣(な)れて きました。
일본 생활에도 익숙해지기 시작했습니다.

**34 引(ひ)っ越(こ)す**
동 이사하다

これから 引(ひ)っ越(こ)す 家(いえ)を 見(み)に 行(い)く つもりです。
지금부터 이사할 집을 보러 갈 생각입니다.

➕ 引(ひ)っ越(こ)し 이사

**35 開(ひら)く**
동 열리다, 열다, 펼치다

パスワードが 合(あ)わなくて メールが 開(ひら)かない。
비밀번호가 맞지 않아서 메일이 열리지 않는다.

## 36 拾う
동 줍다

道に 落ちて いる ごみを 拾いました。
길에 떨어져 있는 쓰레기를 주웠습니다.

## 37 見つける
동 발견하다, 찾아내다

無くした 財布には カードも 入って いるので 必ず 見つけたい。
잃어버린 지갑에는 카드도 들어 있기 때문에 꼭 찾고 싶다.

자 見つかる 발견되다, 찾게 되다

## 38 戻す
동 되돌리다

おもちゃは 元の 場所に 戻して おきなさい。
장난감은 원래 자리에 되돌려 놓으렴.

자 戻る 되돌아가(오)다

## 39 やる
동 (동·식물에게) 주다

弟は 毎朝 起きると、まず 花に 水を やる。
남동생은 매일 아침 일어나면 먼저 꽃에 물을 준다.

## 40 割れる
동 부서지다, 깨지다, 갈라지다

人と ぶつかって、眼鏡が 割れた。
다른 사람과 부딪쳐서 안경이 깨졌다.

타 割る 깨다, 가르다, 나누다

## 41 眠い
イ 졸리다

5時間しか 寝て いないから、今 とても 眠い。
다섯 시간밖에 자지 않아서 지금 굉장히 졸리다.

## 42 不便
ナ 名 불편

近くに コンビニが なくて ちょっと 不便です。
근처에 편의점이 없어서 조금 불편합니다.

반 便利 편리

## 확인 문제

**1** 해당 어휘의 읽는 법을 찾고 빈칸에 그 의미를 써 넣으세요.

| 보기 | 私 | ☑ わたし | ② あなた | 나, 저 |
|---|---|---|---|---|
| (1) | 玄関 | ① けんがん | ② げんかん | _____ |
| (2) | 不便 | ① ふべん | ② ふへん | _____ |
| (3) | 住所 | ① じゅしょう | ② じゅうしょ | _____ |
| (4) | 慣れる | ① なれる | ② はれる | _____ |

**2** 한국어 뜻을 참고하여 알맞은 단어를 보기에서 골라 넣어 문장을 완성하세요.

(5) 家(いえ)の(　　　)には 大(おお)きい スーパーが 二(ふた)つも ある。
집 근처에는 큰 슈퍼가 두 개나 있다.

(6) (　　　)には 1,000円(せんえん)しか 残(のこ)って いません。
수중에는 천 엔밖에 남아 있지 않습니다.

(7) 人(ひと)と ぶつかって、眼鏡(めがね)が (　　　)。
다른 사람과 부딪쳐서 안경이 깨졌다.

(8) ペットを (　　　) 人(ひと)が 増(ふ)えて いる。
반려동물을 키우는 사람이 늘고 있다.

| 보기 | 飼(か)う | 割(わ)れた | 手元(てもと) | 近所(きんじょ) |
|---|---|---|---|---|

**정답**

(1) ② 현관　(2) ① 불편　(3) ② 주소　(4) ① 익숙해지다
(5) 近所(きんじょ)　(6) 手元(てもと)　(7) 割(わ)れた　(8) 飼(か)う

# 단어 퀴즈

✤ 단어를 보고 발음과 의미를 적어 보세요.

| 단어 | 발음 | 의미 |
|---|---|---|
| 私 | わたし | 나, 저 |
| 眠い | | |
| 閉じる | | |
| 忘れ物 | | |
| 寝坊 | | |
| 起こす | | |
| 習慣 | | |
| 鳴る | | |
| 片付ける | | |
| 壊れる | | |
| 用意 | | |
| 封筒 | | |
| 棚 | | |
| 開く | | |
| 拾う | | |
| 連絡 | | |
| 運 | | |
| 引っ越す | | |
| 電灯 | | |
| 普通 | | |
| 支度 | | |

> 실선을 따라 접으면 답을 확인할 수 있어요.

## 단어 퀴즈

❀ 한번 더 복습해 봅시다.

| 읽는 법과 뜻 | 한자 | 발음 | 의미 |
|---|---|---|---|
| わたし / 나, 저 | 예 私 | わたし | 나, 저 |
| ねむい / 졸리다 | 眠い | | |
| とじる / 감다, 닫다 | 閉じる | | |
| わすれもの / 잊은 물건, 분실물 | 忘れ物 | | |
| ねぼう / 늦잠 | 寝坊 | | |
| おこす / 일으키다, 깨우다 | 起こす | | |
| しゅうかん / 습관 | 習慣 | | |
| なる / 울리다, 소리가 나다 | 鳴る | | |
| かたづける / 치우다, 정리하다 | 片付ける | | |
| こわれる / 망가지다, 고장 나다 | 壊れる | | |
| ようい / 준비, 대비 | 用意 | | |
| ふうとう / 봉투 | 封筒 | | |
| たな / 선반 | 棚 | | |
| ひらく / 열리다 | 開く | | |
| ひろう / 줍다 | 拾う | | |
| れんらく / 연락 | 連絡 | | |
| うん / 운, 운수 | 運 | | |
| ひっこす / 이사하다 | 引っ越す | | |
| でんとう / 전등 | 電灯 | | |
| ふつう / 보통 | 普通 | | |
| したく / 준비, 채비 | 支度 | | |

# DAY 05
# 음식과 식생활

음성듣기

얼마나 알고있나요?

**사전 체크**

| | | | |
|---|---|---|---|
| ☐ 01 あめ | ☐ 02 お湯 | ☐ 03 外食 | ☐ 04 氷 |
| ☐ 05 米 | ☐ 06 室内 | ☐ 07 しょうゆ | ☐ 08 食事 |
| ☐ 09 食料品 | ☐ 10 茶わん | ☐ 11 道具 | ☐ 12 匂い |
| ☐ 13 にんじん | ☐ 14 昼休み | ☐ 15 ぶどう | ☐ 16 夕食 |
| ☐ 17 冷蔵庫 | ☐ 18 かむ | ☐ 19 空く | ☐ 20 取る |
| ☐ 21 並ぶ | ☐ 22 ぬる | ☐ 23 冷える | ☐ 24 焼く |
| ☐ 25 焼ける | ☐ 26 沸かす | ☐ 27 沸く | ☐ 28 熱い |
| ☐ 29 うまい | ☐ 30 かたい | ☐ 31 細かい | ☐ 32 足りない |
| ☐ 33 冷たい | ☐ 34 苦い | ☐ 35 温い | ☐ 36 柔らかい |

## 음식과 식생활 　DAY 05

**01 あめ**
명 사탕, 엿

うちの 娘(むすめ)は あめが 大好(だいす)きです。
우리 딸은 사탕을 무척 좋아합니다.

**02 お湯(ゆ)**
명 뜨거운 물, 끓인 물

カップラーメンに お湯(ゆ)を 入(い)れて 3分(さんぷん) 待(ま)ちます。
컵라면에 뜨거운 물을 넣고 3분 기다립니다.

**03 外食(がいしょく)**
명 する 외식

父(ちち)の 誕生日(たんじょうび)なので 家族(かぞく)で 外食(がいしょく)する ことに しました。
아버지 생일이라서 가족끼리 외식하기로 했습니다.

**04 氷(こおり)**
명 얼음

ジュースには 氷(こおり)を 入(い)れて 飲(の)むのが 好(す)きです。
주스에는 얼음을 넣어 마시는 것을 좋아합니다.

**05 米(こめ)**
명 쌀

秋田県(あきたけん)は 米(こめ)が 有名(ゆうめい)です。
아키타현은 쌀이 유명합니다.

**06 室内(しつない)**
명 실내

この レストランには 室内席(しつないせき)と テラス席(せき)が ある。
이 레스토랑에는 실내석과 테라스석이 있다.

## 07 しょうゆ
名 간장

しょうゆ味の ラーメンが 一番 好きです。
간장 맛 라멘을 가장 좋아합니다.

+ さとう 설탕　しお 소금　みそ 된장

## 08 しょくじ 食事
名 する 식사

仕事が 忙しい 時は 食事する 時間も ありません。
일이 바쁠 때는 식사할 시간도 없습니다.

## 09 しょくりょうひん 食料品
名 식료품

デパートには 食料品の 売り場が あります。
백화점에는 식료품 매장이 있습니다.

## 10 ちゃわん 茶わん
名 밥공기

茶わんが 割れて 新しい 物に 変えました。
밥공기가 깨져서 새것으로 바꿨습니다.

## 11 どうぐ 道具
名 도구

道具を いろいろ 使って、クッキーを 作りました。
도구를 여러 가지 사용해서 쿠키를 만들었습니다.

## 12 におい 匂い
名 냄새

この 店から おいしそうな 匂いが する。
이 가게에서 맛있을 것 같은 냄새가 난다.

+ 匂いが する 냄새가 나다

음식과 식생활

## 음식과 식생활    DAY 05

**13 にんじん**
명 당근

にんじんを 柔(やわ)らかく して ケーキを 作(つく)った。
당근을 부드럽게 해서 케이크를 만들었다.

**14 昼休(ひるやす)み**
명 점심시간

昼休(ひるやす)みには ご飯(はん)を 食(た)べてから 友(とも)だちと サッカーを します。
점심시간에는 밥을 먹고 나서 친구들과 축구를 합니다.

**15 ぶどう**
명 포도

この ケーキの 中(なか)には ぶどうで 作(つく)った ジャムが 入(はい)って います。
이 케이크 안에는 포도로 만든 잼이 들어 있습니다.

**16 夕食(ゆうしょく)**
명 저녁밥, 저녁 식사

夕食(ゆうしょく)を 作(つく)る 時間(じかん)が なくて コンビニの 弁当(べんとう)を 食(た)べた。
저녁밥을 만들 시간이 없어서 편의점 도시락을 먹었다.
유 夕飯(ゆうはん) 저녁밥    晩(ばん)ご飯(はん) 저녁밥, 저녁 식사

**17 冷蔵庫(れいぞうこ)**
명 냉장고

冷蔵庫(れいぞうこ)の 中(なか)に 水(みず)しか 入(はい)って いない。
냉장고 안에 물밖에 들어 있지 않다.

**18 かむ**
동 씹다

ご飯(はん)は よく かんで、ゆっくり 食(た)べましょう。
밥은 잘 씹어서 천천히 먹읍시다.

## 19 空く
**동** (배가) 고프다, 공간에 여유가 있다

朝ご飯を 食べて いないから お腹が 空いた。
아침을 먹지 않아서 배가 고프다.

週末なのに 電車の 中が 空いて いますね。
주말인데도 전철 안이 한적하네요.

## 20 取る
**동** (손에) 잡다, 들다, 쥐다, 먹다, 섭취하다

忙しく なる 前に 食事を 取って ください。
바빠지기 전에 식사를 해 주세요.

好きなだけ 取って ください。
좋아하는 만큼 가져가 주세요(원하는 만큼 가져가세요).

## 21 並ぶ
**동** 줄을 서다, 늘어서다

ラーメン屋に 並んで 順番を 待って いる。
라멘 가게에 줄 서서 순서를 기다리고 있다.

➕ 並べる 늘어놓다, 나열하다

## 22 ぬる
**동** 칠하다, 바르다

いつも パンに バターを ぬって 食べます。
항상 빵에 버터를 발라서 먹습니다.

## 23 冷える
**동** 차가워지다, 식다

よく 冷えた すいかを みんなで 食べた。
차가워진 수박을 다 함께 먹었다.

➕ 冷める (뜨거운 것이) 식다

## 24 焼く
**동** 굽다, 태우다

魚を 焼いて 食べると とても おいしいです。
생선을 구워서 먹으면 매우 맛있습니다.

자 焼ける 구워지다, 다 익다

음식과 식생활

## 음식과 식생활　DAY 05

**25 焼ける**
동 구워지다, 다 익다, 타다

ステーキが 焼けるまで、あと 5分 待って ください。
스테이크가 다 구워질 때까지 앞으로 5분 기다려 주세요.
타 焼く 굽다

---

**26 沸かす**
동 (물을) 끓이다, (목욕물을) 데우다

お湯を 沸かして お茶を いれた。
물을 끓여서 차를 우렸다.
+ お茶を いれる 차를 우리다(내리다)

---

**27 沸く**
동 (물이) 끓다, (목욕물이) 데워지다

お湯が 沸いたら 火を 消して ください。
물이 끓으면 불을 꺼 주세요.
お風呂が 沸いたから 先に 入ります。
목욕물이 데워졌으니 먼저 들어갈게요(목욕할게요).

---

**28 熱い**
イ 뜨겁다(온도)

コーヒーが 熱すぎて まだ 飲んで いない。
커피가 너무 뜨거워서 아직 마시지 않고 있다.
반 冷たい 차갑다
+ 暑い 덥다(기온)　厚い 두껍다, 두텁다

---

**29 うまい**
イ 맛있다, 잘하다

うまい ものは 一番 最後に 食べたいです。
맛있는 것은 제일 마지막에 먹고 싶습니다.
유 おいしい 맛있다
반 まずい 맛없다

---

**30 かたい**
イ 딱딱하다, 단단하다

この 肉は 焼きすぎて かたく なって しまった。
이 고기는 너무 구워서 딱딱해져 버렸다.
반 柔らかい 부드럽다

## 31 細かい
こま

**イ** 잘다, 작다, 미세하다

きゅうりは 細かく 切って ください。
오이는 잘게 썰어 주세요.

## 32 足りない
た

**イ** 모자라다, 부족하다

いっぱい 食べたのに、まだ 足りない。
잔뜩 먹었는데 아직 부족하다.

## 33 冷たい
つめ

**イ** 차갑다, 냉정하다

暑い 日には 冷たい アイスクリームが 食べたく なる。
더운 날에는 차가운 아이스크림이 먹고 싶어진다.

**반** 熱い 뜨겁다(온도)

## 34 苦い
にが

**イ** (맛이) 쓰다

ビールは 苦いので 苦手です。
맥주는 써서 잘 못 마십니다.

## 35 温い
ぬる

**イ** 미지근하다

みそ汁が 温く なりました。
된장국이 미지근해졌습니다.

## 36 柔らかい
やわ

**イ** 부드럽다

この 肉は 柔らかくて おいしい。
이 고기는 부드럽고 맛있다.

**반** かたい 딱딱하다

## 확인 문제

**1** 해당 어휘의 읽는 법을 찾고 빈칸에 그 의미를 써 넣으세요.

| 보기 | 私 | ☑ わたし | ② あなた | 나, 저 |
|---|---|---|---|---|

- (1) 米　　① こめ　　② こおり　　_____
- (2) 道具　　① どうぐ　　② とうぐ　　_____
- (3) 沸かす　　① ふかす　　② わかす　　_____
- (4) 温い　　① ぬるい　　② にがい　　_____

**2** 한국어 뜻을 참고하여 알맞은 단어를 보기 에서 골라 넣어 문장을 완성하세요.

- (5) (　　　　)の 中<sub>なか</sub>に 水<sub>みず</sub>しか 入<sub>はい</sub>って いない。
  냉장고 안에 물밖에 들어 있지 않다.

- (6) この 店<sub>みせ</sub>から おいしそうな (　　　　)が する。
  이 가게에서 맛있을 것 같은 냄새가 난다.

- (7) (　　　　) ものは 一番<sub>いちばん</sub> 最後<sub>さいご</sub>に 食<sub>た</sub>べたいです。
  맛있는 것은 제일 마지막에 먹고 싶습니다.

- (8) ラーメン屋<sub>や</sub>に (　　　　) 順番<sub>じゅんばん</sub>を 待<sub>ま</sub>って いる。
  라멘 가게에 줄 서서 순서를 기다리고 있다.

| 보기 | 冷蔵庫(れいぞうこ) | うまい | 匂(にお)い | 並(なら)んで |
|---|---|---|---|---|

---

**정답**

(1) ① 쌀　(2) ① 도구　(3) ② (물을) 끓이다, (목욕물을) 데우다　(4) ① 미지근하다
(5) 冷蔵庫(れいぞうこ)　(6) 匂(にお)い　(7) うまい　(8) 並(なら)んで

# 단어 퀴즈

✼ 단어를 보고 발음과 의미를 적어 보세요.

| 단어 | 발음 | 의미 |
|---|---|---|
| 私 | わたし | 나, 저 |
| 取る | | |
| 昼休み | | |
| 外食 | | |
| 茶わん | | |
| 冷える | | |
| お湯 | | |
| 食料品 | | |
| 焼く | | |
| 空く | | |
| 細かい | | |
| 夕食 | | |
| 沸く | | |
| 冷たい | | |
| 足りない | | |
| 苦い | | |
| 室内 | | |
| 熱い | | |
| 食事 | | |
| 氷 | | |
| 柔らかい | | |

📖 상을 따라 적으며 단어를 확인할 수 있어요.

## 단어 퀴즈

❁ 한번 더 복습해 봅시다.

| 읽는 법과 뜻 | | 한자 | 발음 | 의미 |
|---|---|---|---|---|
| ☐ | わたし<br>나, 저 | 예 私 | わたし | 나, 저 |
| ☐ | とる<br>쥐다, 잡다, 먹다 | 取る | | |
| ☐ | ひるやすみ<br>점심시간 | 昼休み | | |
| ☐ | がいしょく<br>외식 | 外食 | | |
| ☐ | ちゃわん<br>밥공기 | 茶わん | | |
| ☐ | ひえる<br>차가워지다, 식다 | 冷える | | |
| ☐ | おゆ<br>뜨거운 물, 끓인 물 | お湯 | | |
| ☐ | しょくりょうひん<br>식료품 | 食料品 | | |
| ☐ | やく<br>굽다, 태우다 | 焼く | | |
| ☐ | すく<br>(배가) 고프다 | 空く | | |
| ☐ | こまかい<br>잘다, 미세하다 | 細かい | | |
| ☐ | ゆうしょく<br>저녁밥, 저녁 식사 | 夕食 | | |
| ☐ | わく<br>(물이) 끓다 | 沸く | | |
| ☐ | つめたい<br>차갑다, 냉정하다 | 冷たい | | |
| ☐ | たりない<br>모자라다, 부족하다 | 足りない | | |
| ☐ | にがい<br>(맛이) 쓰다 | 苦い | | |
| ☐ | しつない<br>실내 | 室内 | | |
| ☐ | あつい<br>뜨겁다(온도) | 熱い | | |
| ☐ | しょくじ<br>식사 | 食事 | | |
| ☐ | こおり<br>얼음 | 氷 | | |
| ☐ | やわらかい<br>부드럽다 | 柔らかい | | |

# DAY 06
# 학교생활

음성듣기

얼마나 알고 있나요?

**사전 체크**

- ☐ 01 会話
- ☐ 02 科学
- ☐ 03 書き方
- ☐ 04 聞き取り
- ☐ 05 規則
- ☐ 06 教育
- ☐ 07 消しゴム
- ☐ 08 下宿
- ☐ 09 欠席
- ☐ 10 高校
- ☐ 11 講義
- ☐ 12 校長
- ☐ 13 講堂
- ☐ 14 国立
- ☐ 15 答え
- ☐ 16 算数
- ☐ 17 賛成
- ☐ 18 試験
- ☐ 19 辞典
- ☐ 20 出席
- ☐ 21 小学校
- ☐ 22 数学
- ☐ 23 専門
- ☐ 24 卒業
- ☐ 25 中学校
- ☐ 26 地理
- ☐ 27 点
- ☐ 28 日記
- ☐ 29 入学
- ☐ 30 発音
- ☐ 31 復習
- ☐ 32 文章
- ☐ 33 文法
- ☐ 34 本棚
- ☐ 35 万年筆
- ☐ 36 夢
- ☐ 37 予習
- ☐ 38 歴史
- ☐ 39 廊下
- ☐ 40 受ける
- ☐ 41 怒る
- ☐ 42 通う
- ☐ 43 騒ぐ
- ☐ 44 育てる
- ☐ 45 足す
- ☐ 46 引く
- ☐ 47 学ぶ
- ☐ 48 一生懸命

## 학교생활 DAY 06

**01 会話 (かいわ)** [명] [する] 회화
英語教室で 文法と 会話を 習って いる。
영어 교실(학원)에서 문법과 회화를 배우고 있다.

**02 科学 (かがく)** [명] 과학
子どもの 頃から 科学に 興味が ありました。
어릴 때부터 과학에 흥미가 있었습니다.

**03 書き方 (かきかた)** [명] 쓰는 방법
日本語を 始めた 時、ひらがなの 書き方を 覚えるのが 大変だった。
일본어를 시작했을 때, 히라가나 쓰는 법을 외우는 것이 힘들었다.

**04 聞き取り (ききとり)** [명] 듣기, 청취
試験問題の 中で 聞き取りが 一番 難しかったです。
시험 문제 중에서 청취가 가장 어려웠습니다.

**05 規則 (きそく)** [명] 규칙
学校の 規則を 守りましょう。
학교의 규칙을 지킵시다.
유 ルール 룰, 규칙, 규정

**06 教育 (きょういく)** [명] [する] 교육
家庭と 学校での 教育、どちらも 大事です。
가정과 학교에서의 교육, 어느 쪽도 중요합니다.

## 07 消しゴム
け
**명** 지우개

友だちに 消しゴムを 借りた。
친구에게 지우개를 빌렸다.

## 08 下宿
げしゅく
**명** **する** 하숙

父は 大学生の 時、下宿を して いたそうです。
아버지는 대학생 때 하숙을 했었다고 합니다.

## 09 欠席
けっせき
**명** **する** 결석

欠席が 多い 学生は 卒業できません。
결석이 많은 학생은 졸업할 수 없습니다.
**반** 出席 출석

## 10 高校
こうこう
**명** '고등학교'의 준말

彼とは 同じ 高校に 通って いました。
그와는 같은 고등학교를 다녔습니다.

## 11 講義
こうぎ
**명** **する** 강의

あの 先生の 講義は とても わかりやすい。
저 선생님의 강의는 매우 이해하기 쉽다.

## 12 校長
こうちょう
**명** 교장

校長先生の 長い 話が 始まった。
교장 선생님의 긴 이야기가 시작되었다.

학교생활 217

## 학교생활 DAY 06

**13 講堂** (こうどう)
명 강당

生徒の みなさんは 講堂に 集まって ください。
학생 여러분은 강당으로 모여 주세요.

**14 国立** (こくりつ)
명 국립

兄は 国立大学に 通って います。
형은(오빠는) 국립 대학교에 다니고 있습니다.

**15 答え** (こたえ)
명 정답, 대답

問題3の 答えは 4番です。
문제 3의 정답은 4번입니다.

**16 算数** (さんすう)
명 산수

小学校の 時、一番 苦手なのは 算数だった。
초등학생 때 가장 서툰 것은 산수였다.

**17 賛成** (さんせい)
명 する 찬성

クラスの みんなが 彼の 意見に 賛成した。
반 모두가 그의 의견에 찬성했다.

반 反対 (はんたい) 반대

**18 試験** (しけん)
명 시험

試験は 今日から 1週間 続きます。
시험은 오늘부터 일주일 동안 계속됩니다.

유 テスト 시험

### 19 辞典 じてん
명 사전

辞典に 出て いない 言葉は インターネットで 調べます。
사전에 나오지 않는 말은 인터넷에서 찾아봅니다.

유 辞書 사전

### 20 出席 しゅっせき
명 する 출석

授業を 始める 前に 出席を 取ります。
수업을 시작하기 전에 출석을 부르겠습니다.

+ 出席を 取る 출석을 부르다
반 欠席 결석

### 21 小学校 しょうがっこう
명 초등학교

私は この 小学校を 卒業しました。
나는 이 초등학교를 졸업했습니다.

### 22 数学 すうがく
명 수학

数学は 難しいが 嫌いでは ありません。
수학은 어렵지만 싫어하지는 않습니다.

### 23 専門 せんもん
명 전문

今、専門学校で 料理を 勉強して います。
지금 전문학교에서 요리를 공부하고 있습니다.

+ 専攻 전공

### 24 卒業 そつぎょう
명 する 졸업

高校を 卒業する 前に 友だちと 旅行する ことにした。
고등학교를 졸업하기 전에 친구와 여행 가기로 했다.

## 학교생활  DAY 06

**25 中学校** (ちゅうがっこう)
명 중학교

久しぶりに 中学校の 時の 友だちに 会った。
오랜만에 중학교 때 친구를 만났다.

**26 地理** (ちり)
명 지리

世界の 地理を 学んで、旅行に 行きたく なりました。
세계 지리를 배우고 여행을 가고 싶어졌습니다.

**27 点** (てん)
명 점, ~점(점수)

一生懸命 がんばって、100点を 取りました。
열심히 노력해서 100점을 맞았습니다.

➕ ~点を 取る ~점을 맞다(받다)

**28 日記** (にっき)
명 일기

小学生の 頃から ずっと 日記を つけて いる。
초등학생 때부터 쭉 일기를 쓰고 있다.

➕ 日記を つける・日記を 書く 일기를 쓰다

**29 入学** (にゅうがく)
명 する 입학

息子は 今年の 4月に 小学校に 入学しました。
아들은 올해 4월에 초등학교에 입학했습니다.

**30 発音** (はつおん)
명 する 발음

声を 出して 英語の 発音の 練習を した。
소리를 내어 영어 발음 연습을 했다.

### 31 ふくしゅう 復習
명 する 복습

授業の 後は 復習を しっかり しましょう。
수업 후에는 복습을 확실히 합시다.

반 予習 예습

### 32 ぶんしょう 文章
명 글, 문장

次の 文章を 読んで、問題に 答えなさい。
다음 글을 읽고 문제에 답하세요.

### 33 ぶんぽう 文法
명 문법

韓国語と 日本語は 文法が 似て いる。
한국어와 일본어는 문법이 비슷하다.

### 34 ほんだな 本棚
명 책장

私の 部屋の 本棚には まんがばかり 並んで いる。
내 방 책장에는 만화책만 늘어서 있다.

### 35 まんねんひつ 万年筆
명 만년필

この 万年筆は 入学祝いに 父から もらった 物です。
이 만년필은 입학 선물로 아버지에게 받은 것입니다.

### 36 ゆめ 夢
명 꿈

将来の 夢は 科学者に なる ことです。
장래의 꿈은 과학자가 되는 것입니다.

학교생활

## 학교생활　DAY 06

**37　予習** (よしゅう)
[명] [する] 예습

授業の 前に 予習すれば 授業が わかりやすく なります。
수업 전에 예습하면 수업을 이해하기 쉬워집니다.

[반] 復習 (ふくしゅう) 복습

**38　歴史** (れきし)
[명] 역사

歴史の 先生の 話が 面白くて 歴史が 好きに なった。
역사 선생님의 이야기가 재미있어서 역사를 좋아하게 되었다.

**39　廊下** (ろうか)
[명] 복도

廊下を 走っては いけません。
복도를(복도에서) 뛰어서는 안 됩니다.

**40　受ける** (うける)
[동] 받다, (시험을) 보다

大学を 卒業する ためには 試験を 受けなければ なりません。
대학을 졸업하기 위해서는 시험을 보지 않으면 안 됩니다.

**41　怒る** (おこる)
[동] 화내다

宿題を 忘れて 先生に 怒られました。
숙제를 잊어서 선생님께 혼났습니다.

**42　通う** (かよう)
[동] 다니다, 통학하다

昼は 働いて、夜は 大学に 通って います。
낮에는 일하고 밤에는 대학교에 다니고 있습니다.

## 43 騒ぐ
さわ
동 떠들다, 소란 피우다

図書館で 小学生たちが 騒いで いる。
도서관에서 초등학생들이 떠들고 있다.

## 44 育てる
そだ
동 키우다, 기르다, 양육하다

私の クラスでは 花を 育てながら 日記を 書いて います。
우리 반에서는 꽃을 키우며 일기를 쓰고 있습니다.

## 45 足す
た
동 더하다, 보태다

10と 10を 足すと 20に なります。
10과 10을 더하면 20이 됩니다.

반 引く 당기다, 빼다

## 46 引く
ひ
동 당기다, 빼다

10から 5を 引けば いくつでしょうか。
10에서 5를 빼면 몇일까요?

반 足す 더하다, 보태다

## 47 学ぶ
まな
동 배우다, 학습하다

学校では 勉強以外にも 学ぶ ことが たくさん あります。
학교에서는 공부 이외에도 배울 것이 많이 있습니다.

## 48 一生懸命
いっしょうけんめい
ナ 명 열심히 함
부 열심히

一生懸命(に) 勉強すれば いい 結果が 出るでしょう。
열심히 공부하면 좋은 결과가 나올 거예요.

학교생활 223

## 확인 문제

**1** 해당 어휘의 읽는 법을 찾고 빈칸에 그 의미를 써 넣으세요.

| 보기 | 私 | ✓ わたし | ② あなた | 나, 저 |
|---|---|---|---|---|

(1) 下宿　　① げしゅく　　② げじゅく　　_____

(2) 欠席　　① けつせき　　② けっせき　　_____

(3) 点　　　① みせ　　　　② てん　　　　_____

(4) 校長　　① こちょう　　② こうちょう　_____

**2** 한국어 뜻을 참고하여 알맞은 단어를 보기 에서 골라 넣어 문장을 완성하세요.

(5) (　　　　)に 勉強すれば いい 結果が 出るでしょう。
　　열심히 공부하면 좋은 결과가 나올 거예요.

(6) 次の (　　　　)を 読んで、問題に 答えなさい。
　　다음 글을 읽고 문제에 답하세요.

(7) クラスの みんなが 彼の 意見に (　　　　)した。
　　반 모두가 그의 의견에 찬성했다.

(8) 図書館で 小学生たちが (　　　　) いる。
　　도서관에서 초등학생들이 떠들고 있다.

| 보기 | 騒いで | 一生懸命 | 賛成 | 文章 |
|---|---|---|---|---|

**정답**

(1) ① 하숙　　(2) ② 결석　　(3) ② 점, ~점(점수)　　(4) ② 교장
(5) 一生懸命(いっしょうけんめい)　(6) 文章(ぶんしょう)　(7) 賛成(さんせい)　(8) 騒(さわ)いで

## **단어** 퀴즈

✤ 단어를 보고 발음과 의미를 적어 보세요.

| 단어 | 발음 | 의미 |
| --- | --- | --- |
| 私 | わたし | 나, 저 |
| 文法 | | |
| 地理 | | |
| 本棚 | | |
| 受ける | | |
| 入学 | | |
| 予習 | | |
| 卒業 | | |
| 発音 | | |
| 復習 | | |
| 通う | | |
| 中学校 | | |
| 育てる | | |
| 日記 | | |
| 夢 | | |
| 学ぶ | | |
| 万年筆 | | |
| 歴史 | | |
| 足す | | |
| 引く | | |
| 廊下 | | |

선을 따라 접으면 답을 확인할 수 있어요.

# 단어 퀴즈

❋ 한번 더 복습해 봅시다.

| 읽는 법과 뜻 | 한자 | 발음 | 의미 |
|---|---|---|---|
| ☐ わたし / 나, 저 | 예 私 | わたし | 나, 저 |
| ☐ ぶんぽう / 문법 | 文法 | | |
| ☐ ちり / 지리 | 地理 | | |
| ☐ ほんだな / 책장 | 本棚 | | |
| ☐ うける / 받다, (시험을) 보다 | 受ける | | |
| ☐ にゅうがく / 입학 | 入学 | | |
| ☐ よしゅう / 예습 | 予習 | | |
| ☐ そつぎょう / 졸업 | 卒業 | | |
| ☐ はつおん / 발음 | 発音 | | |
| ☐ ふくしゅう / 복습 | 復習 | | |
| ☐ かよう / 다니다, 통학하다 | 通う | | |
| ☐ ちゅうがっこう / 중학교 | 中学校 | | |
| ☐ そだてる / 키우다, 기르다 | 育てる | | |
| ☐ にっき / 일기 | 日記 | | |
| ☐ ゆめ / 꿈 | 夢 | | |
| ☐ まなぶ / 배우다, 학습하다 | 学ぶ | | |
| ☐ まんねんひつ / 만년필 | 万年筆 | | |
| ☐ れきし / 역사 | 歴史 | | |
| ☐ たす / 더하다, 보태다 | 足す | | |
| ☐ ひく / 당기다, 빼다 | 引く | | |
| ☐ ろうか / 복도 | 廊下 | | |

# DAY 07
# 일과 회사

얼마나 알고 있나요?

**사전 체크**

- ☐ 01 会議
- ☐ 02 考え方
- ☐ 03 競争
- ☐ 04 結果
- ☐ 05 工業
- ☐ 06 公務員
- ☐ 07 仕方
- ☐ 08 失敗
- ☐ 09 失礼
- ☐ 10 自動
- ☐ 11 事務所
- ☐ 12 社会
- ☐ 13 社長
- ☐ 14 説明
- ☐ 15 先輩
- ☐ 16 遅刻
- ☐ 17 都合
- ☐ 18 都市
- ☐ 19 入社
- ☐ 20 話し中
- ☐ 21 引き出し
- ☐ 22 文書
- ☐ 23 返事
- ☐ 24 用事
- ☐ 25 理由
- ☐ 26 遅れる
- ☐ 27 決まる
- ☐ 28 探す
- ☐ 29 進む
- ☐ 30 疲れる
- ☐ 31 勤める
- ☐ 32 運ぶ
- ☐ 33 始める
- ☐ 34 間違える
- ☐ 35 間に合う
- ☐ 36 見つかる
- ☐ 37 戻る
- ☐ 38 役に立つ
- ☐ 39 寄る
- ☐ 40 渡す
- ☐ 41 よろしい
- ☐ 42 適当

## 일과 회사　DAY 07

**01 会議** (かいぎ)
[명] [する] 회의

会議は 明日の 午後 1時からです。
회의는 내일 오후 1시부터입니다.
➕ 会議室 (かいぎしつ) 회의실

**02 考え方** (かんがえかた)
[명] 사고방식

部長と 課長は 考え方が 少し 違うらしいです。
부장님과 과장님은 사고방식이 조금 다른 것 같습니다.

**03 競争** (きょうそう)
[명] [する] 경쟁

他の 会社と 厳しい 競争を 続けて いる。
다른 회사와 혹독한 경쟁을 계속하고 있다.

**04 結果** (けっか)
[명] 결과

みんな 頑張ったのに 結果が 出なくて 残念でした。
다들 열심히 했는데 결과가 나오지 않아 안타까웠습니다.

**05 工業** (こうぎょう)
[명] 공업

この 会社には 工業高校を 卒業した 学生が 多いです。
이 회사에는 공업 고등학교를 졸업한 학생이 많습니다.

**06 公務員** (こうむいん)
[명] 공무원

将来は 公務員に なりたいと 思って います。
장래에는 공무원이 되고 싶다고 생각하고 있습니다.

**07 仕方** (しかた)
[명] 하는 방법, 방식

新入社員に 仕事の 仕方を 教えて いる。
신입 사원에게 일하는 방법을 가르치고 있다.
➕ 仕方ない 어쩔 수 없다

**08 しっぱい 失敗**
명 する 실패, 실수

仕事では 同じ 失敗を しないように して ください。
업무에서는 같은 실수를 하지 않도록 해 주세요.

**09 しつれい 失礼**
명 ナ する 실례

お先に 失礼します。
먼저 실례하겠습니다.(인사말 '먼저 돌아가겠습니다')

**10 じどう 自動**
명 자동

この ドアは 自動で 開いたり 閉まったり します。
이 문은 자동으로 열리고 닫히고 합니다.

**11 じむしょ 事務所**
명 사무소

家から 事務所までは 電車で 40分 かかります。
집에서 사무소까지는 전철로 40분 걸립니다.

유 オフィス 오피스, 사무실

**12 しゃかい 社会**
명 사회

この 会社を 社会の 役に 立つように したいです。
이 회사를 사회에 도움이 되도록 하고 싶습니다.

**13 しゃちょう 社長**
명 사장, 사장님

社長は アメリカに 5年間 留学したそうです。
사장님은 미국에 5년 동안 유학했다고 합니다.

+ 課長 과장, 과장님   部長 부장, 부장님

**14 せつめい 説明**
명 する 설명

先輩が コピー機の 使い方を 説明して くれました。
선배가 복사기의 사용법을 설명해 주었습니다.

## 일과 회사   DAY 07

**15 先輩** (せんぱい)
명 선배

この 会社は 先輩が 親切なので 働きやすいです。
이 회사는 선배가 친절해서 일하기 쉽습니다.
반 後輩(こうはい) 후배

**16 遅刻** (ちこく)
명 する 지각

寝坊して 会社に 遅刻して しまった。
늦잠을 자서 회사에 지각하고 말았다.

**17 都合** (つごう)
명 형편, 사정

明日は 都合が 悪いですが、来週の 火曜日なら 大丈夫です。
내일은 사정이 좋지 않지만, 다음 주 화요일이라면 괜찮습니다.

**18 都市** (とし)
명 도시

ここは 工場の 多い 工業都市だ。
이곳은 공장이 많은 공업 도시이다.

**19 入社** (にゅうしゃ)
명 する 입사

今年で 入社 3年目で、仕事にも 慣れました。
올해로 입사 3년째(3년차)로, 업무에도 익숙해졌습니다.

**20 話し中** (はなしちゅう)
명 이야기 중, 통화 중

部長は ただいま、話し中です。
부장님은 지금 이야기 중(통화 중)이십니다.

**21 引き出し** (ひきだし)
명 서랍, 인출

会議室の 鍵は 引き出しの 中に あります。
회의실 열쇠는 서랍 안에 있습니다.

引き出しなら コンビニでも できますよ。
인출이라면 편의점에서도 할 수 있어요.

## 22
ぶんしょ
**文書**
명 문서

お返事は メールなどの **文書**で お願いいたします。
대답은 메일 등의 문서로 부탁드립니다.

## 23
へんじ
**返事**
명 する 답장, 대답, 답변

メールを 送ったが まだ **返事**が ない。
메일을 보냈는데 아직 답변이 없다.

유 答える 대답하다

## 24
ようじ
**用事**
명 볼일, 용건, 용무

会社の **用事**で 郵便局に 行った。
회사 용무로 우체국에 갔다.

## 25
りゆう
**理由**
명 이유

銀行で 働きたい **理由**は 何ですか。
은행에서 일하고 싶은 이유는 무엇입니까?

유 わけ 이유, 까닭

## 26
おく
**遅れる**
동 늦다, 늦어지다

電車の 事故で 10分くらい **遅れ**そうです。
전철 사고로 10분 정도 늦을 것 같습니다.

## 27
き
**決まる**
동 정해지다, 결정되다

今度の 会議で 新しい 会社の 名前が **決まります**。
이번 회의에서 새 회사의 이름이 결정됩니다.

타 決める 정하다, 결정하다

## 28
さが
**探す**
동 찾다

この 会社は 長く 働ける 人を **探して** いる。
이 회사는 오래 일할 수 있는 사람을 찾고 있다.

## 일과 회사 — DAY 07

**29 すすむ　進む**
동 나아가다, 전진하다

今は 前に 進む ことだけを 考えて います。
지금은 앞으로 나아가는 것만을 생각하고 있습니다.
타 進める 진행시키다, 나아가게 하다

**30 つかれる　疲れる**
동 지치다, 피로해지다

最近、仕事が 忙しくて 疲れて います。
최근 일이 바빠서 지쳐 있습니다.

**31 つとめる　勤める**
동 근무하다, 종사하다

弟は 新聞社に 勤めて いる。
남동생은 신문사에 근무하고 있다.

**32 はこぶ　運ぶ**
동 운반하다, 옮기다, 나르다

会社に 届いた 荷物を みんなで 運びました。
회사에 도착한 화물을 다 함께 운반했습니다.

**33 はじめる　始める**
동 시작하다

今日から 新しい プロジェクトを 始める ことに なりました。
오늘부터 새 프로젝트를 시작하게 되었습니다.
자 始まる 시작되다

**34 まちがえる　間違える**
동 잘못하다, 틀리다, 착각하다

課長の ケータイ番号を 間違えて しまった。
과장님의 휴대 전화 번호를 착각해 버렸다.

**35 まにあう　間に合う**
동 제시간에 맞추다

急げば 会議に 間に合うと 思います。
서두르면 회의 시간에 맞출 거라고 생각합니다.

**36**
み
見つかる
동 발견되다, 들키다

仕事中に カフェに いる ところを 見つかって しまった。
근무 중에 카페에 있는 것을 들키고 말았다.

**37**
もど
戻る
동 되돌아가(오)다

昼休みは 1時までですから、それまでに 戻って ください。
점심시간은 한 시까지니까 그때까지 돌아와 주세요.

**38**
やく　た
役に立つ
동 도움이 되다, 쓸모가 있다

新入社員の 時は ビジネスマナーの 本が 役に立った。
신입 사원 때는 비즈니스 매너 책이 도움이 되었다.

**39**
よ
寄る
동 들르다, 다가가다

郵便局に 寄ってから 会社に 戻ります。
우체국에 들렀다가 회사로 돌아가겠습니다.

**40**
わた
渡す
동 건네주다

課長に プレゼンテーションの データを 渡しました。
과장님께 프레젠테이션 자료를 건네주었습니다.

**41**
よろしい
イ 좋다, 해도 되다, 알맞다

先に 帰っても よろしいでしょうか。
먼저 돌아가도 괜찮을까요?

**42**
てきとう
適当
ナ 명 적당

適当に しても いい 仕事は ありません。
적당히 해도 되는 업무는 없습니다.

# 확인 문제

**1** 해당 어휘의 읽는 법을 찾고 빈칸에 그 의미를 써 넣으세요.

| 보기 | 私 | ☑ わたし | ② あなた | ___나, 저___ |
|---|---|---|---|---|
| (1) | 失敗 | ① しっばい | ② しっぱい | _____ |
| (2) | 事務所 | ① じむしょう | ② じむしょ | _____ |
| (3) | 遅刻 | ① ちこく | ② じこく | _____ |
| (4) | 適当 | ① てきとう | ② できどう | _____ |

**2** 한국어 뜻을 참고하여 알맞은 단어를 보기에서 골라 넣어 문장을 완성하세요.

(5) この 会社(かいしゃ)は 長(なが)く 働(はたら)ける 人(ひと)を (　　　) いる。
　　이 회사는 오래 일할 수 있는 사람을 찾고 있다.

(6) 会社(かいしゃ)の (　　　)で 郵便局(ゆうびんきょく)に 行(い)った。
　　회사 용무로 우체국에 갔다.

(7) 会議室(かいぎしつ)の 鍵(かぎ)は (　　　)の 中(なか)に あります。
　　회의실 열쇠는 서랍 안에 있습니다.

(8) 急(いそ)げば 会議(かいぎ)に (　　　)と 思(おも)います。
　　서두르면 회의 시간에 맞을 거라고 생각합니다.

| 보기 | 間(ま)に合(あ)う | 探(さが)して | 用事(ようじ) | 引(ひ)き出(だ)し |
|---|---|---|---|---|

**정답**
(1) ② 실패, 실수　(2) ② 사무소　(3) ① 지각　(4) ① 적당
(5) 探(さが)して　(6) 用事(ようじ)　(7) 引(ひ)き出(だ)し　(8) 間(ま)に合(あ)う

# 단어 퀴즈

❋ 단어를 보고 발음과 의미를 적어 보세요.

| 단어 | 발음 | 의미 |
|---|---|---|
| 私 | わたし | 나, 저 |
| 文書 | | |
| 遅れる | | |
| 説明 | | |
| 自動 | | |
| 返事 | | |
| 運ぶ | | |
| 戻る | | |
| 会議 | | |
| 工業 | | |
| 進む | | |
| 公務員 | | |
| 寄る | | |
| 入社 | | |
| 都合 | | |
| 競争 | | |
| 勤める | | |
| 役に立つ | | |
| 話し中 | | |
| 疲れる | | |
| 間違える | | |

📖 사물 따라 적으며 답을 확인할 수 있어요.

# 단어 퀴즈

✿ 한번 더 복습해 봅시다.

| 읽는 법과 뜻 | 한자 | 발음 | 의미 |
|---|---|---|---|
| ☐ わたし / 나, 저 | 예 私 | わたし | 나, 저 |
| ☐ ぶんしょ / 문서 | 文書 | | |
| ☐ おくれる / 늦다, 늦어지다 | 遅れる | | |
| ☐ せつめい / 설명 | 説明 | | |
| ☐ じどう / 자동 | 自動 | | |
| ☐ へんじ / 답장, 대답 | 返事 | | |
| ☐ はこぶ / 운반하다, 옮기다 | 運ぶ | | |
| ☐ もどる / 되돌아가(오)다 | 戻る | | |
| ☐ かいぎ / 회의 | 会議 | | |
| ☐ こうぎょう / 공업 | 工業 | | |
| ☐ すすむ / 나아가다, 전진하다 | 進む | | |
| ☐ こうむいん / 공무원 | 公務員 | | |
| ☐ よる / 들르다, 다가가다 | 寄る | | |
| ☐ にゅうしゃ / 입사 | 入社 | | |
| ☐ つごう / 형편, 사정 | 都合 | | |
| ☐ きょうそう / 경쟁 | 競争 | | |
| ☐ つとめる / 근무하다, 종사하다 | 勤める | | |
| ☐ やくにたつ / 도움이 되다, 쓸모가 있다 | 役に立つ | | |
| ☐ はなしちゅう / 이야기 중, 통화 중 | 話し中 | | |
| ☐ つかれる / 지치다, 피로해지다 | 疲れる | | |
| ☐ まちがえる / 잘못하다, 착각하다 | 間違える | | |

# 쇼핑과 경제

음성듣기

얼마나 알고있나요?

**사전 체크**

- ☐ 01 以下
- ☐ 02 売り場
- ☐ 03 営業
- ☐ 04 億
- ☐ 05 贈り物
- ☐ 06 おつり
- ☐ 07 外部
- ☐ 08 方
- ☐ 09 韓国製
- ☐ 10 絹
- ☐ 11 経済
- ☐ 12 工場
- ☐ 13 国産
- ☐ 14 ごちそう
- ☐ 15 産業
- ☐ 16 品物
- ☐ 17 支払い
- ☐ 18 生活
- ☐ 19 生産
- ☐ 20 全部
- ☐ 21 貯金
- ☐ 22 店員
- ☐ 23 日本製
- ☐ 24 値段
- ☐ 25 番
- ☐ 26 貿易
- ☐ 27 持ち帰り
- ☐ 28 輸出
- ☐ 29 輸入
- ☐ 30 売れる
- ☐ 31 選ぶ
- ☐ 32 知らせる
- ☐ 33 頼む
- ☐ 34 包む
- ☐ 35 払う
- ☐ 36 盛ん

## 쇼핑과 경제 — DAY 08

**01 以下 (いか)**
명 이하

3人以下なら 予約を しなくても いいです。
세 명 이하라면 예약을 하지 않아도 됩니다.

반 以上 이상

**02 売り場 (うば)**
명 파는 곳, 매장

6階は 靴売り場です。
6층은 구두 매장입니다.

**03 営業 (えいぎょう)**
명 する 영업

あの 店は 日曜日も 営業します。
저 가게는 일요일도 영업합니다.

**04 億 (おく)**
명 억(숫자)

この 映画は 作るのに 1億円 かかったそうです。
이 영화는 만드는 데 1억 엔 들었다고 합니다.

**05 贈り物 (おくりもの)**
명 선물

お世話に なった 先生への 贈り物を 買いに 行く つもりです。
신세를 진 선생님께 드릴 선물을 사러 갈 생각입니다.

유 プレゼント 선물

**06 おつり**
명 잔돈, 거스름돈

店員が お客さんに おつりを 渡した。
점원이 손님에게 거스름돈을 건넸다.

## 07 外部 (がいぶ)
명 외부

外部から 買って きた 食べ物は 持って 入る ことが できません。
외부에서 사 온 음식은 가지고 들어갈(올) 수 없습니다.

반 内部(ないぶ) 내부

## 08 方 (かた)
명 분(사람의 높임말)

外国の 方は パスポートが あれば 10% 安く なります。
외국 분은 여권이 있으면 10% 저렴해집니다.

## 09 韓国製 (かんこくせい)
명 한국제, 한국산

最近、韓国製の 化粧品が 人気です。
최근 한국산 화장품이 인기입니다.

## 10 絹 (きぬ)
명 명주, 비단

友だちに 絹の ハンカチを もらいました。
친구에게 비단 손수건을 받았습니다.

유 シルク 실크

## 11 経済 (けいざい)
명 경제

毎日 インターネットで 経済ニュースを 読んで います。
매일 인터넷으로 경제 뉴스를 읽고 있습니다.

## 12 工場 (こうじょう)
명 공장

私の 会社の 工場は インドに あります。
우리 회사의 공장은 인도에 있습니다.

쇼핑과 경제 239

## 쇼핑과 경제  DAY 08

**13 国産** こくさん
图 국산

野菜は できるだけ 国産を 買うように して いる。
채소는 되도록 국산을 사려고 하고 있다.

**14 ごちそう**
图 する 대접, 진수성찬

今日は 私が ごちそうするよ。
오늘은 내가 한턱낼게.

課長、今日は ごちそうさまでした。
과장님, 오늘은 잘 먹었습니다.

**15 産業** さんぎょう
图 산업

この頃 AI 産業が 盛んに なって いる。
요즘 AI 산업이 번성하고 있다.

**16 品物** しなもの
图 물품, 상품

品物は どちらに 届けましょうか。
물건은 어디로 배달해 드릴까요?

**17 支払い** しはらい
图 지불, 지급

お支払いは いかが なさいますか。
지불은 어떻게 하시겠습니까?

**18 生活** せいかつ
图 する 생활

アルバイトだけでは 生活できない。
아르바이트만으로는 생활할 수 없다.

## 19 せいさん 生産
명 する 생산

これは 日本国内で 生産した ものです。
이것은 일본 국내에서 생산한 것입니다.

## 20 ぜんぶ 全部
명 전부, 모두

ここから ここまで 全部 買います。
여기부터 여기까지 전부 사겠습니다.

+ 全部で 전부 다 해서

全部で いくらですか。
전부 다 해서 얼마입니까?

## 21 ちょきん 貯金
명 する 저금

毎月 少しずつ 貯金を して いる。
매월 조금씩 저금을 하고 있다.

## 22 てんいん 店員
명 점원

この スーパーには 店員が 5人も いる。
이 슈퍼에는 점원이 다섯 명이나 있다.

## 23 にほんせい 日本製
명 일본제, 일본산

母は ずっと 日本製の アイロンを 使って います。
어머니는 줄곧 일본산 다리미를 사용하고 있습니다.

## 24 ねだん 値段
명 값, 가격

最近 米の 値段が 上がって いる。
최근 쌀값이 오르고 있다.

쇼핑과 경제 241

## 쇼핑과 경제 — DAY 08

**25 番 (ばん)**
[명] 순번, 순서, 차례

次は 私たちの 番ですね。
다음은 우리 차례군요.

**26 貿易 (ぼうえき)**
[명] [する] 무역

貿易の 仕事では 外国語を たくさん 使います。
무역 업무에서는 외국어를 많이 사용합니다.

**27 持ち帰り (もちかえり)**
[명] [する] 집으로 가지고 돌아감, 테이크아웃, 포장

この メニュー、お持ち帰り できますか。
이 메뉴, 포장할 수 있나요?

**28 輸出 (ゆしゅつ)**
[명] [する] 수출

私の 会社は テレビを 輸出して いる。
우리 회사는 TV를 수출하고 있다.

**29 輸入 (ゆにゅう)**
[명] [する] 수입

この 店は アメリカから 食べ物を 輸入して 売って いる。
이 가게는 미국에서 음식을 수입하여 팔고 있다.

**30 売れる (うれる)**
[동] 팔리다

急に 雨が 降って きて、傘が たくさん 売れた。
갑자기 비가 내리기 시작해서 우산이 많이 팔렸다.

[타] 売る 팔다

### 31 選ぶ えら
동 고르다, 선택하다

気に入る物が多すぎて選ぶのが大変です。
마음에 드는 것이 너무 많아서 고르기가 힘듭니다.

### 32 知らせる し
동 알리다, 공지하다, 통지하다

新しい店がオープンしたことをお客さんに知らせた。
새 가게가 오픈한 것을 손님에게 공지했다.

### 33 頼む たの
동 부탁하다, 주문하다

暑いからアイスコーヒーを頼んだ。
더워서 아이스커피를 주문했다.

### 34 包む つつ
동 감싸다, 포장하다

プレゼントですから、きれいに包んでください。
선물이니까 예쁘게 포장해 주세요.

### 35 払う はら
동 지불하다, (돈을) 내다

カフェで紅茶を飲んで600円を払いました。
카페에서 홍차를 마시고 600엔을 지불했습니다.

### 36 盛ん さか
ナ 번성함, 활발함

チリはワインの生産が盛んだ。
칠레는 와인 생산이 활발하다.

쇼핑과 경제 243

## 확인 문제

**1** 해당 어휘의 읽는 법을 찾고 빈칸에 그 의미를 써 넣으세요.

| 보기 | 私 | ✓ わたし | ② あなた | 나, 저 |
|---|---|---|---|---|

(1) 億　　① おく　　② あく　　_____

(2) 工場　① こじょう　② こうじょう　_____

(3) 輸入　① ゆにゅう　② ゆしゅつ　_____

(4) 貿易　① ぼえき　② ぼうえき　_____

**2** 한국어 뜻을 참고하여 알맞은 단어를 보기 에서 골라 넣어 문장을 완성하세요.

(5) 6階は 靴( 　　　 )です。
　　6층은 구두 매장입니다.

(6) お( 　　　 )は いかが なさいますか。
　　지불은 어떻게 하시겠습니까?

(7) 最近 米の ( 　　　 )が 上がって いる。
　　최근 쌀값이 오르고 있다.

(8) 今日は 私が ( 　　　 )するよ。
　　오늘은 내가 한턱낼게.

| 보기 | 値段 | ごちそう | 支払い | 売り場 |
|---|---|---|---|---|

**정답**

(1) ① 억(숫자)　(2) ② 공장　(3) ① 수입　(4) ② 무역
(5) 売(う)り 場(ば)　(6) 支払(しはら)い　(7) 値段(ねだん)　(8) ごちそう

# 단어 퀴즈

✤ 단어를 보고 발음과 의미를 적어 보세요.

| 단어 | 발음 | 의미 |
|---|---|---|
| 私 | わたし | 나, 저 |
| 絹 | | |
| 輸出 | | |
| 選ぶ | | |
| 払う | | |
| 産業 | | |
| 営業 | | |
| 韓国製 | | |
| 持ち帰り | | |
| 包む | | |
| 品物 | | |
| 売れる | | |
| 生産 | | |
| 経済 | | |
| 盛ん | | |
| 貯金 | | |
| 全部 | | |
| 知らせる | | |
| 贈り物 | | |
| 国産 | | |
| 頼む | | |

📖 셀로판지를 따라 접으면 답을 확인할 수 있어요.

# 단어 퀴즈

❋ 한번 더 복습해 봅시다.

| 읽는 법과 뜻 | | 한자 | 발음 | 의미 |
|---|---|---|---|---|
| ☐ | わたし<br>나, 저 | 예 私 | わたし | 나, 저 |
| ☐ | きぬ<br>명주, 비단 | 絹 | | |
| ☐ | ゆしゅつ<br>수출 | 輸出 | | |
| ☐ | えらぶ<br>고르다, 선택하다 | 選ぶ | | |
| ☐ | はらう<br>지불하다, (돈을) 내다 | 払う | | |
| ☐ | さんぎょう<br>산업 | 産業 | | |
| ☐ | えいぎょう<br>영업 | 営業 | | |
| ☐ | かんこくせい<br>한국제, 한국산 | 韓国製 | | |
| ☐ | もちかえり<br>테이크아웃 | 持ち帰り | | |
| ☐ | つつむ<br>감싸다, 포장하다 | 包む | | |
| ☐ | しなもの<br>물품, 상품 | 品物 | | |
| ☐ | うれる<br>팔리다 | 売れる | | |
| ☐ | せいさん<br>생산 | 生産 | | |
| ☐ | けいざい<br>경제 | 経済 | | |
| ☐ | さかん<br>번성함, 활발함 | 盛ん | | |
| ☐ | ちょきん<br>저금 | 貯金 | | |
| ☐ | ぜんぶ<br>전부, 모두 | 全部 | | |
| ☐ | しらせる<br>알리다, 공지하다 | 知らせる | | |
| ☐ | おくりもの<br>선물 | 贈り物 | | |
| ☐ | こくさん<br>국산 | 国産 | | |
| ☐ | たのむ<br>부탁하다, 주문하다 | 頼む | | |

# DAY 09
# 정보 통신과 언론

얼마나 알고 있나요?

**사전 체크**

- ☐ 01 以外
- ☐ 02 意見
- ☐ 03 一度
- ☐ 04 代わり
- ☐ 05 機械
- ☐ 06 機会
- ☐ 07 記者
- ☐ 08 技術
- ☐ 09 国際
- ☐ 10 国民
- ☐ 11 故障
- ☐ 12 字
- ☐ 13 新聞社
- ☐ 14 政治
- ☐ 15 全体
- ☐ 16 地図
- ☐ 17 電報
- ☐ 18 番組
- ☐ 19 放送
- ☐ 20 法律
- ☐ 21 利用
- ☐ 22 両方
- ☐ 23 留守
- ☐ 24 急ぐ
- ☐ 25 送る
- ☐ 26 思う
- ☐ 27 決める
- ☐ 28 調べる
- ☐ 29 伝える
- ☐ 30 届く
- ☐ 31 届ける
- ☐ 32 直す・治す
- ☐ 33 はる
- ☐ 34 正しい
- ☐ 35 つまらない
- ☐ 36 無理

## 정보 통신과 언론  DAY 09

**01 以外 (いがい)**  명 ナ 이외, 그 밖
テレビは ニュース以外は 見ません。
TV는 뉴스 이외는 보지 않습니다.
반 以内(いない) 이내

**02 意見 (いけん)**  명 의견
SNS(エスエヌエス)には いろいろな 意見が あるから 面白いです。
SNS에는 다양한 의견이 있어서 재미있어요.

**03 一度 (いちど)**  명 한번
この 映画は 面白いと 聞いたので 一度 見てみたい。
이 영화는 재미있다고 들었기 때문에 한번 보고 싶다.

**04 代わり (かわり)**  명 대신, 대용
新聞の 代わりに スマホで ネットニュースを 読みます。
신문 대신 스마트폰으로 인터넷 뉴스를 읽습니다.

**05 機械 (きかい)**  명 기계
新しく 買った 機械の 使い方を インターネットで 調べて みた。
새로 산 기계의 사용법을 인터넷으로 조사해 보았다.

**06 機会 (きかい)**  명 기회
有名な スターに 会える 機会は 今しか ない。
유명한 스타를 만날 수 있는 기회는 지금밖에 없다.
유 チャンス 찬스, 기회

## 07 記者
**명** 기자

これらは 全部 同じ 記者が 書いた ものです。
이것들은 모두 같은 기자가 쓴 것입니다.

## 08 技術
**명** 기술

他の 国から 新しい 技術を 学んで きた。
다른 나라에서 새로운 기술을 배워 왔다.

## 09 国際
こくさい
**명** 국제

今回の 国際会議は 日本で 開かれるそうです。
이번 국제회의는 일본에서 열린다고 합니다.

## 10 国民
こくみん
**명** 국민

国民の ための 政治を して ほしい。
국민을 위한 정치를 해 주었으면 한다.

## 11 故障
こしょう
**명** **する** 고장

スマホが 故障して しまって 困って いる。
스마트폰이 고장 나 버려서 난처하다.
유 壊れる 고장 나다, 망가지다

## 12 字
じ
**명** 글자, 글씨

新聞の 字が 小さすぎて よく 見えない。
신문의 글자가 너무 작아서 잘 보이지 않는다.

## 정보 통신과 언론　DAY 09

**13　新聞社 (しんぶんしゃ)**
명 신문사

父は 新聞社で 働いて います。
아버지는 신문사에서 일하고 있습니다.

**14　政治 (せいじ)**
명 정치

政治の 話は 難しくて よく わかりません。
정치 이야기는 어려워서 잘 모르겠습니다.

**15　全体 (ぜんたい)**
명 전체

これから どうするか、クラス全体の 意見を 聞いて みます。
앞으로 어떻게 할지, 반 전체의 의견을 들어 보겠습니다.

유 全部(ぜんぶ) 전부

**16　地図 (ちず)**
명 지도

スマホで 地図が 見られて、とても 便利です。
스마트폰으로 지도를 볼 수 있어서 매우 편리합니다.

**17　電報 (でんぽう)**
명 전보

今から 電報を 打てば 今日中に 着くでしょう。
지금부터 전보를 치면 오늘 안으로 도착할 겁니다.

**18　番組 (ばんぐみ)**
명 방송 프로그램

料理番組を 見ながら 作り方を メモしました。
요리 프로그램을 보면서 만드는 법을 메모했습니다.

| | 19 ほうそう **放送** 명 する 방송 | 今日の 放送は いつもより 5分 早く 終わった。<br>오늘 방송은 평소보다 5분 빨리 끝났다. |
|---|---|---|
| | 20 ほうりつ **法律** 명 법률 | 国民は 法律を 守らなきゃ ならない。<br>국민은 법률을 지키지 않으면 안 된다. |
| | 21 りよう **利用** 명 する 이용 | この アプリを 利用すれば 近い 道を 調べられる。<br>이 앱을 이용하면 가까운 길을 찾을 수 있다. |
| | 22 りょうほう **両方** 명 양쪽 | まんがも 雑誌も 両方 好きです。<br>만화책도 잡지도 양쪽 다 좋아합니다. |
| | 23 るす **留守** 명 する 부재, 부재중 | 留守なのか、誰も 電話に 出ませんね。<br>부재중인 것인지, 아무도 전화를 받지 않네요.<br>➕ 留守番電話 부재중 전화, 자동 응답 전화 |
| | 24 いそ **急ぐ** 동 서두르다 | 好きな 番組が 始まる 時間だから、急いで 家に 帰った。<br>좋아하는 프로그램이 시작될 시간이라서 서둘러 집으로 돌아갔다. |

## 정보 통신과 언론  DAY 09

**25 送る** おく
동 보내다, (우편을) 부치다, 배웅하다

日本の 友だちに 手紙を 送りました。
일본 친구에게 편지를 보냈습니다.

---

**26 思う** おも
동 생각하다, 헤아리다, 상상하다

その 話は 嘘だと 思います。
그 이야기는 거짓이라고 생각합니다.
➕ 考える 생각하다, 사고하다, 고안하다

---

**27 決める** き
동 정하다, 결정하다

どの ドラマが 一番 面白いか、みんなで 相談して 一つを 決めました。
어떤 드라마가 가장 재미있는지 다 함께 상의하여 하나를 정했습니다.
자 決まる 결정되다, 정해지다

---

**28 調べる** しら
동 조사하다, 알아보다, 찾다

言葉の 意味を インターネットで 調べました。
말의 의미를 인터넷으로 알아보았습니다.

---

**29 伝える** つた
동 전하다, 전달하다

電車が 遅れて 到着が 遅く なると 伝えて ください。
전철이 늦어서 도착이 늦어진다고 전해 주세요.

---

**30 届く** とど
동 닿다, 배달되다, 도착하다, 도달하다

今日 荷物を 送ると 9日には 届きます。
오늘 짐을 보내면 9일에는 도착합니다.
타 届ける 닿게 하다, 배달하다

**Track 072**

| 31 とど 届ける 통 닿게 하다, 배달하다, 전하다 | ただいまから 今日の ニュースを お届けします。<br>지금부터 오늘의 뉴스를 전해 드리겠습니다.<br>자 届く 닿다, 배달되다, 도착하다 |
|---|---|
| 32 なお なお 直す・治す 통 고치다, 수리하다, 치료하다 | 今 使って いる パソコンが 故障して 直して もらった。<br>지금 쓰고 있는 컴퓨터가 고장 나서 수리받았다.<br>자 直る 고쳐지다   治る 낫다, 치료되다 |
| 33 はる 통 붙이다 | 壁に ポスターが はって あります。<br>벽에 포스터가 붙어 있습니다. |
| 34 ただ 正しい イ 옳다, 정확하다, 바르다, 맞다 | インターネットには 正しく ない ニュースも ある。<br>인터넷에는 정확하지 않은 뉴스도 있다. |
| 35 つまらない イ 재미없다, 시시하다 | 最近の テレビ番組は つまらなくて あまり 見ない。<br>요즘 TV 프로그램은 재미없어서 별로 보지 않는다.<br>반 面白い 재미있다 |
| 36 むり 無理 ナ 명 する 무리 | 今から 放送を 中止するのは 無理です。<br>이제부터 방송을 중지하는 것은 무리입니다.<br>あまり 無理しないで くださいね。<br>너무 무리하지 말아 주세요. |

정보 통신과 언론  253

## 확인 문제

**1** 해당 어휘의 읽는 법을 찾고 빈칸에 그 의미를 써 넣으세요.

| 보기 | 私 | ✓ わたし | ② あなた | 나, 저 |
|---|---|---|---|---|

(1) 字　　　① し　　　　② じ　　　　_____

(2) 国際　　① ごくさい　② こくさい　_____

(3) 正しい　① ただしい　② たたしい　_____

(4) 政治　　① せいじ　　② ぜいし　　_____

**2** 한국어 뜻을 참고하여 알맞은 단어를 보기 에서 골라 넣어 문장을 완성하세요.

(5) 壁(かべ)に ポスターが (　　　　) あります。
　　벽에 포스터가 붙어 있습니다.

(6) 今日(きょう) 荷物(にもつ)を 送(おく)ると 9日(ここのか)には (　　　　)。
　　오늘 짐을 보내면 9일에는 도착합니다.

(7) 最近(さいきん)の テレビ番組(ばんぐみ)は (　　　　) あまり 見(み)ない。
　　요즘 TV 프로그램은 재미없어서 별로 보지 않는다.

(8) (　　　　)なのか、誰(だれ)も 電話(でんわ)に 出(で)ませんね。
　　부재중인 것인지, 아무도 전화를 받지 않네요.

| 보기 | 留守(るす) | はって | 届(とど)きます | つまらなくて |
|---|---|---|---|---|

---

**정답**

(1) ② 글자, 글씨　(2) ② 국제　(3) ① 옳다, 정확하다, 바르다, 맞다　(4) ① 정치
(5) はって　(6) 届(とど)きます　(7) つまらなくて　(8) 留守(るす)

# 단어 퀴즈

❋ 단어를 보고 발음과 의미를 적어 보세요.

| 단어 | 발음 | 의미 |
|---|---|---|
| 私 | わたし | 나, 저 |
| 法律 | | |
| 送る | | |
| 両方 | | |
| 放送 | | |
| 番組 | | |
| 代わり | | |
| 意見 | | |
| 思う | | |
| 電報 | | |
| 伝える | | |
| 以外 | | |
| 調べる | | |
| 全体 | | |
| 故障 | | |
| 急ぐ | | |
| 届ける | | |
| 国民 | | |
| 無理 | | |
| 記者 | | |
| 地図 | | |

> 선을 따라 접으면 답을 확인할 수 있어요.

# 단어 퀴즈

✻ 한번 더 복습해 봅시다.

| 읽는 법과 뜻 | | 한자 | 발음 | 의미 |
|---|---|---|---|---|
| ☐ | わたし<br>나, 저 | 예 私 | わたし | 나, 저 |
| ☐ | ほうりつ<br>법률 | 法律 | | |
| ☐ | おくる<br>보내다, (우편을) 부치다 | 送る | | |
| ☐ | りょうほう<br>양쪽 | 両方 | | |
| ☐ | ほうそう<br>방송 | 放送 | | |
| ☐ | ばんぐみ<br>방송 프로그램 | 番組 | | |
| ☐ | かわり<br>대신, 대용 | 代わり | | |
| ☐ | いけん<br>의견 | 意見 | | |
| ☐ | おもう<br>생각하다, 헤아리다 | 思う | | |
| ☐ | でんぽう<br>전보 | 電報 | | |
| ☐ | つたえる<br>전하다, 전달하다 | 伝える | | |
| ☐ | いがい<br>이외, 그 밖 | 以外 | | |
| ☐ | しらべる<br>조사하다, 알아보다 | 調べる | | |
| ☐ | ぜんたい<br>전체 | 全体 | | |
| ☐ | こしょう<br>고장 | 故障 | | |
| ☐ | いそぐ<br>서두르다 | 急ぐ | | |
| ☐ | とどける<br>닿게 하다, 배달하다 | 届ける | | |
| ☐ | こくみん<br>국민 | 国民 | | |
| ☐ | むり<br>무리 | 無理 | | |
| ☐ | きしゃ<br>기자 | 記者 | | |
| ☐ | ちず<br>지도 | 地図 | | |

# 교통과 안전

음성 듣기

얼마나 알고 있나요?

## 사전 체크

| | | | |
|---|---|---|---|
| 01 行き方 | 02 運転 | 03 運転手 | 04 駅員 |
| 05 落とし物 | 06 汽車 | 07 急行 | 08 警察 |
| 09 原因 | 10 交差点 | 11 工事 | 12 交通 |
| 13 事故 | 14 自転車 | 15 自動車 | 16 線 |
| 17 戦争 | 18 注意 | 19 駐車 | 20 駐車場 |
| 21 通り | 22 特急 | 23 どろぼう | 24 乗り物 |
| 25 酔い | 26 列車 | 27 じゃま | 28 打つ |
| 29 落とす | 30 込む・混む | 31 転ぶ | 32 壊す |
| 33 建つ | 34 建てる | 35 捕まえる | 36 通る |
| 37 止まる | 38 止める | 39 取りかえる | 40 無くす |
| 41 盗む | 42 乗り換える | 43 ぶつかる | 44 踏む |
| 45 渡る | 46 割る | 47 安全 | 48 危険 |

## 교통과 안전 — DAY 10

**01 行き方・行き方** [명] 가는 방법

新宿駅に 行きたいんですが、行き方を 教えて ください。
신주쿠역에 가고 싶습니다만, 가는 법을 가르쳐 주세요.

**02 運転** [명] する 운전

雨の 日は 運転するのが 怖い。
비가 오는 날은 운전하기가 무섭다.

**03 運転手** [명] 운전 기사

タクシーの 運転手さんが とても 親切でした。
택시 운전 기사님이 매우 친절했습니다.

**04 駅員** [명] 역무원

どの 電車に 乗れば いいか 駅員に 聞いて みましょう。
어느 전철을 타면 되는지 역무원에게 물어봅시다.

**05 落とし物** [명] 분실물, 유실물

落とし物を したら 交番に 行きましょう。
물건을 분실했으면 파출소에 갑시다.
+ 落とし物を する 물건을 분실하다

**06 汽車** [명] 기차

今度の 旅行は 汽車を 利用する つもりです。
이번 여행은 기차를 이용할 생각입니다.

### 07 きゅうこう 急行
명 する 급행, 급행 열차

この 駅には 急行の 電車は 止まりません。
이 역에는 급행 전철은 서지(정차하지) 않습니다.

### 08 けいさつ 警察
명 경찰, '경찰서'의 준말

財布を 盗まれて 警察に 行きました。
지갑을 도둑맞아서 경찰서에 갔습니다.

### 09 げんいん 原因
명 원인

今 警察が 火事の 原因を 調べて いる。
지금 경찰이 화재 원인을 조사하고 있다.

### 10 こうさてん 交差点
명 교차로, 사거리

次の 交差点で 右に 曲がって ください。
다음 사거리에서 오른쪽으로 돌아 주세요.

### 11 こうじ 工事
명 する 공사

あそこは 今 工事を して いて 通れません。
저기는 지금 공사를 하고 있어서 지나갈 수 없습니다.

### 12 こうつう 交通
명 교통

駅の 前で 交通安全の ための イベントを して います。
역 앞에서 교통안전을 위한 이벤트를 하고 있습니다.

**교통과 안전** — DAY 10

---

**13 事故** じこ
명 사고

車の 事故を 見てから、運転するのが 怖く なった。
차 사고를 본 이후부터 운전하는 것이 무서워졌다.

➕ 交通事故 (こうつうじこ) 교통사고

---

**14 自転車** じてんしゃ
명 자전거

高校には 自転車で 通って いる。
고등학교에는 자전거로 다니고 있다.

---

**15 自動車** じどうしゃ
명 자동차

この 道は 自動車は 入る ことが できません。
이 길은 자동차는 들어갈(올) 수 없습니다.

---

**16 線** せん
명 선, 줄, (전철 등의) 노선

やまのて線は どこで 乗れば いいですか。
야마노테선은 어디에서 타면 되나요?

---

**17 戦争** せんそう
명 する 전쟁

ここで 昔 大きい 戦争が あったが、今は 空港に なって いる。
여기에서 옛날에 큰 전쟁이 있었지만, 지금은 공항이 되어 있다.

---

**18 注意** ちゅうい
명 する 주의, 조심

横断歩道を 渡る 時は 車に 注意して ください。
횡단보도를 건널 때는 자동차에 주의해 주세요.

유 気を つける 조심하다, 주의하다

## 19 ちゅうしゃ
### 駐車
**명** **する** 주차

デパートに 駐車してから 食事に 行きました。
백화점에 주차한 후에 식사를 하러 갔습니다.

## 20 ちゅうしゃじょう
### 駐車場
**명** 주차장

駅の 前には 誰でも 利用できる 駐車場が あります。
역 앞에는 누구나 이용할 수 있는 주차장이 있습니다.

## 21 とお
### 通り
**명** 길, 거리, 도로

駅前の 通りが 広く なって 便利です。
역 앞 거리가 넓어져서 편리합니다.

## 22 とっきゅう
### 特急
**명** 특급, '특급 열차'의 준말

特急列車に 乗ると、会社まで 5分で 着きます。
특급 열차를 타면 회사까지 5분이면 도착합니다.

## 23
### どろぼう
**명** **する** 도둑질, 도둑

どろぼうに お金を 盗まれた。
도둑에게 돈을 도둑맞았다.

## 24 の もの
### 乗り物
**명** 탈것, 교통수단

ディズニーランドには いろいろな 乗り物が ありました。
디즈니랜드에는 다양한 탈것이(놀이기구가) 있었습니다.

## 교통과 안전　DAY 10

**25　酔い**
명 취함, 취기, 멀미

子どもの 頃から 乗り物酔いが ひどくて 船には 乗れない。
어릴 때부터 멀미가 심해서 배에는 타지 못한다.

**26　列車(れっしゃ)**
명 열차

観光列車で 全国を 旅行するのは 楽しいです。
관광 열차로 전국을 여행하는 것은 즐겁습니다.

**27　じゃま**
명 ナ する 방해, 장애, 훼방

駐車して いる 車が じゃまに なって 人が 通れない。
주차한 차가 방해가 되어 사람이 지나갈 수 없다.

**28　打つ(うつ)**
동 치다, 두드리다, 때리다

昨日 自転車から 落ちて 頭を 打った。
어제 자전거에서 떨어져서 머리를 부딪쳤다.

＋ 頭を 打つ 머리를 부딪치다

**29　落とす(おとす)**
동 떨어뜨리다, (물건을) 분실하다

公園で 財布を 落として しまった。
공원에서 지갑을 잃어버리고 말았다.

차 落ちる 떨어지다

**30　込む・混む(こむ)**
동 혼잡하다, 붐비다

道が 込んで いるので 電車で 行きましょう。
길이 막히니까 전철로 갑시다.

**31 転ぶ** ころぶ
통 구르다, 넘어지다

階段で 転んで 足を けがした。
계단에서 굴러서 다리를 다쳤다.

---

**32 壊す** こわす
통 부수다, 고장 내다

子どもが パソコンを 壊して しまった。
아이가 컴퓨터를 고장 내 버렸다.

자 壊れる 망가지다, 고장 나다

---

**33 建つ** たつ
통 (건물이) 세워지다

ここに 来年、日本で 一番 高い ビルが 建ちます。
여기에 내년에 일본에서 가장 높은 빌딩이 세워집니다.

타 建てる (건물을) 세우다, 건축하다

---

**34 建てる** たてる
통 (건물을) 세우다, 건축하다

学校が あった 場所に 病院を 建てる そうです。
학교가 있던 장소에 병원을 짓는다고 합니다.

자 建つ (건물이) 세워지다

---

**35 捕まえる** つかまえる
통 붙잡다, 붙들다, 체포하다

警察が どろぼうを 捕まえた。
경찰이 도둑을 붙잡았다.

窓から 入って きた 虫を 捕まえました。
창문에서 들어온 벌레를 잡았습니다.

---

**36 通る** とおる
통 통과하다, 지나가다

私は 毎朝 公園の 前を 通って 学校に 行く。
나는 매일 아침 공원 앞을 지나서 학교에 간다.

교통과 안전 263

## 교통과 안전 — DAY 10

**37 止まる** (と)
동 멈추다, 정지하다

横断歩道の 前で 車が 止まった。
횡단보도 앞에서 차가 멈추었다.

타 止める 세우다, 정지시키다

---

**38 止める** (と)
동 세우다, 정지시키다

子どもが 道を 渡って いるのを 見て、車を 止めました。
아이가 길을 건너고 있는 것을 보고 차를 세웠습니다.

자 止まる 멈추다, 정지하다

---

**39 取りかえる** (と)
동 교체하다, 바꾸다, 교환하다

タイヤが 古く なったので 新しい 物に 取りかえた。
타이어가 오래돼서 새것으로 교체했다.

---

**40 無くす** (な)
동 없애다, 잃다

かばんと ケータイを 無くしたと 思って びっくりした。
가방과 휴대 전화를 잃어버렸다고 생각해서 깜짝 놀랐다.

자 無くなる 없어지다, 분실되다

---

**41 盗む** (ぬす)
동 훔치다

人の 物を 盗んでは いけない。
다른 사람의 물건을 훔쳐서는 안 된다.

---

**42 乗り換える・乗り替える** (の か)
동 갈아타다, 환승하다

東京駅は 道が 複雑で 乗り換えるのが 大変です。
도쿄역은 길이 복잡해서 환승하는 것이 힘듭니다.

+ 乗り換え・乗り替え 환승, 갈아탐

### 43
**ぶつかる**
- 동 부딪치다, 충돌하다

昨日、車と 自転車が ぶつかる 事故が ありました。
어제 차와 자전거가 부딪치는 사고가 있었습니다.

### 44
**踏む** (ふむ)
- 동 밟다

電車の 中で 人の 足を 踏んで しまった。
전철 안에서 다른 사람의 발을 밟고 말았다.

### 45
**渡る** (わたる)
- 동 건너다

この 横断歩道を 渡ると 左側に 郵便局が あります。
이 횡단보도를 건너면 왼쪽에 우체국이 있습니다.

### 46
**割る** (わる)
- 동 깨뜨리다, 나누다

お母さんが 大事に して いた お皿を 割って しまった。
어머니가 소중하게 여기고 있던 접시를 깨고 말았다.
- 자 割れる 깨지다

### 47
**安全** (あんぜん)
- ナ 명 안전

地震が 起きたら 建物の 中に いる 方が 安全です。
지진이 나면 건물 안에 있는 편이 안전합니다.
- 반 危険 위험　危ない 위험하다

### 48
**危険** (きけん)
- ナ 명 위험

この 山の 道は 危険な カーブが 多いです。
이 산길은 위험한 커브가 많습니다.
- 반 安全 안전
- 유 危ない 위험하다

교통과 안전

# 확인 문제

**1** 해당 어휘의 읽는 법을 찾고 빈칸에 그 의미를 써 넣으세요.

| 보기 | 私 | ☑ わたし | ② あなた | 나, 저 |
|---|---|---|---|---|

- (1) 線　　　① ぜん　　　② せん　　　_____
- (2) 汽車　　① ぎしゃ　　② きしゃ　　_____
- (3) 駐車場　① ちゅしゃじょ　② ちゅうしゃじょう　_____
- (4) 盗む　　① ぬすむ　　② ふむ　　_____

**2** 한국어 뜻을 참고하여 알맞은 단어를 보기에서 골라 넣어 문장을 완성하세요.

- (5) 今 警察が 火事の (　　　　)を 調べて いる。
  지금 경찰이 화재 원인을 조사하고 있다.

- (6) この 駅には (　　　　)の 電車は 止まりません。
  이 역에는 급행 전철은 서지(정차하지) 않습니다.

- (7) ディズニーランドには いろいろな (　　　　)が ありました。
  디즈니랜드에는 다양한 탈것이(놀이기구가) 있었습니다.

- (8) 東京駅は 道が 複雑で (　　　　)のが 大変です。
  도쿄역은 길이 복잡해서 환승하는 것이 힘듭니다.

| 보기 | 乗り物 | 乗り換える | 原因 | 急行 |
|---|---|---|---|---|

---

**정답**

(1) ② 선, 줄, (전철 등의) 노선　(2) ② 기차　(3) ② 주차장　(4) ① 훔치다
(5) 原因(げんいん)　(6) 急行(きゅうこう)　(7) 乗(の)り物(もの)　(8) 乗(の)り換(か)える・乗(の)り替(か)える

# 단어 퀴즈

❋ 단어를 보고 발음과 의미를 적어 보세요.

| 단어 | 발음 | 의미 |
|---|---|---|
| 私 | わたし | 나, 저 |
| 安全 | | |
| 危険 | | |
| 無くす | | |
| 事故 | | |
| 自転車 | | |
| 捕まえる | | |
| 注意 | | |
| 自動車 | | |
| 交通 | | |
| 踏む | | |
| 渡る | | |
| 酔い | | |
| 線 | | |
| 建てる | | |
| 列車 | | |
| 運転 | | |
| 壊す | | |
| 落とし物 | | |
| 交差点 | | |
| 駅員 | | |

📖 순서 따라 접으면 단어를 확인할 수 있어요.

## 단어 퀴즈

❋ 한번 더 복습해 봅시다.

| 읽는 법과 뜻 | | 한자 | 발음 | 의미 |
|---|---|---|---|---|
| ☐ | わたし<br>나, 저 | 예 私 | わたし | 나, 저 |
| ☐ | あんぜん<br>안전 | 安全 | | |
| ☐ | きけん<br>위험 | 危険 | | |
| ☐ | なくす<br>없애다, 잃다 | 無くす | | |
| ☐ | じこ<br>사고 | 事故 | | |
| ☐ | じてんしゃ<br>자전거 | 自転車 | | |
| ☐ | つかまえる<br>붙잡다, 붙들다 | 捕まえる | | |
| ☐ | ちゅうい<br>주의, 조심 | 注意 | | |
| ☐ | じどうしゃ<br>자동차 | 自動車 | | |
| ☐ | こうつう<br>교통 | 交通 | | |
| ☐ | ふむ<br>밟다 | 踏む | | |
| ☐ | わたる<br>건너다 | 渡る | | |
| ☐ | よい<br>취함, 취기, 멀미 | 酔い | | |
| ☐ | せん<br>선, (전철 등의) 노선 | 線 | | |
| ☐ | たてる<br>세우다, 건축하다 | 建てる | | |
| ☐ | れっしゃ<br>열차 | 列車 | | |
| ☐ | うんてん<br>운전 | 運転 | | |
| ☐ | こわす<br>부수다, 고장 내다 | 壊す | | |
| ☐ | おとしもの<br>분실물, 유실물 | 落とし物 | | |
| ☐ | こうさてん<br>교차로, 사거리 | 交差点 | | |
| ☐ | えきいん<br>역무원 | 駅員 | | |

## 독해 연습

### 挨拶ことばの意味

私たちは 起きてから 夜寝るまで、毎日の 生活の 中で 何度も あいさつを したり されたりする。それは 習慣でも あるし、人との 関係を うまく 作って いくための ものでも ある。プレゼントを もらったり、親切に された 時は 感謝の 言葉を かける。または、親しい 気持ちを こめて 丁寧な 言葉を 使う。時には 自分の 間違いを 謝ることで、相手との 関係を 良く しようと する。長い 歴史の 中で 作られて きた それらの 言葉を 身に つける ことが、社会の 中で 私たちが 大人に なる ことだとも 言えるだろう。どんな 言葉を どうやって 選んで 使うのか。私たちは まわりの 人たちを 見ながら それを 学んで いく。

### 해석

### 인삿말의 의미

우리들은 일어나서 밤에 잠들기까지, 매일의 생활 속에서 몇 번이고 인사를 하거나 받거나 한다. 그것은 습관이기도 하고, 타인과의 관계를 잘 만들어 가기 위한 것이기도 하다. 선물을 받거나 친절하게 대해졌을 때는 감사의 말을 건넨다. 혹은, 친한 마음을 담아 공손한 말을 쓴다. 때로는 자신의 잘못을 사과함으로써, 상대와의 관계를 좋게 하려고 한다. 긴 역사 속에서 만들어져 온 그러한 말들을 몸에 익히는 것이, 사회 속에서 우리들이 어른이 되는 것이라고도 말할 수 있을 것이다. 어떤 말을 어떻게 선택하여 사용하는가. 우리들은 주변 사람들을 보면서 그것을 배워 나간다.

MEMO

# 여행·공연·문화

음성듣기

얼마나 알고 있나요?

**사전 체크**

- ☐ 01 案内
- ☐ 02 田舎
- ☐ 03 受付
- ☐ 04 お土産
- ☐ 05 会場
- ☐ 06 観光
- ☐ 07 帰国
- ☐ 08 空港
- ☐ 09 計画
- ☐ 10 経験
- ☐ 11 見物
- ☐ 12 作品
- ☐ 13 自由
- ☐ 14 出発
- ☐ 15 準備
- ☐ 16 人口
- ☐ 17 神社
- ☐ 18 西洋
- ☐ 19 世界
- ☐ 20 世界中
- ☐ 21 席
- ☐ 22 全国
- ☐ 23 大使館
- ☐ 24 楽しみ
- ☐ 25 展覧会
- ☐ 26 都会
- ☐ 27 荷物
- ☐ 28 人気
- ☐ 29 花見
- ☐ 30 祭り
- ☐ 31 窓口
- ☐ 32 港
- ☐ 33 旅館
- ☐ 34 写す
- ☐ 35 触る
- ☐ 36 着く
- ☐ 37 泊まる
- ☐ 38 泊める
- ☐ 39 増える
- ☐ 40 回る
- ☐ 41 怖い
- ☐ 42 珍しい

## 여행·공연·문화  DAY 11

**01 あんない 案内** 명 する 안내
大学の 中を 先輩が 案内して くれました。
대학교 안을 선배가 안내해 주었습니다.

**02 いなか 田舎** 명 시골
田舎は 静かで 空気が きれいだ。
시골은 조용하고 공기가 깨끗하다.

**03 うけつけ 受付** 명 접수, 접수처
受付の 人に 自分の 席が どこか 聞きました。
접수처 사람에게 내 자리가 어디인지 물었습니다.

**04 みやげ お土産** 명 선물, 기념품
会社の 人たちに 上げる お土産を 買った。
회사 사람들에게 줄 기념품을 샀다.

**05 かいじょう 会場** 명 회장, 행사장
イベント会場で アルバイトを して います。
이벤트 회장에서 아르바이트를 하고 있습니다.

**06 かんこう 観光** 명 する 관광
観光の ために 日本へ 来ました。
관광을 위해서 일본에 왔습니다.

**07 きこく 帰国** 명 する 귀국
3か月間の 旅行が 終わり、明日 帰国する。
3개월간의 여행이 끝나고, 내일 귀국한다.

## 08 くうこう 空港
**명** 공항

空港が 広すぎて どこに 行けば いいか わからない。
공항이 너무 넓어서 어디로 가면 좋을지 모르겠다.

## 09 けいかく 計画
**명 する** 계획

みんなと 一緒に バーベキューパーティーを 計画して いる。
다 함께 바비큐 파티를 계획하고 있다.

## 10 けいけん 経験
**명 する** 경험

今年の 夏に 行った 旅行は とても いい 経験に なりました。
올 여름에 갔던 여행은 매우 좋은 경험이 되었습니다.

## 11 けんぶつ 見物
**명 する** 구경

お寺には 昔の 建物を 見物する 人が いっぱい いました。
절에는 옛 건물을 구경하는 사람이 가득 있었습니다.

## 12 さくひん 作品
**명** 작품

ここに ある 作品は 全部 有名な 物ばかりです。
여기에 있는 작품은 전부 유명한 것뿐입니다.

## 13 じゆう 自由
**명 ナ** 자유

今から 3時までは 自由に 見物して ください。
지금부터 세 시까지는 자유롭게 구경해 주세요.

## 14 しゅっぱつ 出発
**명 する** 출발

9時 20分に 出発する 飛行機を 予約しました。
9시 20분에 출발하는 비행기를 예약했습니다.

여행·공연·문화

## 여행·공연·문화 　DAY 11

**15 準備** (じゅんび)
[명] [する] 준비

帰ってから 旅行の 準備を する つもりです。
귀가 후에 여행 준비를 할 생각입니다.

유 仕度(したく) 준비, 채비　　用意(ようい) 준비

---

**16 人口** (じんこう)
[명] 인구

人口の 少ない 田舎に 旅行するのが 好きです。
인구가 적은 시골로 여행 가는 것을 좋아합니다.

---

**17 神社** (じんじゃ)
[명] 신사

お正月は 家族 みんなで 神社に 行きます。
설에는 가족이 다 함께 신사에 갑니다.

＋ 寺(てら) 절

---

**18 西洋** (せいよう)
[명] 서양

フランスで 西洋美術を 勉強しました。
프랑스에서 서양 미술을 공부했습니다.

반 東洋(とうよう) 동양

---

**19 世界** (せかい)
[명] 세계

この 国には 世界で 一番 古い 建物が ある。
이 나라에는 세계에서 가장 오래된 건물이 있다.

---

**20 世界中** (せかいじゅう)
[명] 전 세계

いつか 一人で 世界中を 旅行したい。
언젠가 혼자서 전 세계를 여행하고 싶다.

---

**21 席** (せき)
[명] 자리, 좌석

空いて いる 席が なくて コンサートに 行けませんでした。
비어 있는 자리가 없어서 콘서트에 가지 못했습니다.

## 22 全国 (ぜんこく)
명 전국

今 日本 全国で 桜の 花が 咲いて いる。
지금 일본 전국에서 벚꽃이 피어 있다.

## 23 大使館 (たいしかん)
명 대사관

姉は 日本に ある 韓国大使館で 働いて います。
언니(누나)는 일본에 있는 한국 대사관에서 일하고 있습니다.

## 24 楽しみ (たの)
명 ナ 즐거움, 기대, 낙

また 会う 日を 楽しみに して います。
다시 만날 날을 기대하고 있겠습니다.

+ 楽しみに する 기대하다

## 25 展覧会 (てんらんかい)
명 전람회

この 展覧会は 今週末までです。
이 전람회는 이번 주말까지입니다.

## 26 都会 (とかい)
명 도회, 도시

どの 国に 行っても 都会は 明るくて にぎやか でした。
어느 나라에 가도 도시는 밝고 활기찼습니다.

## 27 荷物 (にもつ)
명 짐, 화물

荷物が 多いから ホテルまでは タクシーで 行きましょう。
짐이 많으니까 호텔까지는 택시로 갑시다.

## 28 人気 (にんき)
명 인기

この 歌手は 高校生に 人気が あります。
이 가수는 고등학생에게 인기가 있습니다.

## 여행·공연·문화 — DAY 11

**29 花見 (はなみ)** 명 꽃구경, 꽃놀이
毎年 この 公園で お花見を する。
매년 이 공원에서 꽃구경을 한다.

**30 祭り (まつり)** 명 축제
金曜日から 3日間、お祭りが あります。
금요일부터 3일간 축제가 있습니다.

**31 窓口 (まどぐち)** 명 창구
チケットは あそこの 窓口で 買う ことが できます。
표는 저기의 창구에서 살 수 있습니다.

**32 港 (みなと)** 명 항구
港で 見た きれいな 景色が 忘れられない。
항구에서 본 예쁜 경치가 잊혀지지 않는다.

**33 旅館 (りょかん)** 명 료칸(일본 전통 숙박 시설)
ホテルではなくて 旅館を 予約しました。
호텔이 아닌 료칸을 예약했습니다.

**34 写す (うつす)** 동 베끼다, 묘사하다, (사진을) 찍다
旅行で 写した 写真を みんなに 送りました。
여행에서 찍은 사진을 모두에게 보냈습니다.
차 写る (사진에) 찍히다

**35 触る (さわる)** 동 만지다, 손대다
美術館の 中の 作品には 触らないで ください。
미술관 안의 작품에는 손대지 말아 주십시오.

## 36 着く
つく
동 도착하다

この 飛行機は 3時半に 成田空港に 着く 予定です。
이 비행기는 3시 반에 나리타 공항에 도착할 예정입니다.

## 37 泊まる
と
동 묵다, 숙박하다

2つの 部屋に 3人ずつ 泊まる ことに しました。
두 개의 방에 세 명씩 묵기로 했습니다.

타 泊める 묵게 하다, 숙박시키다

## 38 泊める
と
동 묵게 하다, 숙박시키다

東京では 友だちの 家に 泊めて もらいました。
도쿄에서는 친구 집에서 묵었습니다.

자 泊まる 묵다, 숙박하다

## 39 増える
ふ
동 늘어나다, 증가하다

正月休みに 旅行に 行く 人が 増えて いる。
설 휴가 때 여행을 가는 사람이 늘고 있다.

## 40 回る
まわ
동 돌다

夏休みは 船で 九州を 回ります。
여름휴가는 배로 규슈를 돌 것입니다.

## 41 怖い
こわ
イ 무섭다, 두렵다

怖い 映画を 見て 眠れなく なった。
무서운 영화를 봐서 잠을 잘 수 없게 되었다.

## 42 珍しい
めずら
イ 드물다, 희귀하다, 진귀하다

外国には 珍しい 食べ物が たくさん ある。
외국에는 진귀한 음식이 많이 있다.

## 확인 문제

**1** 해당 어휘의 읽는 법을 찾고 빈칸에 그 의미를 써 넣으세요.

| 보기 | 私 | ☑ わたし | ② あなた | 나, 저 |
|---|---|---|---|---|

(1) 自由　　① じゆう　　② じゆ　　_____

(2) 準備　　① じゅんび　② じゅうんび　_____

(3) 受付　　① うけつけ　② うけづけ　_____

(4) 珍しい　① あたらしい　② めずらしい　_____

**2** 한국어 뜻을 참고하여 알맞은 단어를 보기 에서 골라 넣어 문장을 완성하세요.

(5) 9時 20分に (　　　　　)する 飛行機を 予約しました。
　　9시 20분에 출발하는 비행기를 예약했습니다.

(6) また 会う 日を (　　　　　)に して います。
　　다시 만날 날을 기대하고 있겠습니다.

(7) 東京では 友だちの 家に (　　　　　) もらいました。
　　도쿄에서는 친구 집에서 묵었습니다.

(8) 会社の 人たちに 上げる (　　　　　)を 買った。
　　회사 사람들에게 줄 기념품을 샀다.

| 보기 | 楽しみ | お土産 | 出発 | 泊めて |
|---|---|---|---|---|

**정답**
(1) ① 자유　(2) ① 준비　(3) ① 접수, 접수처　(4) ② 드물다, 희귀하다, 진귀하다
(5) 出発(しゅっぱつ)　(6) 楽(たの)しみ　(7) 泊(と)めて　(8) お土産(みやげ)

## 단어 퀴즈

✤ 단어를 보고 발음과 의미를 적어 보세요.

| 단어 | 발음 | 의미 |
|---|---|---|
| 私 | わたし | 나, 저 |
| 大使館 | | |
| 窓口 | | |
| 空港 | | |
| 花見 | | |
| 田舎 | | |
| 回る | | |
| 触る | | |
| 増える | | |
| 旅館 | | |
| 見物 | | |
| 神社 | | |
| 世界中 | | |
| 着く | | |
| 案内 | | |
| 会場 | | |
| 泊まる | | |
| 怖い | | |
| 荷物 | | |
| 祭り | | |
| 港 | | |

📖 선을 따라 접으면 답을 확인할 수 있어요.

# 단어 퀴즈

❋ 한번 더 복습해 봅시다.

| 읽는 법과 뜻 | | 한자 | 발음 | 의미 |
|---|---|---|---|---|
| ☐ | わたし<br>나, 저 | 예 私 | わたし | 나, 저 |
| ☐ | たいしかん<br>대사관 | 大使館 | | |
| ☐ | まどぐち<br>창구 | 窓口 | | |
| ☐ | くうこう<br>공항 | 空港 | | |
| ☐ | はなみ<br>꽃구경, 꽃놀이 | 花見 | | |
| ☐ | いなか<br>시골 | 田舎 | | |
| ☐ | まわる<br>돌다 | 回る | | |
| ☐ | さわる<br>만지다, 손대다 | 触る | | |
| ☐ | ふえる<br>늘어나다, 증가하다 | 増える | | |
| ☐ | りょかん<br>료칸 | 旅館 | | |
| ☐ | けんぶつ<br>구경 | 見物 | | |
| ☐ | じんじゃ<br>신사 | 神社 | | |
| ☐ | せかいじゅう<br>전 세계 | 世界中 | | |
| ☐ | つく<br>도착하다 | 着く | | |
| ☐ | あんない<br>안내 | 案内 | | |
| ☐ | かいじょう<br>회장, 행사장 | 会場 | | |
| ☐ | とまる<br>묵다, 숙박하다 | 泊まる | | |
| ☐ | こわい<br>무섭다, 두렵다 | 怖い | | |
| ☐ | にもつ<br>짐, 화물 | 荷物 | | |
| ☐ | まつり<br>축제 | 祭り | | |
| ☐ | みなと<br>항구 | 港 | | |

# DAY 12
# 취미와 운동

음성듣기

얼마나 알고 있나요?

**사전 체크**

- ☐ 01 運動
- ☐ 02 映画
- ☐ 03 歌手
- ☐ 04 興味
- ☐ 05 試合
- ☐ 06 柔道
- ☐ 07 小説
- ☐ 08 水泳
- ☐ 09 選手
- ☐ 10 中止
- ☐ 11 場合
- ☐ 12 美術館
- ☐ 13 文化
- ☐ 14 文学
- ☐ 15 本屋
- ☐ 16 まんが
- ☐ 17 集まる
- ☐ 18 集める
- ☐ 19 踊る
- ☐ 20 勝つ
- ☐ 21 続ける
- ☐ 22 釣る
- ☐ 23 つれる
- ☐ 24 投げる
- ☐ 25 眠る
- ☐ 26 走る
- ☐ 27 負ける
- ☐ 28 仕方ない

## 취미와 운동  DAY 12

**01 運動** うんどう
명 する 운동

日曜日の 朝は いつも 公園で 運動します。
일요일 아침에는 언제나 공원에서 운동합니다.
➕ 運動会 운동회

**02 映画** えいが
명 영화

毎月 1日は 誰でも 安く 映画が 見られる。
매달 1일은 누구라도 저렴하게 영화를 볼 수 있다.

**03 歌手** かしゅ
명 가수

壁に 好きな 歌手の ポスターを はった。
벽에 좋아하는 가수의 포스터를 붙였다.

**04 興味** きょうみ
명 흥미, 관심

子どもの 頃から まんがや アニメに 興味が あった。
어릴 때부터 만화나 애니메이션에 관심이 있었다.

**05 試合** しあい
명 する 시합, 경기

今日の 2時に サッカーの 試合が あります。
오늘 두 시에 축구 시합이 있습니다.

**06 柔道** じゅうどう
명 유도

兄は 大学時代まで 柔道の 選手でした。
오빠는(형은) 대학 시절까지 유도 선수였습니다.

**07 小説** しょうせつ
명 소설

本を 読むのが 好きで、特に 小説を よく 読みます。
책을 읽는 것을 좋아하고, 특히 소설을 자주 읽습니다.

## 08
すいえい
**水泳**
명 する 수영

毎週 火曜日に **水泳**教室に 通って います。
매주 화요일에 수영 교실에 다니고 있습니다.

유 泳ぐ 헤엄치다

## 09
せんしゅ
**選手**
명 선수

スポーツ**選手**は 毎日 練習を やり続けます。
스포츠 선수는 매일 연습을 계속합니다.

## 10
ちゅうし
**中止**
명 する 중지, 취소

雨が 降って きて 試合が **中止**に なりました。
비가 오기 시작해서 시합이 중지되었습니다.

## 11
ばあい
**場合**
명 경우

練習を して いると、けがを する **場合**も あります。
연습을 하고 있으면 부상을 입는 경우도 있습니다.

## 12
びじゅつかん
**美術館**
명 미술관

毎月 1回は **美術館**に 行きます。
매월 한 번은 미술관에 갑니다.

## 13
ぶんか
**文化**
명 문화

日本に いても 外国の **文化**を 学ぶ ことが できます。
일본에 있어도 외국 문화를 배울 수 있습니다.

유 カルチャー 문화

## 14
ぶんがく
**文学**
명 문학

大学で 日本の 文化や **文学**を 勉強して いる。
대학에서 일본 문화나 문학을 공부하고 있다.

## 취미와 운동  DAY 12

**15 本屋** (ほんや)
명 서점

学校の 帰りに 本屋に 寄りました。
학교 귀갓길에 서점에 들렀습니다.

**16 まんが**
명 만화

この まんがは 友だちから 借りた 物です。
이 만화는(만화책은) 친구에게 빌린 것입니다.

**17 集まる** (あつまる)
동 모이다

毎週 1回 集まって サッカーの 練習を します。
매주 한 번 모여서 축구 연습을 합니다.

타 集める 모으다, 걷다

**18 集める** (あつめる)
동 모으다, 걷다

趣味で 集めた 切手を 全部 捨てる ことに した。
취미로 모았던 우표를 모두 버리기로 했다.

자 集まる 모이다

**19 踊る** (おどる)
동 춤추다

公園で 音楽を 聞きながら 踊って いる 学生たちを 見ました。
공원에서 음악을 들으며 춤추고 있는 학생들을 보았습니다.

유 踊り 춤   ダンス 댄스, 춤

**20 勝つ** (かつ)
동 이기다, 승리하다

試合に 勝つために 練習を がんばりましょう。
시합에 이기기 위해 연습을 열심히 합시다.

반 負ける 지다

**21 続ける** (つづける)
동 계속하다

私は ピアノを 15年 続けて いる。
나는 피아노를 15년간 계속하고 있다.

자 続く 계속되다, 지속되다

| | | |
|---|---|---|
| ☐ | **22**<br>つ<br>**釣る**<br>동 낚다, (낚시로) 잡다 | 海で 釣った 魚を 料理して 食べた。<br>바다에서 잡은 물고기를 요리해서 먹었다. |
| ☐ | **23**<br>**つれる**<br>동 데리고 가(오)다,<br>동반하다, 동행하다 | 彼は いつも 犬を つれて 散歩する。<br>그는 항상 개를 데리고 산책한다. |
| ☐ | **24**<br>な<br>**投げる**<br>동 던지다 | 友だちと ボールを 遠くまで 投げる 練習を しました。<br>친구와 공을 멀리까지 던지는 연습을 했습니다. |
| ☐ | **25**<br>ねむ<br>**眠る**<br>동 자다, 잠들다 | 運動して 疲れたので、家に 帰って 眠る ことに した。<br>운동을 해서 피곤했기 때문에 집에 돌아가서 자기로 했다.<br>유 寝る 자다 |
| ☐ | **26**<br>はし<br>**走る**<br>동 달리다 | 毎朝 30分ずつ 公園を 走って います。<br>매일 아침 30분씩 공원을 달리고 있습니다. |
| ☐ | **27**<br>ま<br>**負ける**<br>동 지다, 패하다 | 試合は 勝つ ことも 負ける ことも ある。<br>시합은 이길 때도 질 때도 있다.<br>반 勝つ 이기다 |
| ☐ | **28**<br>しかた<br>**仕方ない**<br>イ 어쩔 수 없다 | 一生懸命 練習して 負けるのは 仕方ない。<br>열심히 연습했는데도 지는 것은 어쩔 수 없다. |

## 확인 문제

**1** 해당 어휘의 읽는 법을 찾고 빈칸에 그 의미를 써 넣으세요.

| 보기 | 私 | ☑ わたし | ② あなた | 나, 저 |

(1) 歌手 　① かしゅう　② かしゅ　 _____
(2) 中止 　① ちゅうし　② じゅうし　 _____
(3) 勝つ 　① かつ　　　② まつ　　　 _____
(4) 踊る 　① とおる　　② おどる　　 _____

**2** 한국어 뜻을 참고하여 알맞은 단어를 보기에서 골라 넣어 문장을 완성하세요.

(5) 本を 読むのが 好きで、特に (　　　　)を よく 読みます。
책을 읽는 것을 좋아하고, 특히 소설을 자주 읽습니다.

(6) この (　　　　)は 友だちから 借りた 物です。
이 만화는(만화책은) 친구에게 빌린 것입니다.

(7) 彼は いつも 犬を (　　　　) 散歩する。
그는 항상 개를 데리고 산책한다.

(8) 私は ピアノを 15年 (　　　　) いる。
나는 피아노를 15년간 계속하고 있다.

| 보기 | 続けて | 小説 | まんが | つれて |

**정답**

(1) ② 가수　(2) ① 중지, 취소　(3) ① 이기다, 승리하다　(4) ② 춤추다
(5) 小説(しょうせつ)　(6) まんが　(7) つれて　(8) 続(つづ)けて

# 단어 퀴즈

✽ 단어를 보고 발음과 의미를 적어 보세요.

| 단어 | 발음 | 의미 |
|---|---|---|
| 私 | わたし | 나, 저 |
| 柔道 | | |
| 場合 | | |
| 釣る | | |
| 走る | | |
| 水泳 | | |
| 選手 | | |
| 負ける | | |
| 集める | | |
| 興味 | | |
| 試合 | | |
| 映画 | | |
| 美術館 | | |
| 投げる | | |
| 運動 | | |
| 文学 | | |
| 眠る | | |
| 本屋 | | |
| 集まる | | |
| 仕方ない | | |
| 文化 | | |

📖 셀로판지를 따라 접으면 답을 확인할 수 있어요.

## 단어 퀴즈

✿ 한번 더 복습해 봅시다.

| 읽는 법과 뜻 | | 한자 | 발음 | 의미 |
|---|---|---|---|---|
| ☐ | わたし<br>나, 저 | 예 私 | わたし | 나, 저 |
| ☐ | じゅうどう<br>유도 | 柔道 | | |
| ☐ | ばあい<br>경우 | 場合 | | |
| ☐ | つる<br>낚다 | 釣る | | |
| ☐ | はしる<br>달리다 | 走る | | |
| ☐ | すいえい<br>수영 | 水泳 | | |
| ☐ | せんしゅ<br>선수 | 選手 | | |
| ☐ | まける<br>지다, 패하다 | 負ける | | |
| ☐ | あつめる<br>모으다, 걷다 | 集める | | |
| ☐ | きょうみ<br>흥미, 관심 | 興味 | | |
| ☐ | しあい<br>시합, 경기 | 試合 | | |
| ☐ | えいが<br>영화 | 映画 | | |
| ☐ | びじゅつかん<br>미술관 | 美術館 | | |
| ☐ | なげる<br>던지다 | 投げる | | |
| ☐ | うんどう<br>운동 | 運動 | | |
| ☐ | ぶんがく<br>문학 | 文学 | | |
| ☐ | ねむる<br>자다, 잠들다 | 眠る | | |
| ☐ | ほんや<br>서점 | 本屋 | | |
| ☐ | あつまる<br>모이다 | 集まる | | |
| ☐ | しかたない<br>어쩔 수 없다 | 仕方ない | | |
| ☐ | ぶんか<br>문화 | 文化 | | |

# DAY 13

# 자연과 동물

음성듣기

얼마나 알고 있나요?

**사전 체크**

| | | | |
|---|---|---|---|
| ☐ 01 石 | ☐ 02 枝 | ☐ 03 音 | ☐ 04 海岸 |
| ☐ 05 草 | ☐ 06 毛 | ☐ 07 小鳥 | ☐ 08 坂 |
| ☐ 09 地震 | ☐ 10 島 | ☐ 11 砂 | ☐ 12 竹 |
| ☐ 13 月 | ☐ 14 寺 | ☐ 15 動物園 | ☐ 16 葉 |
| ☐ 17 橋 | ☐ 18 羽 | ☐ 19 林 | ☐ 20 火 |
| ☐ 21 光 | ☐ 22 船 | ☐ 23 星 | ☐ 24 虫 |
| ☐ 25 森 | ☐ 26 植える | ☐ 27 生む | ☐ 28 折れる |
| ☐ 29 聞こえる | ☐ 30 鳴く | ☐ 31 逃げる | ☐ 32 守る |
| ☐ 33 揺れる | ☐ 34 浅い | ☐ 35 深い | ☐ 36 りっぱ |

## 자연과 동물　DAY 13

**01 いし 石** 명 돌

子どもたちが、石を 集めて 遊んで いる。
아이들이 돌을 모아 놀고 있다.

**02 えだ 枝** 명 가지

森に 小さい 木の 枝が たくさん 落ちて いました。
숲에 작은 나뭇가지가 많이 떨어져 있었습니다.

**03 おと 音** 명 소리

海から 波の 音が 聞こえて くる。
바다에서 파도 소리가 들려 온다.

＋ 音が する 소리가 나다　　声 목소리

**04 かいがん 海岸** 명 해안, 바닷가

海岸を きれいに する ために みんなで 掃除を した。
해안을 깨끗하게 하기 위해 다 함께 청소를 했다.

**05 くさ 草** 명 풀

牛は 草を 食べて 育ちます。
소는 풀을 먹고 자랍니다.

**06 け 毛** 명 털

友だちの 服に 猫の 毛が たくさん ついて いる。
친구 옷에 고양이 털이 잔뜩 붙어 있다.

## 07 小鳥 [ことり]
명 작은 새

木の 上で 小鳥が 鳴いて います。
나무 위에서 작은 새가 울고 있습니다.

## 08 坂 [さか]
명 비탈길, 언덕

この 坂を 上がった ところに、私の 家が ある。
이 언덕을 올라간 곳에 우리 집이 있다.

## 09 地震 [じしん]
명 지진

昨日の 夜、地震が あったらしいが、全然 知らなかった。
어젯밤에 지진이 있었던 것 같은데 전혀 몰랐다.

## 10 島 [しま]
명 섬

東京都には たくさんの 島が ある。
도쿄도에는 많은 섬이 있다.

## 11 砂 [すな]
명 모래

砂の 上に 指で 名前を 書いて みた。
모래 위에 손가락으로 이름을 써 보았다.

## 12 竹 [たけ]
명 대나무

この 箱は 竹で 作った 物です。
이 상자는 대나무로 만든 것입니다.

## 자연과 동물 — DAY 13

**13 つき 月**
圏 달

外には 明るい 月が 出て います。
밖에는 밝은 달이 나와(떠) 있습니다.

**14 てら 寺**
圏 절

その 寺は 深い 山の 中に ある。
그 절은 깊은 산속에 있다.

**15 どうぶつえん 動物園**
圏 동물원

この 動物園では パンダの 赤ちゃんが 見られる。
이 동물원에서는 판다의 새끼를 볼 수 있다.

**16 は 葉**
圏 잎, 이파리

秋に なると 葉の 色が 黄色や 赤に 変わる。
가을이 되면 잎의 색깔이 노랑이나 빨강으로 변한다.

**17 はし 橋**
圏 다리, 교량

木で できた 橋が 大きく 揺れて 怖く なりました。
나무로 만든 다리가 크게 흔들려서 무서워졌습니다.

**18 はね 羽**
圏 날개, 깃털

公園に ハトの 羽が 落ちて います。
공원에 비둘기 깃털이 떨어져 있습니다.

| | 19 はやし **林** 명 수풀, 삼림 | 海の 近くに 松の 林が あります。<br>바다 근처에 소나무 숲이 있습니다. |

| | 20 ひ **火** 명 불 | 火を 使う 時は 気を つけて ください。<br>불을 사용할 때는 조심해 주세요. |

| | 21 ひかり **光** 명 빛 | 夜の 空に 見える 星の 光が とても きれいです。<br>밤하늘에 보이는 별빛이 매우 예쁩니다.<br>➕ 光る 빛나다 |

| | 22 ふね **船** 명 배, 선박 | 船に 乗って ゆっくり 旅行したい。<br>배를 타고 느긋하게 여행하고 싶다. |

| | 23 ほし **星** 명 별 | ここからは 星が たくさん 見える。<br>여기에서는 별이 많이 보인다. |

| | 24 むし **虫** 명 벌레, 곤충 | 私は 虫が 本当に 苦手です。<br>나는 벌레를 정말 싫어합니다. |

## 자연과 동물 　DAY 13

**25 もり 森**
명 숲, 수풀

森には 小さな 動物が たくさん 住んで いる。
숲에는 작은 동물이 많이 살고 있다.

**26 う 植える**
동 심다

子どもが 小学校に 入学した 日に この 木を 植えました。
아이가 초등학교에 입학한 날에 이 나무를 심었습니다.

**27 う 生む**
동 낳다

木の 上に 鳥が 卵を 生みました。
나무 위에 새가 알을 낳았습니다.

**28 お 折れる**
동 접히다, 꺾이다, 부러지다

昨日の 風で 庭の 木が 折れて しまった。
어제의 바람으로 정원의 나무가 부러지고 말았다.
타 折る 꺾다, 부러뜨리다

**29 き 聞こえる**
동 들리다

窓の 外から 小鳥の 声が 聞こえて くる。
창밖에서 작은 새의 목소리가 들려 온다.

**30 な 鳴く**
동 (동물이) 울다, 짖다

隣の 部屋で 猫が 鳴いて いる。
옆방에서 고양이가 울고 있다.
➕ 泣く (사람이) 울다

| 31 に 逃げる 통 도망가다, 달아나다 | ご飯を 上げようと したが 猫は 逃げて しまった。<br>밥을 주려고 했지만 고양이는 도망쳐 버렸다. |
|---|---|
| 32 まも 守る 통 지키다, 보호하다, 유지하다 | 大切な 自然を 守らなければ ならない。<br>소중한 자연을 지키지 않으면 안 된다. |
| 33 ゆ 揺れる 통 흔들리다 | 地震で 建物が 揺れたが、今は もう 大丈夫だ。<br>지진으로 건물이 흔들렸지만 지금은 이제 괜찮다. |
| 34 あさ 浅い イ 얕다, (정도가) 덜하다 | 海の 浅い ところで 小さい 子どもが 遊んで いる。<br>바다가 얕은 곳에서 어린 아이가 놀고 있다.<br>반 深い 깊다 |
| 35 ふか 深い イ 깊다 | この 川は 深いので 入らないで ください。<br>이 강은 깊으니까 들어가지 마세요.<br>반 浅い 얕다 |
| 36 りっぱ ナ 훌륭함 | あんなに 小さかったのに、もう りっぱな ライオンに なりましたね。<br>그렇게 작았는데, 이제 훌륭한 사자가 되었네요. |

자연과 동물

## 확인 문제

**1** 해당 어휘의 읽는 법을 찾고 빈칸에 그 의미를 써 넣으세요.

| 보기 | 私 | ✓わたし | ②あなた | 나, 저 |
|---|---|---|---|---|

(1) 石　　①いし　　　②いわ　　＿＿＿＿＿

(2) 林　　①もり　　　②はやし　　＿＿＿＿＿

(3) 光　　①ひかり　　②こめ　　＿＿＿＿＿

(4) 浅い　①ふかい　　②あさい　　＿＿＿＿＿

**2** 한국어 뜻을 참고하여 알맞은 단어를 보기 에서 골라 넣어 문장을 완성하세요.

(5) 海から 波の (　　　)が 聞こえて くる。
바다에서 파도 소리가 들려 온다.

(6) 木の 上に 鳥が 卵を (　　　)。
나무 위에 새가 알을 낳았습니다.

(7) 公園に ハトの (　　　)が 落ちて います。
공원에 비둘기 깃털이 떨어져 있습니다.

(8) 昨日の 風で 庭の 木が (　　　) しまった。
어제의 바람으로 정원의 나무가 부러지고 말았다.

| 보기 | 生みました | 羽 | 折れて | 音 |
|---|---|---|---|---|

**정답**
(1) ① 돌　(2) ② 수풀, 삼림　(3) ① 빛　(4) ② 얕다, (정도가) 덜하다
(5) 音(おと)　(6) 生(う)みました　(7) 羽(はね)　(8) 折(お)れて

# 단어 퀴즈

✤ 단어를 보고 발음과 의미를 적어 보세요.

| 단어 | 발음 | 의미 |
|---|---|---|
| 私 | わたし | 나, 저 |
| 逃げる | | |
| 守る | | |
| りっぱ | | |
| 植える | | |
| 森 | | |
| 星 | | |
| 火 | | |
| 橋 | | |
| 地震 | | |
| 深い | | |
| 坂 | | |
| 小鳥 | | |
| 砂 | | |
| 海岸 | | |
| 虫 | | |
| 船 | | |
| 揺れる | | |
| 草 | | |
| 枝 | | |
| 鳴く | | |

📖 QR을 따라 정오답 단어를 확인할 수 있어요.

자연과 동물

## 단어 퀴즈

❋ 한번 더 복습해 봅시다.

| 읽는 법과 뜻 | 한자 | 발음 | 의미 |
|---|---|---|---|
| わたし / 나, 저 | 예 私 | わたし | 나, 저 |
| にげる / 도망가다, 달아나다 | 逃げる | | |
| まもる / 지키다, 보호하다 | 守る | | |
| りっぱ / 훌륭함 | りっぱ | | |
| うえる / 심다 | 植える | | |
| もり / 숲, 수풀 | 森 | | |
| ほし / 별 | 星 | | |
| ひ / 불 | 火 | | |
| はし / 다리, 교량 | 橋 | | |
| じしん / 지진 | 地震 | | |
| ふかい / 깊다 | 深い | | |
| さか / 비탈길, 언덕 | 坂 | | |
| ことり / 작은 새 | 小鳥 | | |
| すな / 모래 | 砂 | | |
| かいがん / 해안, 바닷가 | 海岸 | | |
| むし / 벌레, 곤충 | 虫 | | |
| ふね / 배, 선박 | 船 | | |
| ゆれる / 흔들리다 | 揺れる | | |
| くさ / 풀 | 草 | | |
| えだ / 가지 | 枝 | | |
| なく / (동물이) 울다 | 鳴く | | |

# DAY 14
# 계절과 날씨

음성듣기

얼마나 알고있나요?

**사전 체크**

| | | | |
|---|---|---|---|
| ☐ 01 汗 | ☐ 02 暑さ | ☐ 03 屋上 | ☐ 04 終わり |
| ☐ 05 帰り | ☐ 06 火事 | ☐ 07 季節 | ☐ 08 空気 |
| ☐ 09 雲 | ☐ 10 曇り | ☐ 11 景色 | ☐ 12 桜 |
| ☐ 13 台風 | ☐ 14 畳 | ☐ 15 暖房 | ☐ 16 梅雨 |
| ☐ 17 天気予報 | ☐ 18 日 | ☐ 19 零 | ☐ 20 冷房 |
| ☐ 21 祈る | ☐ 22 落ちる | ☐ 23 乾く | ☐ 24 曇る |
| ☐ 25 比べる | ☐ 26 差す | ☐ 27 滑る | ☐ 28 倒れる |
| ☐ 29 続く | ☐ 30 積もる | ☐ 31 流れる | ☐ 32 濡れる |
| ☐ 33 晴れる | ☐ 34 止む | ☐ 35 むし暑い | ☐ 36 大事 |

## 계절과 날씨 　 DAY 14

**01 　 汗 (あせ)** 　 명 땀

汗を かいたので シャワーを 浴びたいです。
땀을 흘려서 샤워를 하고 싶습니다.

＋ 汗を かく 땀을 흘리다

---

**02 　 暑さ (あつさ)** 　 명 더위

暑さが 一番 ひどく なるのは 午後2時ごろです。
더위가 가장 심해지는 것은 오후 2시쯤입니다.

---

**03 　 屋上 (おくじょう)** 　 명 옥상

この デパートの 屋上には 子どもの ための プールが あります。
이 백화점 옥상에는 아이들을 위한 수영장이 있습니다.

---

**04 　 終わり (おわり)** 　 명 끝, 마지막

長かった 夏も 終わりを 迎えた。
길었던 여름도 끝을 맞이했다.

반 始まり 시작, 처음

---

**05 　 帰り (かえり)** 　 명 귀가, 돌아감, 귀갓길

学校の 帰りに 雨が 降りました。
학교에서 돌아오는 길에 비가 내렸습니다.

---

**06 　 火事 (かじ)** 　 명 화재

冬は 火事が 起きやすいので 気を つけなければ ならない。
겨울에는 화재가 일어나기 쉬우므로 조심하지 않으면 안 된다.

## 07
**季節** (きせつ)
명 계절

季節が 変わる 時は 風邪を 引きやすい。
계절이 바뀌는 때에는 감기에 걸리기 쉽다.

## 08
**空気** (くうき)
명 공기

空気が きれいな ところに 住みたいです。
공기가 깨끗한 곳에 살고 싶습니다.

## 09
**雲** (くも)
명 구름

空に 変な 形の 雲が ある。
하늘에 이상한 모양의 구름이 있다.

## 10
**曇り** (くもり)
명 흐림

最近、曇りの 日が 続いて います。
최근에 흐린 날이 계속되고 있습니다.
반 晴れ (날씨가) 갬, 맑음

## 11
**景色** (けしき)
명 경치, 풍경

窓の 外に きれいな 景色が 見えた。
창문 밖으로 아름다운 경치가 보였다.

## 12
**桜** (さくら)
명 벚나무, 벚꽃

3月に なると 桜の 花が 咲き始めます。
3월이 되면 벚꽃이 피기 시작합니다.

## 계절과 날씨 — DAY 14

**13** たいふう
**台風**
명 태풍

あした たいふう とうきょう き
明日 台風が 東京に 来ます。
내일 태풍이 도쿄에 옵니다.

**14** たたみ
**畳**
명 다다미

あたら たたみ くさ にお
新しい 畳から 草の 匂いが した。
새 다다미에서 풀 냄새가 났다.

**15** だんぼう
**暖房**
명 する 난방

きゅう さむ だんぼう
急に 寒く なって 暖房を つけました。
갑자기 추워져서 난방을 틀었습니다.
반 れいぼう
冷房 냉방

**16** つゆ
**梅雨**
명 장마

らいしゅう つゆ はじ
来週から 梅雨が 始まるそうです。
다음 주부터 장마가 시작된다고 합니다.
+ 「梅雨」ばいう라고도 읽음

**17** てんきよほう
**天気予報**
명 일기 예보

てんきよほう ゆき ふ い
天気予報で 雪が 降ると 言った。
일기 예보에서 눈이 내린다고 말했다.

**18** ひ
**日**
명 해, 태양, 햇빛, 날(날짜)

なつ ひ なが
夏に なって 日が 長く なりました。
여름이 되어 해가 길어졌습니다.

## 19 れい / 零
**명** 숫자 0, 제로

零度に なると 水は 氷に なります。
0도가 되면 물은 얼음이 됩니다.

유 ゼロ 제로, 숫자 0

## 20 れいぼう / 冷房
**명** **する** 냉방

冷房を つけると すぐ 涼しく なった。
냉방을 틀었더니 금방 시원해졌다.

+ 冷房を つける 냉방을 켜다(틀다)
반 暖房 난방

## 21 いの / 祈る
**동** 빌다, 기도하다

子どもが「ピクニックの 日、いい 天気に なりますように」と 祈って いる。
아이가 '소풍 날, 좋은 날씨가 되기를' 하고 기도하고 있다.

## 22 お / 落ちる
**동** 떨어지다

秋に なると 木から 葉が 落ちます。
가을이 되면 나무에서 잎이 떨어집니다.

타 落とす 떨어뜨리다

## 23 かわ / 乾く
**동** 마르다, 건조해지다

最近 天気が よくて、洗濯物が よく 乾く。
최근 날씨가 좋아서 빨래가 잘 마른다.

## 24 くも / 曇る
**동** (날씨가) 흐리다, 흐려지다, 뿌예지다

寒い 時は 眼鏡が よく 曇ります。
추울 때는 안경이 잘 뿌예집니다.

계절과 날씨 303

## 계절과 날씨 DAY 14

**25 比べる** 图 비교하다
去年に 比べると 今年は あまり 寒く ないです。
작년에 비하면 올해는 그다지 춥지 않습니다.

**26 差す** 图 (우산을) 쓰다, (손으로) 가리키다
急に 雨が 降って きたので 傘を 差した。
갑자기 비가 내리기 시작해서 우산을 썼다.

**27 滑る** 图 미끄러지다
雪で 滑らないように 気を つけなさい。
눈에 미끄러지지 않도록 조심하렴.

**28 倒れる** 图 쓰러지다
夏、長い 時間 外に いると 倒れる ことが ある。
여름에 오랜 시간 밖에 있으면 쓰러지는 경우가 있다.
타 倒す 쓰러뜨리다, 넘어뜨리다

**29 続く** 图 계속되다
最近 ずっと 雨が 続いて います。
최근 줄곧 비가 계속되고 있습니다.
타 続ける 계속하다

**30 積もる** 图 쌓이다
窓を 開けると 雪が 積もって いました。
창문을 열자 눈이 쌓여 있었습니다.

### 31
なが
**流れる**
[동] 흐르다, 흘러가다

ゆっくり 流れる 川で 子どもたちが 遊んで いる。
천천히 흐르는 강에서 아이들이 놀고 있다.
[타] 流す 흘리다, 흐르게 하다

### 32
ぬ
**濡れる**
[동] 젖다

傘が なくて 雨に 濡れて しまいました。
우산이 없어서 비에 젖고 말았습니다.

### 33
は
**晴れる**
[동] (날씨가) 개다

一週間 雨でしたが、やっと 晴れました。
일주일 동안 비가 내렸는데 드디어 (날이) 개었습니다.

### 34
や
**止む**
[동] (눈·비가) 멈추다, 그치다

雨が 止んでから 出発しましょう。
비가 그친 후에 출발합시다.

### 35
あつ
**むし暑い**
[イ] 무덥다, 푹푹 찌다

8月は むし暑くて 外に 出たく ないです。
8월은 푹푹 쪄서 밖에 나가고 싶지 않습니다.

### 36
だい じ
**大事**
[ナ][명] 중요함, 소중함

山や 木、動物たちを 大事に 守りましょう。
산이나 나무, 동물들을 소중히 지킵시다.
[유] 大切だ 소중하다

# 확인 문제

**1** 해당 어휘의 읽는 법을 찾고 빈칸에 그 의미를 써 넣으세요.

| 보기 | 私 | ☑ わたし | ② あなた | 나, 저 |
|---|---|---|---|---|

(1) 雲　　① くま　　② くも　　_____
(2) 屋上　① おくじょ　② おくじょう　_____
(3) 乾く　① かわく　② つづく　_____
(4) 止む　① とむ　② やむ　_____

**2** 한국어 뜻을 참고하여 알맞은 단어를 보기에서 골라 넣어 문장을 완성하세요.

(5) (　　　　)が きれいな ところに 住みたいです。
공기가 깨끗한 곳에 살고 싶습니다.

(6) 3月に なると (　　　　)の 花が 咲き始めます。
3월이 되면 벚꽃이 피기 시작합니다.

(7) 長かった 夏も (　　　　)を 迎えた。
길었던 여름도 끝을 맞이했다.

(8) 急に 雨が 降って きたので 傘を (　　　　)。
갑자기 비가 내리기 시작해서 우산을 썼다.

| 보기 | 空気　　桜　　差した　　終わり |
|---|---|

**정답**
(1) ② 구름　(2) ② 옥상　(3) ① 마르다, 건조해지다　(4) ② (눈·비가) 멈추다, 그치다
(5) 空気(くうき)　(6) 桜(さくら)　(7) 終(お)わり　(8) 差(さ)した

# 단어 퀴즈

✿ 단어를 보고 발음과 의미를 적어 보세요.

| 단어 | 발음 | 의미 |
|---|---|---|
| 私 | わたし | 나, 저 |
| 晴れる | | |
| 濡れる | | |
| 曇る | | |
| 天気予報 | | |
| 台風 | | |
| 景色 | | |
| 汗 | | |
| 梅雨 | | |
| むし暑い | | |
| 大事 | | |
| 積もる | | |
| 畳 | | |
| 倒れる | | |
| 冷房 | | |
| 暖房 | | |
| 火事 | | |
| 落ちる | | |
| 滑る | | |
| 流れる | | |
| 季節 | | |

📖 수업 따라 적으면 답을 확인할 수 있어요.

# 단어 퀴즈

❈ 한번 더 복습해 봅시다.

| 읽는 법과 뜻 | 한자 | 발음 | 의미 |
|---|---|---|---|
| わたし / 나, 저 | 예 私 | わたし | 나, 저 |
| はれる / (날씨가) 개다 | 晴れる | | |
| ぬれる / 젖다 | 濡れる | | |
| くもる / (날씨가) 흐리다, 뿌예지다 | 曇る | | |
| てんきよほう / 일기 예보 | 天気予報 | | |
| たいふう / 태풍 | 台風 | | |
| けしき / 경치, 풍경 | 景色 | | |
| あせ / 땀 | 汗 | | |
| つゆ / 장마 | 梅雨 | | |
| むしあつい / 무덥다, 푹푹 찌다 | むし暑い | | |
| だいじ / 중요함, 소중함 | 大事 | | |
| つもる / 쌓이다 | 積もる | | |
| たたみ / 다다미 | 畳 | | |
| たおれる / 쓰러지다 | 倒れる | | |
| れいぼう / 냉방 | 冷房 | | |
| だんぼう / 난방 | 暖房 | | |
| かじ / 화재 | 火事 | | |
| おちる / 떨어지다 | 落ちる | | |
| すべる / 미끄러지다 | 滑る | | |
| ながれる / 흐르다, 흘러가다 | 流れる | | |
| きせつ / 계절 | 季節 | | |

# DAY 15
# 몸과 건강

음성듣기

얼마나 알고 있나요?

**사전 체크**

- ☐ 01 あご
- ☐ 02 医学
- ☐ 03 命
- ☐ 04 腕
- ☐ 05 お見舞い
- ☐ 06 肩
- ☐ 07 髪
- ☐ 08 具合
- ☐ 09 首
- ☐ 10 けが
- ☐ 11 舌
- ☐ 12 背中
- ☐ 13 退院
- ☐ 14 食べ過ぎ
- ☐ 15 血
- ☐ 16 力
- ☐ 17 つめ
- ☐ 18 入院
- ☐ 19 熱
- ☐ 20 喉
- ☐ 21 歯医者
- ☐ 22 ひげ
- ☐ 23 骨
- ☐ 24 指
- ☐ 25 生きる
- ☐ 26 動かす
- ☐ 27 動く
- ☐ 28 直る・治る
- ☐ 29 流す
- ☐ 30 太る
- ☐ 31 減る
- ☐ 32 見える
- ☐ 33 やせる
- ☐ 34 止める
- ☐ 35 眠たい
- ☐ 36 必要

## 몸과 건강  DAY 15

**01 あご** 명 턱
笑い過ぎて あごが 痛い。
너무 많이 웃어서 턱이 아프다.

**02 医学 (いがく)** 명 의학
医学を 学んで 医者に なりたいです。
의학을 공부해서 의사가 되고 싶습니다.

**03 命 (いのち)** 명 생명, 목숨
命は お金より 大事だと 思います。
생명은 돈보다 소중하다고 생각합니다.

**04 腕 (うで)** 명 팔, 솜씨
重い 荷物を 持って 腕が 痛いです。
무거운 짐을 들어서 팔이 아픕니다.

**05 お見舞い (おみまい)** 명 병문안, 문병
入院して いる 祖父の お見舞いに 行った。
입원해 있는 할아버지의 병문안을 갔다.

**06 肩 (かた)** 명 어깨
電車の 中で 隣の 人と 肩が ぶつかった。
전철 안에서 옆 사람과 어깨가 부딪쳤다.

## 07
かみ
**髪**
명 머리(카락)

長かった 髪を 短く 切りました。
길었던 머리를 짧게 잘랐습니다.

+ 髪の毛 머리카락

## 08
ぐあい
**具合**
명 (몸) 상태, 컨디션, 형편

具合が 悪いので、帰っても いいでしょうか。
몸 상태가 나쁘니 돌아가도 될까요?

## 09
くび
**首**
명 목

彼女は 首に ネックレスを して いました。
그녀는 목에 목걸이를 하고 있었습니다.

+ 首に なる 해고당하다

## 10
**けが**
명 する 상처, 부상

けがを した 子どもが 泣いて います。
다친 아이가 울고 있습니다.

## 11
した
**舌**
명 혀

舌の 病気に なって 味が わからない。
혀가 병에 걸려 맛을 모르겠다.

## 12
せなか
**背中**
명 등

体が かたくて 背中に 手が 届かない。
몸이 뻣뻣해서 등에 손이 닿지 않는다.

몸과 건강

## 몸과 건강 — DAY 15

**13 退院 (たいいん)**
명 する 퇴원
来週には 退院できますよ。
다음 주에는 퇴원할 수 있어요.
반 入院(にゅういん) 입원

**14 食べ過ぎ (たべすぎ)**
명 과식
食べ過ぎは 体に よく ありません。
과식은 몸에 좋지 않습니다.
+ 飲み過ぎ(のみすぎ) 과음

**15 血 (ち)**
명 피
鼻から 急に 血が 出て きた。
코에서 갑자기 피가 나왔다.

**16 力 (ちから)**
명 힘, 기력
彼は クラスの 中で 一番 力が 強い。
그는 반에서 가장 힘이 세다.

**17 つめ**
명 손톱, 발톱
つめが 長いから 今すぐ 切りなさい。
손톱이 기니까 지금 바로 자르렴.

**18 入院 (にゅういん)**
명 する 입원
私は 今まで 入院した ことが 一度も ない。
나는 지금까지 입원했던 적이 한 번도 없다.
반 退院(たいいん) 퇴원

## 19
ねつ
**熱**
명 열

風邪を 引いて、**熱**が 出ました。
감기에 걸려 열이 났습니다.

## 20
のど
**喉**
명 목, 목구멍

**喉**が 痛く なって 病院に 行きました。
목이 아파져서 병원에 갔습니다.

## 21
は いしゃ
**歯医者**
명 치과 의사, 치과

明日の 午後 4時に **歯医者**を 予約した。
내일 오후 4시에 치과를 예약했다.

## 22
**ひげ**
명 수염

父は 毎朝 **ひげ**を そります。
아버지는 매일 아침 수염을 깎습니다.

➕ ひげを そる 수염을 깎다

## 23
ほね
**骨**
명 뼈

階段で 転んで **骨**が 折れて 入院した。
계단에서 굴러서 뼈가 부러져 입원했다.

## 24
ゆび
**指**
명 손가락, 발가락

太って しまって 指輪に **指**が 入らない。
살이 쪄 버려서 반지에 손가락이 들어가지 않는다.

➕ 足の **指** 발가락

몸과 건강

## 몸과 건강　DAY 15

**25 生きる**
동 살다, 생존하다

私の おばあさんは 101歳まで 生きました。
우리 할머니는 101세까지 사셨습니다.

**26 動かす**
동 움직이게 하다, 옮기다, 작동시키다

少し 痛くても 手を 動かして 運動して ください。
조금 아프더라도 손을 움직여서 운동해 주세요.
자 動く 움직이다

**27 動く**
동 움직이다, 작동하다

私は たくさん 動いて いるのに、よく 太る。
나는 많이 움직이고 있는데도 살이 잘 찐다.
타 動かす 움직이게 하다

**28 直る・治る**
동 고쳐지다, 낫다

風邪が 治るまで、ゆっくり 休んで ください。
감기가 나을 때까지 푹 쉬세요.
타 直す 고치다, 바로잡다　治す 치료하다, 고치다

**29 流す**
동 흘리다, 흐르게 하다

彼は 腕から 血を 流し続けて いた。
그는 팔에서 피를 계속 흘리고 있었다.
자 流れる 흐르다

**30 太る**
동 살찌다

お正月に たくさん 食べて 太って しまった。
설날에 많이 먹어서 살이 쪄 버렸다.
반 やせる 여위다, 살이 빠지다

**31 減る** へる
동 줄다, 감소하다

ダイエットを して 5キロも 減りました。
다이어트를 해서 5kg나 줄었습니다.

반 増える 늘다, 증가하다

---

**32 見える** みえる
동 보이다

彼女は とても 元気そうに 見えた。
그녀는 굉장히 건강한 듯 보였다.

---

**33 やせる**
동 (살을) 빼다, (살이) 빠지다

どんなに やせたくても ご飯は 食べなければ なりません。
아무리 살을 빼고 싶어도 밥은 먹지 않으면 안 됩니다.

반 太る 살찌다

---

**34 止める** やめる
동 그만두다, 중지하다, 끊다

体の ために タバコを 止めました。
몸을 위해 담배를 끊었습니다.

+ 止める 세우다, 정지시키다, 멈추게 하다

---

**35 眠たい** ねむたい
イ 졸리다

夜遅くまで 宿題を して 今日は とても 眠たい。
밤늦게까지 숙제를 해서 오늘은 너무 졸리다.

유 眠い 졸리다

---

**36 必要** ひつよう
ナ 명 필요

この 病気を 治すためには 高い 薬が 必要だそうです。
이 병을 고치기 위해서는 비싼 약이 필요하다고 합니다.

## 확인 문제

**1** 해당 어휘의 읽는 법을 찾고 빈칸에 그 의미를 써 넣으세요.

| 보기 | 私 | ✓ わたし | ② あなた | 나, 저 |
|---|---|---|---|---|
| (1) | 肩 | ① ほね | ② かた | _____ |
| (2) | 力 | ① ちから | ② かたな | _____ |
| (3) | 腕 | ① ゆび | ② うで | _____ |
| (4) | 首 | ① くび | ② あたま | _____ |

**2** 한국어 뜻을 참고하여 알맞은 단어를 보기에서 골라 넣어 문장을 완성하세요.

(5) 父は 毎朝 (　　　　　)を そります。
　　아버지는 매일 아침 수염을 깎습니다.

(6) 体が かたくて (　　　　　)に 手が 届かない。
　　몸이 뻣뻣해서 등에 손이 닿지 않는다.

(7) どんなに (　　　　　) ご飯は 食べなければ なりません。
　　아무리 살을 빼고 싶어도 밥은 먹지 않으면 안 됩니다.

(8) (　　　　　)を した 子どもが 泣いて います。
　　다친 아이가 울고 있습니다.

| 보기 | やせたくても | けが | 背中 | ひげ |
|---|---|---|---|---|

---

**정답**

(1) ② 어깨　(2) ① 힘, 기력　(3) ② 팔, 솜씨　(4) ① 목
(5) ひげ　(6) 背中(せなか)　(7) やせたくても　(8) けが

# 단어 퀴즈

❋ 단어를 보고 발음과 의미를 적어 보세요.

| 단어 | 발음 | 의미 |
|---|---|---|
| 私 | わたし | 나, 저 |
| 血 | | |
| 熱 | | |
| 喉 | | |
| 髪 | | |
| 舌 | | |
| 命 | | |
| 指 | | |
| お見舞い | | |
| 具合 | | |
| 入院 | | |
| 退院 | | |
| 必要 | | |
| 眠たい | | |
| 歯医者 | | |
| 医学 | | |
| 動かす | | |
| 動く | | |
| 太る | | |
| 減る | | |
| 見える | | |

> 색을 따라 접으면 답을 확인할 수 있어요.

## 단어 퀴즈

✻ 한번 더 복습해 봅시다.

| 읽는 법과 뜻 | | 한자 | 발음 | 의미 |
|---|---|---|---|---|
| ☐ | わたし<br>나, 저 | 예 私 | わたし | 나, 저 |
| ☐ | ち<br>피 | 血 | | |
| ☐ | ねつ<br>열 | 熱 | | |
| ☐ | のど<br>목, 목구멍 | 喉 | | |
| ☐ | かみ<br>머리카락 | 髪 | | |
| ☐ | した<br>혀 | 舌 | | |
| ☐ | いのち<br>생명, 목숨 | 命 | | |
| ☐ | ゆび<br>손가락, 발가락 | 指 | | |
| ☐ | おみまい<br>병문안, 문병 | お見舞い | | |
| ☐ | ぐあい<br>몸 상태, 컨디션 | 具合 | | |
| ☐ | にゅういん<br>입원 | 入院 | | |
| ☐ | たいいん<br>퇴원 | 退院 | | |
| ☐ | ひつよう<br>필요 | 必要 | | |
| ☐ | ねむたい<br>졸리다 | 眠たい | | |
| ☐ | はいしゃ<br>치과 의사, 치과 | 歯医者 | | |
| ☐ | いがく<br>의학 | 医学 | | |
| ☐ | うごかす<br>움직이게 하다 | 動かす | | |
| ☐ | うごく<br>움직이다, 작동하다 | 動く | | |
| ☐ | ふとる<br>살찌다 | 太る | | |
| ☐ | へる<br>줄다, 감소하다 | 減る | | |
| ☐ | みえる<br>보이다 | 見える | | |

# DAY 16
# 시간 · 거리 · 공간

음성듣기

얼마나 알고 있나요?

**사전 체크**

| | | | |
|---|---|---|---|
| ☐ 01 以上 | ☐ 02 一日中 | ☐ 03 以内 | ☐ 04 内 |
| ☐ 05 裏 | ☐ 06 大勢 | ☐ 07 置き | ☐ 08 表 |
| ☐ 09 壁 | ☐ 10 期間 | ☐ 11 区 | ☐ 12 県 |
| ☐ 13 郊外 | ☐ 14 この間 | ☐ 15 この頃 | ☐ 16 今回 |
| ☐ 17 今度 | ☐ 18 今夜 | ☐ 19 最近 | ☐ 20 最後 |
| ☐ 21 最初 | ☐ 22 さっき | ☐ 23 市 | ☐ 24 将来 |
| ☐ 25 たて | ☐ 26 近く | ☐ 27 遠く | ☐ 28 途中 |
| ☐ 29 内部 | ☐ 30 年代 | ☐ 31 始まり | ☐ 32 場所 |
| ☐ 33 晩 | ☐ 34 ひと月 | ☐ 35 秒 | ☐ 36 昼間 |
| ☐ 37 広さ | ☐ 38 辺 | ☐ 39 真ん中 | ☐ 40 向かい |
| ☐ 41 昔 | ☐ 42 村 | ☐ 43 夜間 | ☐ 44 夕方 |
| ☐ 45 昨夜 | ☐ 46 暮れる | ☐ 47 過ぎる | ☐ 48 複雑 |

## 시간·거리·공간   DAY 16

**01 以上 (いじょう)**
명 이상

この 部屋(へや)には 50人(ごじゅうにん)以上(いじょう) 入(はい)る ことが できます。
이 방에는 50명 이상 들어갈(올) 수 있습니다.
반 以下(いか) 이하

**02 一日中 (いちにちじゅう)**
명 하루 종일

昨日(きのう)は 一日中(いちにちじゅう) 図書館(としょかん)に いました。
어제는 하루 종일 도서관에 있었습니다.

**03 以内 (いない)**
명 이내

4人(よにん)以内(いない)なら タクシーに 乗(の)れます。
4명 이내라면 택시를 탈 수 있습니다.
반 以外(いがい) 이외, 그 밖

**04 内 (うち)**
명 안, 내부, 이내, 우리

この ガラスは 内(うち)がわからは 外(そと)が 見(み)えない。
이 유리는 안쪽에서는 밖이 보이지 않는다.
10人(じゅうにん)の 内(うち) 3人(さんにん)が 風邪(かぜ)を 引(ひ)いて いる。
열 명 중 세 명이 감기에 걸려 있다.

**05 裏 (うら)**
명 뒤, 뒷면, 옷의 안감

ノートの 裏(うら)がわに 自分(じぶん)の 名前(なまえ)を 書(か)きました。
노트 뒷면에 자신의 이름을 썼습니다.
반 表(おもて) 겉, 표면, 앞면

**06 大勢 (おおぜい)**
명 많은 사람, 여럿

コンサート会場(かいじょう)には 大勢(おおぜい)の 人(ひと)が 集(あつ)まりました。
콘서트 회장에는 많은 사람이 모였습니다.

## 07 置き
お
**명** ~걸러, ~마다, 간격

彼女は 3日置きに ヨガ教室に 通って いる。
그녀는 사흘에 한 번 요가 교실에 다니고 있다.

## 08 表
おもて
**명** 겉, 앞면

この Tシャツは 表と 裏が わかりにくい。
이 티셔츠는 겉과 속을 알기 어렵다.

**반** 裏 뒤, 뒷면

## 09 壁
かべ
**명** 벽

部屋の 壁に きれいな 絵を 飾って みた。
방 벽에 예쁜 그림을 장식해 보았다.

## 10 期間
きかん
**명** 기간

サービス期間は 今月末までです。
서비스 기간은 이달 말까지입니다.

## 11 区
く
**명** 구(행정 구역)

留学時代は 新宿区に 住んで いました。
유학 시절에는 신주쿠구에 살고 있었습니다.

## 12 県
けん
**명** 현(행정 구역)

東京ディズニーランドは 千葉県に あります。
도쿄 디즈니랜드는 지바현에 있습니다.

## 시간·거리·공간    DAY 16

**13 こうがい 郊外**
명 교외

郊外に 行けば 空気が とても きれいです。
교외에 가면 공기가 무척 깨끗합니다.

**14 この間 (あいだ)**
명 요전, 지난번

この 間、とても かわいい カフェを 見つけました。
요전에 매우 귀여운 카페를 발견했습니다.

**15 この頃 (ごろ)**
명 요즘

この頃 とても 忙しくて 週末にも 仕事を して いる。
요즘 매우 바빠서 주말에도 일을 하고 있다.
유 最近 (さいきん) 최근, 요즘

**16 こんかい 今回**
명 이번

今回は クラスの みんなが 一緒に ゲームを します。
이번에는 반 모두가 함께 게임을 하겠습니다.

**17 こんど 今度**
명 이번, 이다음

今度 一緒に 食事を しましょう。
다음에 함께 식사를 합시다.

**18 こんや 今夜**
명 오늘 밤

今夜、一緒に 映画を 見に 行きませんか。
오늘 밤, 같이 영화를 보러 가지 않겠습니까?
유 今晩 (こんばん) 오늘 밤

**19**
さいきん
最近
명 최근, 요즘

最近は 毎日 雨が 降って いる。
요즘은 매일 비가 내리고 있다.
유 この頃 요즘

**20**
さいご
最後
명 최후, 마지막

最後に、質問が ある 方は いらっしゃいますか。
마지막으로, 질문이 있는 분 계시나요?
반 最初 최초　初めて 처음

**21**
さいしょ
最初
명 최초, 처음

最初は 難しかったが、今は うまく なりました。
처음에는 어려웠지만, 지금은 잘하게 되었습니다.
반 最後 마지막
유 初めて 처음

**22**
さっき
명 부 아까, 조금 전

さっき 東京駅に 着いた ところです。
조금 전에 도쿄역에 막 도착한 참입니다.

**23**
し
市
명 시(행정 구역)

市役所は 隣の 町に あります。
시청은 옆 동네에 있습니다.

**24**
しょうらい
将来
명 장래, 미래

将来の 夢は 何ですか。
장래의 꿈은 무엇입니까?

## 시간·거리·공간　DAY 16

**25 たて**　명 세로

紙を たて 3センチ、横 5センチに 切って ください。
종이를 세로 3cm, 가로 5cm로 잘라 주세요.

반 横 가로, 옆

---

**26 近く**　명 부 근처, 가까이

昼ご飯は 近くの レストランで 食べた。
점심밥은 근처 레스토랑에서 먹었다.

유 辺 근처, 부근
반 遠く 먼 곳, 멀리

---

**27 遠く**　명 부 먼 곳, 멀리

今日は 遠くから 来て くださって、ありがとうございました。
오늘은 멀리서부터 와 주셔서 감사했습니다.

반 近く 근처, 가까이

---

**28 途中**　명 도중

会議の 途中で 誰かの ケータイが 鳴った。
회의 도중에 누군가의 휴대 전화가 울렸다.

---

**29 内部**　명 내부

故障の 原因は 機械の 内部に ありました。
고장의 원인은 기계의 내부에 있었습니다.

반 外部 외부

---

**30 年代**　명 연대, 시대

この 建物は 60年代に 建てられた 物です。
이 건물은 60년대에 지어진 것입니다.

| 31 はじ **始まり** 몡 시작, 시초, 기원 | <ruby>始<rt>はじ</rt></ruby>まりは とても <ruby>小<rt>ちい</rt></ruby>さい ことからだった。<br>시작은 매우 작은 일에서부터였다.<br>반 <ruby>終<rt>お</rt></ruby>わり 끝 |
|---|---|
| 32 ばしょ **場所** 몡 장소, 곳 | かばんを どこに <ruby>置<rt>お</rt></ruby>いたか、<ruby>場所<rt>ばしょ</rt></ruby>が <ruby>思<rt>おも</rt></ruby>い<ruby>出<rt>だ</rt></ruby>せない。<br>가방을 어디에 두었는지 장소가 떠오르지 않는다.<br>+ <ruby>所<rt>ところ</rt></ruby> 곳 |
| 33 ばん **晩** 몡 밤, 저녁 | <ruby>昨日<rt>きのう</rt></ruby>の <ruby>晩<rt>ばん</rt></ruby>から <ruby>頭<rt>あたま</rt></ruby>が <ruby>痛<rt>いた</rt></ruby>いです。<br>어젯밤부터 머리가 아픕니다.<br>유 <ruby>夜<rt>よる</rt></ruby> 밤 |
| 34 つき **ひと月** 몡 한 달, 1개월 | <ruby>ひと月<rt>つき</rt></ruby>に アルバイトを ２<ruby>週間<rt>しゅうかん</rt></ruby>します。<br>한 달에 아르바이트를 2주일 합니다. |
| 35 びょう **秒** 몡 초(시간 단위) | １<ruby>秒<rt>びょう</rt></ruby>に ３０メートルの <ruby>強<rt>つよ</rt></ruby>い <ruby>風<rt>かぜ</rt></ruby>が <ruby>吹<rt>ふ</rt></ruby>いて いる。<br>1초에 30m의 강한 바람이 불고 있다. |
| 36 ひるま **昼間** 몡 주간, 낮 동안 | <ruby>昼間<rt>ひるま</rt></ruby>は <ruby>仕事<rt>しごと</rt></ruby>が あるから <ruby>病院<rt>びょういん</rt></ruby>に <ruby>行<rt>い</rt></ruby>けない。<br>낮 동안은 업무가 있어서 병원에 갈 수 없다. |

## 시간·거리·공간 — DAY 16

**37 広さ** ひろさ
명 넓이

今度の 部屋は 広さが 前の 2倍だ。
이번 방은 넓이(크기)가 이전의 두 배이다.
+ 長さ 길이

---

**38 辺** へん
명 근처, 부근, 정도

この 辺に 銀行は ありませんか。
이 근처에 은행은 없습니까?
유 近く 근처, 가까이

---

**39 真ん中** まなか
명 한가운데, 정가운데

道の 真ん中を 歩くのは 危険だ。
길 한가운데를 걷는 것은 위험하다.

---

**40 向かい** むかい
명 마주봄, 정면, 맞은편

会社の 向かいに 銀行が あります。
회사 맞은편에 은행이 있습니다.

---

**41 昔** むかし
명 옛날

昔、ここは 大きな お寺でした。
옛날에 여기는 큰 절이었습니다.

---

**42 村** むら
명 마을, 촌락

この 村には 若い 人が 少ない。
이 마을에는 젊은 사람이 적다.
+ 町 동네, 마을

**43**
やかん
夜間
**명** 야간

この 病院は 夜間でも やって いる。
이 병원은 야간에도 하고 있다.

**44**
ゆうがた
夕方
**명** 저녁 무렵, 해질녘

夏に なると 夕方でも 外が 明るい。
여름이 되면 저녁 무렵이라도 밖이 밝다.
**유** 夕べ 저녁, 저녁때

**45**
ゆうべ・さくや
昨夜・昨夜
**명** 어제 저녁, 어젯밤

昨夜 食べ過ぎて、今は 何も 食べたく ない。
어젯밤에 너무 많이 먹어서 지금은 아무것도 먹고 싶지 않다.

**46**
く
暮れる
**동** (해가) 지다, (날이) 저물다

日が 暮れる 前に 家に 帰りたいです。
날이 저물기 전에 집에 돌아가고 싶습니다.

**47**
す
過ぎる
**동** 넘다, 지나다, 통과하다

最近は 5時を 過ぎると 暗く なって くる。
요즘은 다섯 시를 넘으면 어두워지기 시작한다.

**48**
ふくざつ
複雑
**ナ 명** 복잡

新宿駅は 複雑すぎて、いつ 行っても 道が わからない。
신주쿠역은 너무 복잡해서 언제 가도 길을 모르겠다.

시간·거리·공간

## 확인 문제

**1** 해당 어휘의 읽는 법을 찾고 빈칸에 그 의미를 써 넣으세요.

| 보기 | 私 | ✓① わたし | ② あなた | 나, 저 |
|---|---|---|---|---|
| (1) | 内 | ① うち | ② そと | |
| (2) | 村 | ① むら | ② まち | |
| (3) | 今夜 | ① こんや | ② こんど | |
| (4) | 途中 | ① とうちゅ | ② とちゅう | |

**2** 한국어 뜻을 참고하여 알맞은 단어를 보기 에서 골라 넣어 문장을 완성하세요.

(5) 紙を ( ) 3センチ、横 5センチに 切って ください。
종이를 세로 3cm, 가로 5cm로 잘라 주세요.

(6) ( ) 東京駅に 着いた ところです。
조금 전에 도쿄역에 막 도착한 참입니다.

(7) 留学時代は 新宿( )に 住んで いました。
유학 시절에는 신주쿠구에 살고 있었습니다.

(8) ノートの ( )がわに 自分の 名前を 書きました。
노트 뒷면에 자신의 이름을 썼습니다.

| 보기 | たて 裏 さっき 区 |
|---|---|

**정답**
(1) ① 안, 이내, 우리   (2) ① 마을, 촌락   (3) ① 오늘 밤   (4) ② 도중
(5) たて   (6) さっき   (7) 区(く)   (8) 裏(うら)

# 단어 퀴즈

❋ 단어를 보고 발음과 의미를 적어 보세요.

| 단어 | 발음 | 의미 |
|---|---|---|
| 私 | わたし | 나, 저 |
| 大勢 | | |
| 壁 | | |
| 県 | | |
| 表 | | |
| 場所 | | |
| 置き | | |
| 以上 | | |
| 一日中 | | |
| 真ん中 | | |
| 夕方 | | |
| 郊外 | | |
| 今度 | | |
| 昼間 | | |
| 複雑 | | |
| 最近 | | |
| 最後 | | |
| 最初 | | |
| 暮れる | | |
| 将来 | | |
| 過ぎる | | |

📖 정답은 따라 쓰기 부분에서 확인할 수 있어요.

# 단어 퀴즈

❋ 한번 더 복습해 봅시다.

| 읽는 법과 뜻 | | 한자 | 발음 | 의미 |
|---|---|---|---|---|
| | | 예 私 | わたし | 나, 저 |
| ☐ | わたし<br>나, 저 | 大勢 | | |
| ☐ | おおぜい<br>많은 사람, 여럿 | 壁 | | |
| ☐ | かべ<br>벽 | 県 | | |
| ☐ | けん<br>현(행정 구역) | 表 | | |
| ☐ | おもて<br>겉, 앞면 | 場所 | | |
| ☐ | ばしょ<br>장소, 곳 | 置き | | |
| ☐ | おき<br>~걸러, 간격 | 以上 | | |
| ☐ | いじょう<br>이상 | 一日中 | | |
| ☐ | いちにちじゅう<br>하루 종일 | 真ん中 | | |
| ☐ | まんなか<br>한가운데, 정가운데 | 夕方 | | |
| ☐ | ゆうがた<br>저녁 무렵, 해질녘 | 郊外 | | |
| ☐ | こうがい<br>교외 | 今度 | | |
| ☐ | こんど<br>이번, 이다음 | 昼間 | | |
| ☐ | ひるま<br>주간, 낮 동안 | 複雑 | | |
| ☐ | ふくざつ<br>복잡 | 最近 | | |
| ☐ | さいきん<br>최근, 요즘 | 最後 | | |
| ☐ | さいご<br>최후, 마지막 | 最初 | | |
| ☐ | さいしょ<br>최초, 처음 | 暮れる | | |
| ☐ | くれる<br>지다, 저물다 | 将来 | | |
| ☐ | しょうらい<br>장래, 미래 | 過ぎる | | |
| ☐ | すぎる<br>넘다, 지나다 | | | |

# DAY 17

# 부사

음성듣기

얼마나 알고있나요?

**사전 체크**

- ☐ 01 いくら〜ても
- ☐ 02 いちいち
- ☐ 03 いつか
- ☐ 04 一体
- ☐ 05 必ず
- ☐ 06 かなり
- ☐ 07 きっと
- ☐ 08 急に
- ☐ 09 決して
- ☐ 10 しっかり
- ☐ 11 ずいぶん
- ☐ 12 すっかり
- ☐ 13 ずっと
- ☐ 14 ぜひ
- ☐ 15 全然
- ☐ 16 それほど
- ☐ 17 そろそろ
- ☐ 18 そんなに
- ☐ 19 だいたい
- ☐ 20 たいてい
- ☐ 21 だいぶ
- ☐ 22 たとえば
- ☐ 23 たぶん
- ☐ 24 たまに
- ☐ 25 ちょうど
- ☐ 26 できるだけ
- ☐ 27 とうとう
- ☐ 28 特に
- ☐ 29 どんどん
- ☐ 30 なかなか
- ☐ 31 初めて
- ☐ 32 はっきり
- ☐ 33 びっくり
- ☐ 34 別に
- ☐ 35 ほとんど
- ☐ 36 まず
- ☐ 37 もうすぐ
- ☐ 38 もし
- ☐ 39 もちろん
- ☐ 40 やっと
- ☐ 41 やっぱり・やはり
- ☐ 42 わざわざ

## 부사  DAY 17

**01 いくら～ても**
부 아무리 ~해도

いくら 忙(いそが)しくても 連絡(れんらく)ぐらい できるでしょう。
아무리 바빠도 연락 정도는 할 수 있잖아.
유 どんなに～ても 아무리 ~해도

**02 いちいち**
부 명 일일이, 하나하나

いちいち 説明(せつめい)しなくても わかると 思(おも)います。
일일이 설명하지 않아도 알 거라고 생각합니다.

**03 いつか**
부 언젠가

ここの カレー、おいしいから いつか 一緒(いっしょ)に 食(た)べに 来(き)ましょう。
여기 카레 맛있으니까 언젠가 같이 먹으러 와요.

**04 いったい / 一体**
부 도대체

一体(いったい) 何(なに)が あったのか 説明(せつめい)して ください。
도대체 무슨 일이 있었는지 설명해 주세요.

**05 かならず / 必ず**
부 꼭, 반드시

彼(かれ)なら 必(かなら)ず 来(く)るはずです。
그라면 반드시 올 겁니다.
유 きっと 꼭, 반드시, 분명

**06 かなり**
부 ナ 꽤, 상당히, 어지간히

この パスタは かなり 辛(から)いです。
이 파스타는 상당히 맵습니다.
유 ずいぶん 상당히, 꽤   結構(けっこう) 꽤, 제법   なかなか 꽤, 어지간히

**07 きっと**
부 꼭, 반드시, 분명, 틀림없이

明日(あした)は きっと 晴(は)れますよ。
내일은 틀림없이 맑을 거예요.
유 必(かなら)ず 꼭, 반드시

**08 急に** (きゅうに)
부 갑자기

友だちが 急に 大きい 声を 出して びっくりした。
친구가 갑자기 큰 소리를 내서 깜짝 놀랐다.

**09 決して** (けっして)
부 결코, 절대로(부정 수반)

彼女は どんなに 悲しくても 決して 泣かない。
그녀는 아무리 슬퍼도 절대 울지 않는다.

**10 しっかり**
부 する 단단히, 확실히

しっかり 準備して おいたから 心配しなくても いい。
단단히 준비해 두었으니까 걱정하지 않아도 된다.

**11 ずいぶん**
부 ナ 몹시, 상당히, 대단히

ずいぶん 長く 待って いるが 電車は まだ 来ない。
상당히 오래 기다리고 있는데 전철은 아직 오지 않는다.

**12 すっかり**
부 완전히, 모두, 몽땅

約束が ある ことを すっかり 忘れて しまった。
약속이 있는 것을 완전히 잊고 말았다.

**13 ずっと**
부 쭉, 계속, 훨씬

私は 子どもの 頃から ずっと この 町に 住んで いる。
나는 어릴 때부터 계속 이 동네에 살고 있다.

冬は 東京より ソウルの 方が ずっと 寒い。
겨울에는 도쿄보다 서울 쪽이 훨씬 춥다.

**14 ぜひ**
부 꼭, 아무쪼록, 부디

ぜひ 遊びに 来て ください。
꼭 놀러 와 주세요.

## 부사 — DAY 17

**15 全然 (ぜんぜん)**
부 전혀(부정 수반)

子どもの 頃から 音楽には 全然 興味が ありませんでした。
어렸을 때부터 음악에는 전혀 관심이 없었습니다.

---

**16 それほど**
부 그다지, 그 정도, 그만큼(부정 수반)

歌は それほど うまく ないです。
노래는 그다지 잘하지 않습니다.

유 そんなに 그렇게, 그 정도로

---

**17 そろそろ**
부 슬슬

もう 遅いですし、そろそろ 帰りましょうか。
이제 늦었고, 슬슬 돌아갈까요?

---

**18 そんなに**
부 그렇게(까지), 그 정도로

階段で 転んだが そんなに 痛くは なかった。
계단에서 넘어졌지만 그렇게 아프지는 않았다.

유 それほど 그다지, 그 정도로

---

**19 だいたい**
부 명 대체로, 대충, 대부분

今日は だいたい 20人くらい 集まる 予定です。
오늘은 대략 20명 정도 모일 예정입니다.

유 たいてい 대개, 대부분, 대강

---

**20 たいてい**
부 ナ 대개, 대부분, 대강

昼間は たいてい 家に いるので 連絡して ください。
낮에는 대개 집에 있으니까 연락해 주세요.

유 だいたい 대체로, 대개

---

**21 だいぶ**
부 명 ナ 상당히, 꽤, 어지간히

だいぶ 遅く なったので タクシーで 帰った。
상당히 늦어졌기 때문에 택시로 돌아갔다.

유 ずいぶん 상당히, 꽤    かなり 상당히, 꽤    結構 꽤, 제법

## 22 たとえば
부 예를 들면, 예컨대

**たとえば** 旅行中に カードを 無くしたら どうしますか。
예를 들어 여행 중에 카드를 잃어버리면 어떻게 하나요?

## 23 たぶん
부 아마

**たぶん** 大丈夫だと 思います。
아마 괜찮을 거라고 생각합니다.

## 24 たまに
부 가끔, 드물게, 때로는

天気が いい 日に **たまに** 富士山が 見える ことが ある。
날씨가 좋은 날에 가끔 후지산이 보이는 경우가 있다.

## 25 ちょうど
부 꼭 맞는 모양, 딱, 적당한 모양, 마침

仕事が 終わったのは **ちょうど** 8時でした。
일이 끝난 것은 정각 8시였습니다.

これくらいで **ちょうど** いいと 思います。
이 정도로 딱 좋다고 생각합니다.

## 26 できるだけ
부 가능한 한, 되도록

**できるだけ** ミスを しないように して ください。
가능한 한 실수를 하지 않도록 해 주세요.

유 なるべく 가능한 한, 되도록

## 27 とうとう
부 마침내, 드디어, 결국

**とうとう** 試験の 日が 来て しまった。
마침내 시험 날이 오고 말았다.

## 28 特に (とく)
부 특히, 특별히

デザートの 中で **特に** チョコレートが 好きです。
디저트 중에서 특히 초콜릿을 좋아합니다.

## 부사 DAY 17

**29 どんどん**
부 자꾸, 계속

息子は どんどん 背が 高く なって いる。
아들은 자꾸자꾸 키가 커지고 있다.

➕ だんだん 점차, 점점

---

**30 なかなか**
부 좀처럼(부정 수반), 제법, 꽤

車が なかなか 前へ 進まない。
차가 좀처럼 앞으로 나아가지 않는다.

初めて 作った 料理だが なかなか おいしい。
처음으로 만든 요리인데 제법 맛있다.

---

**31 初めて**
부 처음, 비로소

大学に 行って 初めて 外国人の 友だちが できました。
대학에 가서 처음으로 외국인 친구가 생겼습니다.

---

**32 はっきり**
부 する 똑똑히, 명확히, 확실히

大きい 声で はっきり 言って ください。
큰 소리로 분명하게 말해 주세요.

---

**33 びっくり**
부 する 깜짝 놀라는 모양

急に 電気が 消えて びっくりした。
갑자기 (전깃)불이 꺼져서 깜짝 놀랐다.

---

**34 別に**
부 별로, 특별히, 별도로

甘い 物は 別に 好きじゃない。
단 음식은 별로 좋아하지 않는다.

これとは 別に 会議で 使う データも 用意します。
이것과는 별도로 회의에서 사용할 데이터도 준비하겠습니다.

---

**35 ほとんど**
부 명 대부분, 거의(부정 수반)

仕事は ほとんど 終わりました。
일은 대부분 끝났습니다.

今日 集まった 人は ほとんど 韓国語を 知りません。
오늘 모인 사람은 거의 한국어를 모릅니다.

| 36 **まず**  부 먼저, 우선 | **まず** 一番 最初に 名前を 書いて ください。<br>먼저 맨 처음에 이름을 써 주십시오. |
|---|---|
| 37 **もうすぐ**  부 이제 곧, 머지않아 | **もうすぐ** 冬休みが 始まります。<br>이제 곧 겨울 방학이 시작됩니다. |
| 38 **もし**  부 혹시, 만약 | **もし** 10億円が あったら 何に 使いますか。<br>만약 10억 엔이 있다면 무엇에 쓸 거예요? |
| 39 **もちろん**  부 물론 | **もちろん** 彼は その パーティーに 来なかった。<br>물론 그는 그 파티에 오지 않았다. |
| 40 **やっと**  부 겨우, 가까스로, 드디어 | **やっと** 宿題が 終わって 遊びに 行ける。<br>겨우 숙제가 끝나서 놀러 갈 수 있다. |
| 41 **やっぱり・やはり**  부 역시 | この ドラマシリーズは **やっぱり** 面白い。<br>이 드라마 시리즈는 역시 재미있다. |
| 42 **わざわざ**  부 일부러, 모처럼 | **わざわざ** 来て くださって、ありがとうございます。<br>일부러 와 주셔서 감사합니다. |

# 확인 문제

● 문맥에 맞는 표현을 보기 에서 골라 써 넣으세요.

(1) ここの カレー、おいしいから (　　　　) 一緒に 食べに 来ましょう。
여기 카레 맛있으니까 언젠가 같이 먹으러 와요.

(2) 車が (　　　　) 前へ 進まない。
차가 좀처럼 앞으로 나아가지 않는다.

(3) (　　　　) 一番 最初に 名前を 書いて ください。
먼저 맨 처음에 이름을 써 주십시오.

(4) 歌は (　　　　) うまく ないです。
노래는 그다지 잘하지 않습니다.

(5) 約束が ある ことを (　　　　) 忘れて しまった。
약속이 있는 것을 완전히 잊고 말았다.

(6) 急に 電気が 消えて (　　　　) した。
갑자기 (전깃)불이 꺼져서 깜짝 놀랐다.

(7) 私は 子どもの 頃から (　　　　) この 町に 住んで いる。
나는 어릴 때부터 계속 이 동네에 살고 있다.

(8) (　　　　) 試験の 日が 来て しまった。
마침내 시험 날이 오고 말았다.

---

**보기**　　ずっと　　　びっくり　　　いつか
　　　　　すっかり　　　なかなか
　　　　とうとう　　　それほど　　　まず

---

**정답**

(1) いつか　(2) なかなか　(3) まず　(4) それほど
(5) すっかり　(6) びっくり　(7) ずっと　(8) とうとう

# 단어 퀴즈

❋ 단어를 보고 발음과 의미를 적어 보세요.

| 단어 | 발음 | 의미 |
|---|---|---|
| 私 | わたし | 나, 저 |
| 一体 | | |
| 全然 | | |
| だいたい | | |
| そろそろ | | |
| もちろん | | |
| わざわざ | | |
| 決して | | |
| やっぱり・やはり | | |
| たぶん | | |
| 特に | | |
| やっと | | |
| 別に | | |
| はっきり | | |
| しっかり | | |
| ずいぶん | | |
| きっと | | |
| 急に | | |
| ちょうど | | |
| ほとんど | | |
| もし | | |

> 선을 따라 접으면 답을 확인할 수 있어요.

# 단어 퀴즈

❋ 한번 더 복습해 봅시다.

| 읽는 법과 뜻 | | 단어 | 발음 | 의미 |
|---|---|---|---|---|
| ☐ | わたし<br>나, 저 | 예 私 | わたし | 나, 저 |
| ☐ | いったい<br>도대체 | 一体 | | |
| ☐ | ぜんぜん<br>전혀 | 全然 | | |
| ☐ | 대체로, 대충 | だいたい | | |
| ☐ | 슬슬 | そろそろ | | |
| ☐ | 물론 | もちろん | | |
| ☐ | 일부러, 모처럼 | わざわざ | | |
| ☐ | けっして<br>결코, 절대로 | 決して | | |
| ☐ | 역시 | やっぱり・やはり | | |
| ☐ | 아마 | たぶん | | |
| ☐ | とくに<br>특히, 특별히 | 特に | | |
| ☐ | 겨우, 드디어 | やっと | | |
| ☐ | べつに<br>별로, 별도로 | 別に | | |
| ☐ | 똑똑히, 확실히 | はっきり | | |
| ☐ | 단단히, 확실히 | しっかり | | |
| ☐ | 몹시, 대단히 | ずいぶん | | |
| ☐ | 꼭, 반드시, 분명 | きっと | | |
| ☐ | きゅうに<br>갑자기 | 急に | | |
| ☐ | 딱, 마침 | ちょうど | | |
| ☐ | 대부분, 거의 | ほとんど | | |
| ☐ | 혹시, 만약 | もし | | |

# DAY 18
# 경어

얼마나 알고 있나요?

**사전 체크**

- 01 ごぞんじだ
- 02 いたす
- 03 いただく
- 04 いらっしゃる
- 05 伺う
- 06 おっしゃる
- 07 おる
- 08 くださる
- 09 ご覧に なる
- 10 差し上げる
- 11 なさる
- 12 参る
- 13 召し上がる
- 14 申し上げる

## 경어 DAY 18

**01 ごぞんじだ**
[존] 알고 계시다

モンブランという デザートを ごぞんじですか。
몽블랑이라는 디저트를 알고 계십니까?
+ 「知っている 알고 있다」의 존경어

**02 いたす**
[겸] 하다

それでは ご案内 いたします。
그럼 안내해 드리겠습니다.
+ 「する 하다」의 겸양어

**03 いただく**
[겸] 먹다, 마시다, 받다

先生に おいしい クッキーを いただきました。
선생님께 맛있는 쿠키를 받았습니다.
+ 「食べる 먹다」, 「飲む 마시다」, 「もらう 받다」의 겸양어

**04 いらっしゃる**
[존] 가시다, 오시다, 계시다

社長は いらっしゃいますか。
사장님은 계십니까?
+ 「行く 가다」, 「来る 오다」, 「いる 있다」의 존경어

**05 伺う (うかがう)**
[겸] 여쭙다, 찾아뵙다

それでは 来週、伺います。
그럼 다음 주에 찾아뵙겠습니다.
+ 「聞く 듣다, 묻다」, 「訪れる 방문하다」의 겸양어

**06 おっしゃる**
[존] 말씀하시다

課長が 急ぐようにと おっしゃいました。
과장님이 서두르라고 말씀하셨습니다.
+ 「言う 말하다」의 존경어

**07 おる**
[겸] 있다

私は 妹が 一人 おります。
저는 여동생이 한 명 있습니다.
+ 「いる 있다」의 겸양어

## 08 くださる
존 주시다

課長が お土産を くださいました。
과장님이 선물을 주셨습니다.

+ 「くれる 주다」의 존경어

## 09 ご覧に なる
존 보시다

昨日の メールは ご覧に なりましたか。
어제의 메일은 보셨습니까?

+ 「見る 보다」의 존경어

## 10 差し上げる
겸 드리다

今日 来て くださった 方には、こちらの プレゼントを 差し上げます。
오늘 와 주신 분께는 이쪽의 선물을 드립니다.

+ 「あげる 주다」의 겸양어

## 11 なさる
존 하시다

お食事は 何に なさいますか。
식사는 무엇으로 하시겠습니까?

+ 「する 하다」의 존경어

## 12 参る
겸 가다, 오다

では 明日 10時に 参ります。
그럼 내일 10시에 오겠습니다(가겠습니다).

+ 「行く 가다」, 「来る 오다」의 겸양어

## 13 召し上がる
존 드시다

これ、みなさんで 召し上がって ください。
이거, 여러분 다 함께 드세요.

+ 「食べる 먹다」, 「飲む 마시다」의 존경어

## 14 申し上げる
겸 말씀드리다

先生には もう、申し上げました。
선생님께는 이미 말씀드렸습니다.

+ 「言う 말하다」의 겸양어

## 확인 문제

**1** 해당 어휘의 읽는 법을 찾고 빈칸에 그 의미를 써 넣으세요.

| 보기 | 私 | ☑ わたし | ② あなた | 나, 저 |
|---|---|---|---|---|

(1) 伺う　　　① うしなう　② うかがう　_____

(2) 参る　　　① あやまる　② まいる　　_____

(3) 差し上げる　① さしあげる　② もうしあげる　_____

(4) 申し上げる　① さしあげる　② もうしあげる　_____

**2** 한국어 뜻을 참고하여 알맞은 단어를 보기에서 골라 넣어 문장을 완성하세요.

(5) 課長が 急ぐようにと (　　　　　)。
　　과장님이 서두르라고 말씀하셨습니다.

(6) 先生に おいしい クッキーを (　　　　　)。
　　선생님께 맛있는 쿠키를 받았습니다.

(7) モンブランという デザートを (　　　　　)か。
　　몽블랑이라는 디저트를 알고 계십니까?

(8) 私は 妹が 一人 (　　　　　)。
　　저는 여동생이 한 명 있습니다.

| 보기 | おります　　ごぞんじです |
|---|---|
| | いただきました　　おっしゃいました |

**정답**

(1) ② 여쭙다, 찾아뵙다　(2) ② 가다, 오다　(3) ① 드리다　(4) ② 말씀드리다
(5) おっしゃいました　(6) いただきました　(7) ごぞんじです　(8) おります

# 단어 퀴즈

❋ 단어를 보고 발음과 의미를 적어 보세요.

| 단어 | 발음 | 의미 |
|---|---|---|
| 私 | わたし | 나, 저 |
| いらっしゃる | | |
| ごぞんじだ | | |
| いたす | | |
| いただく | | |
| 伺う | | |
| おっしゃる | | |
| おる | | |
| くださる | | |
| ご覧になる | | |
| 差し上げる | | |
| なさる | | |
| 参る | | |
| 召し上がる | | |
| 申し上げる | | |

📖 정답은 앞으로 돌아가면 확인할 수 있어요.

## 단어 퀴즈

❉ 한번 더 복습해 봅시다.

| 읽는 법과 뜻 | | 단어 | 발음 | 의미 |
|---|---|---|---|---|
| ☐ | わたし<br>나, 저 | 예 私 | わたし | 나, 저 |
| ☐ | 가시다, 오시다,<br>계시다 | いらっしゃる | | |
| ☐ | 알고 계시다 | ごぞんじだ | | |
| ☐ | 하다 | いたす | | |
| ☐ | 먹다, 마시다, 받다 | いただく | | |
| ☐ | うかがう<br>여쭙다, 찾아뵙다 | 伺う | | |
| ☐ | 말씀하시다 | おっしゃる | | |
| ☐ | 있다 | おる | | |
| ☐ | 주시다 | くださる | | |
| ☐ | ごらんに なる<br>보시다 | ご覧に なる | | |
| ☐ | さしあげる<br>드리다 | 差し上げる | | |
| ☐ | 하시다 | なさる | | |
| ☐ | まいる<br>가다, 오다 | 参る | | |
| ☐ | めしあがる<br>드시다 | 召し上がる | | |
| ☐ | もうしあげる<br>말씀드리다 | 申し上げる | | |

# DAY 19
# 가타카나어 (1)

음성듣기

얼마나 알고 있나요?

**사전 체크**

- 01 アイロン
- 02 アクセサリー
- 03 アジア
- 04 アナウンサー
- 05 アフリカ
- 06 アルコール
- 07 エスカレーター
- 08 カーテン
- 09 ガス
- 10 ガソリンスタンド
- 11 ガラス
- 12 キロ
- 13 グラム
- 14 ケーキ
- 15 ゲーム
- 16 コンサート
- 17 サイン
- 18 サラダ
- 19 サンダル
- 20 サンドイッチ
- 21 ジャム
- 22 ジュース
- 23 スーツ
- 24 スーツケース
- 25 ステーキ
- 26 スピーカー
- 27 スピーチ
- 28 スリッパ
- 29 セット
- 30 センチ
- 31 ソフトドリンク
- 32 タイプ
- 33 ダンス
- 34 チェック
- 35 チャンス
- 36 テキスト

## 가타카나어 (1)  DAY 19

**01 アイロン**
명 다리미

スカートに **アイロン**を かけた。
치마에 다림질을 했다.

➕ アイロンを かける 다림질을 하다

**02 アクセサリー**
명 액세서리

きれいな **アクセサリー**を つけて いますね。
예쁜 액세서리를 걸고 계시네요.

**03 アジア**
명 아시아

私は 大学で **アジア**の 文化を 教えて います。
나는 대학에서 아시아 문화를 가르치고 있습니다.

**04 アナウンサー**
명 아나운서

卒業したら **アナウンサー**に なりたいです。
졸업하면 아나운서가 되고 싶습니다.

**05 アフリカ**
명 아프리카

30歳に なる 前に **アフリカ**を 旅行したいです。
서른 살이 되기 전에 아프리카를 여행하고 싶습니다.

**06 アルコール**
명 알코올

科学の 授業で **アルコール**を 使う 場合が ある。
과학 수업에서 알코올을 사용하는 경우가 있다.

## 07 エスカレーター
명 에스컬레이터

3階なら こちらの **エスカレーター**を ご利用 ください。
3층이라면 이쪽의 에스컬레이터를 이용해 주세요.

## 08 カーテン
명 커튼

週末に 部屋の **カーテン**を 買いに 行く 予定です。
주말에 방 커튼을 사러 갈 예정입니다.

## 09 ガス
명 가스, 가스불

料理を する ために **ガス**を つけた。
요리를 하기 위해 가스불을 켰다.

## 10 ガソリンスタンド
명 주유소

**ガソリンスタンド**で 車に ガソリンを 入れました。
주유소에서 차에 기름을 넣었습니다.

➕ ガソリン 가솔린, 휘발유

## 11 ガラス
명 유리

**ガラス**の コップを 割って しまった。
유리컵을 깨고 말았다.

## 12 キロ
명 킬로그램(kg), 킬로미터(km)

入院してから 4**キロ**も やせた。
입원하고 나서 4kg나 살이 빠졌다.

## 가타카나어 (1) — DAY 19

**13 グラム**
명 그램(g)

牛肉を 200グラム ください。
소고기를 200g 주세요.

**14 ケーキ**
명 케이크

お母さんの バースデーケーキを 買って 家に 帰った。
엄마의 생일 케이크를 사서 집으로 돌아갔다.

**15 ゲーム**
명 게임

息子は 勉強は しないで ゲームばかり して いる。
아들은 공부는 하지 않고 게임만 하고 있다.

**16 コンサート**
명 콘서트

今夜、クラシックの コンサートに 行く。
오늘 밤에 클래식 콘서트에 간다.

➕ ライブ 라이브 콘서트, 콘서트

**17 サイン**
명 사인, 서명, 신호

好きな 歌手が サインを して くれて うれしかった。
좋아하는 가수가 사인을 해 주어서 기뻤다.

**18 サラダ**
명 샐러드

朝ご飯は トマトサラダと パンを 食べました。
아침 식사는 토마토 샐러드와 빵을 먹었습니다.

## 19 サンダル
명 샌들

海に 行く 時は サンダルを はいた 方が いいです。
바다에 갈 때는 샌들을 신는 편이 좋아요.

## 20 サンドイッチ
명 샌드위치

私の サンドイッチには きゅうりは 入れないで ください。
제 샌드위치에는 오이는 넣지 말아 주세요.

## 21 ジャム
명 잼

いちごと さとうを 使って ジャムを 作った。
딸기와 설탕을 사용하여 잼을 만들었다.

## 22 ジュース
명 주스

暑いから 冷たい ジュースが 飲みたいですね。
더우니까 차가운 주스를 마시고 싶네요.

## 23 スーツ
명 슈트, 정장

私の 会社は スーツを 着なくても いいです。
우리 회사는 정장을 입지 않아도 됩니다.

유 背広 신사복, 남성 정장

## 24 スーツケース
명 여행용 가방, 캐리어

お土産を 買いすぎて スーツケースが 重い。
선물을 너무 많이 사서 여행 가방이 무겁다.

## 가타카나어 (1)  DAY 19

**25 ステーキ**
명 스테이크

お父さんが 私の ステーキを 切って くれました。
아버지가 내 스테이크를 잘라 주었습니다.

**26 スピーカー**
명 스피커

スピーカーから 授業を 知らせる ベルが 鳴った。
스피커에서 수업을 알리는 벨이 울렸다.

**27 スピーチ**
명 스피치, 연설

校長先生が 学生たちの 前で スピーチを しています。
교장 선생님이 학생들 앞에서 연설을 하고 있습니다.

**28 スリッパ**
명 슬리퍼

靴を 脱いで スリッパを はいて ください。
신발을 벗고 슬리퍼를 신어 주세요.

**29 セット**
명 する 세트, 셋팅

ランチセットには デザートが 付いて います。
런치 세트에는 디저트가 붙어 있습니다.

➕ セットする (알람을) 셋팅하다, (헤어스타일을) 셋팅하다
朝 6時に アラームを セットして おきました。
아침 6시로 알람을 셋팅해 두었습니다.

**30 センチ**
명 센티미터(cm)

髪を 5センチくらい 切りました。
머리를 5cm 정도 잘랐습니다.

## 31 ソフトドリンク
명 소프트드링크, 알코올이 들어 있지 않은 음료 종류

お酒は 飲めないので、ソフトドリンクを 頼んだ。
술은 마시지 못하기 때문에 소프트드링크를 주문했다.

## 32 タイプ
명 타입, 형태

私は あまり 真面目な タイプでは ない。
나는 그다지 성실한 타입이 아니다.

## 33 ダンス
명 댄스, 춤

最近は 学校で ダンスの 授業が あるそうだ。
요즘은 학교에서 댄스 수업이 있다고 한다.

유 踊り 춤　踊る 춤추다

## 34 チェック
명 する 체크, 확인

忘れ物は ないか、もう一度 チェックして ください。
잊은 물건은 없는지 다시 한번 체크해 주세요.

## 35 チャンス
명 찬스, 기회

これが 最後の チャンスだと 思って います。
이게 마지막 기회라고 생각하고 있습니다.

유 機会 기회

## 36 テキスト
명 텍스트, 교과서, 교재, 원문

テキストの 105ページを 開いて ください。
교과서 105페이지를 펼쳐 주세요.

## 확인 문제

● 문맥에 맞는 표현을 보기에서 골라 써 넣으세요.

(1) 3階なら こちらの (　　　　　)を ご利用 ください。
3층이라면 이쪽의 에스컬레이터를 이용해 주세요.

(2) きれいな (　　　　　)を つけて いますね。
예쁜 액세서리를 걸고 계시네요.

(3) (　　　　　)で 車に ガソリンを いっぱい 入れました。
주유소에서 차에 기름을 가득 넣었습니다.

(4) いちごと さとうを 使って (　　　　　)を 作った。
딸기와 설탕을 사용하여 잼을 만들었다.

(5) これが 最後の (　　　　　)だと 思って います。
이게 마지막 기회라고 생각하고 있습니다.

(6) お酒は 飲めないので、(　　　　　)を 頼んだ。
술은 마시지 못하기 때문에 소프트드링크를 주문했다.

(7) (　　　　　)の 105ページを 開いて ください。
교과서 105페이지를 펼쳐 주세요.

(8) 入院してから 4(　　　　　)も やせた。
입원하고 나서 4kg나 살이 빠졌다.

| 보기 | エスカレーター　　キロ　　テキスト |
|---|---|
| | ガソリンスタンド　　ソフトドリンク |
| | ジャム　　チャンス　　アクセサリー |

---

정답

(1) エスカレーター　(2) アクセサリー　(3) ガソリンスタンド　(4) ジャム
(5) チャンス　(6) ソフトドリンク　(7) テキスト　(8) キロ

# 단어 퀴즈

✤ 단어를 보고 의미를 적어 보세요.

| 단어 | 의미 |
|---|---|
| アメリカ | 미국 |
| カーテン | |
| サンダル | |
| アルコール | |
| ダンス | |
| スーツケース | |
| センチ | |
| スリッパ | |
| アジア | |
| サンドイッチ | |
| アナウンサー | |
| チェック | |
| サラダ | |
| アイロン | |
| ジュース | |
| ステーキ | |
| スピーチ | |
| タイプ | |
| ゲーム | |
| アフリカ | |
| ガス | |

> 📖 정답을 따라 적으며 답을 확인할 수 있어요.

# 단어 퀴즈

❋ 한번 더 복습해 봅시다.

| 뜻 | 단어 | 의미 |
|---|---|---|
| 미국 | 예 アメリカ | 미국 |
| 커튼 | カーテン | |
| 샌들 | サンダル | |
| 알코올 | アルコール | |
| 댄스, 춤 | ダンス | |
| 여행용 가방, 캐리어 | スーツケース | |
| 센티미터(cm) | センチ | |
| 슬리퍼 | スリッパ | |
| 아시아 | アジア | |
| 샌드위치 | サンドイッチ | |
| 아나운서 | アナウンサー | |
| 체크, 확인 | チェック | |
| 샐러드 | サラダ | |
| 다리미 | アイロン | |
| 주스 | ジュース | |
| 스테이크 | ステーキ | |
| 스피치, 연설 | スピーチ | |
| 타입, 형태 | タイプ | |
| 게임 | ゲーム | |
| 아프리카 | アフリカ | |
| 가스, 가스불 | ガス | |

# DAY 20
# 가타카나어 (2)

얼마나 알고 있나요?

**사전 체크**

- ☐ 01 テニス
- ☐ 02 トラック
- ☐ 03 ドラマ
- ☐ 04 ドレス
- ☐ 05 ニュース
- ☐ 06 パーティー
- ☐ 07 パート(タイム)
- ☐ 08 バイク
- ☐ 09 バケツ
- ☐ 10 パソコン
- ☐ 11 バター
- ☐ 12 ピアノ
- ☐ 13 ビール
- ☐ 14 ピクニック
- ☐ 15 ピンク
- ☐ 16 フィルム
- ☐ 17 フォーク
- ☐ 18 プリント
- ☐ 19 プール
- ☐ 20 プレゼント
- ☐ 21 ページ
- ☐ 22 ベッド
- ☐ 23 ベル
- ☐ 24 ボート
- ☐ 25 ボール
- ☐ 26 ポスター
- ☐ 27 ポスト
- ☐ 28 マスク
- ☐ 29 マッチ
- ☐ 30 ルール
- ☐ 31 レコード
- ☐ 32 レジ
- ☐ 33 レベル
- ☐ 34 レポート
- ☐ 35 ワイシャツ
- ☐ 36 ワンピース

## 가타카나어 (2) — DAY 20

**01 テニス**
명 테니스
趣味で テニスを 習って います。
취미로 테니스를 배우고 있습니다.

**02 トラック**
명 트럭
家の 前に 大きい トラックが 止まって いる。
집 앞에 큰 트럭이 서 있다.

**03 ドラマ**
명 드라마
映画も ドラマも あまり 見ません。
영화도 드라마도 그다지 보지 않습니다.

**04 ドレス**
명 드레스
パーティードレスを 貸して くれる お店が あるらしい。
파티 드레스를 빌려주는 가게가 있다고 한다.

**05 ニュース**
명 뉴스
ニュースで 飛行機の 事故を 知って 驚いた。
뉴스로 비행기 사고를 알고 놀랐다.

**06 パーティー**
명 파티
明日、留学生たちの ための パーティーが あるから 来て ください。
내일 유학생들을 위한 파티가 있으니까 와 주세요.

## 07 パート(タイム)
명 파트 타임, 시간제 근무

母は パートで スーパーで 働いて います。
어머니는 시간제로 슈퍼에서 일하고 있습니다.

## 08 バイク
명 바이크, 오토바이

バイクに 乗る 時は ヘルメットを かぶらなければ ならない。
바이크를 탈 때는 헬멧을 쓰지 않으면 안 된다.

유 オートバイ 오토바이

## 09 バケツ
명 양동이, 버킷

バケツの 中に 水が いっぱい 入って います。
양동이 안에 물이 가득 들어 있습니다.

## 10 パソコン
명 PC, 컴퓨터

使わなくなった パソコンを 後輩に 上げる ことに した。
사용하지 않게 된 컴퓨터를 후배에게 주기로 했다.

## 11 バター
명 버터

この パンから バターの いい 匂いが します。
이 빵에서 버터의 좋은 냄새가 납니다.

## 12 ピアノ
명 피아노

教室から ピアノの 音が 聞こえて くる。
교실에서 피아노 소리가 들려 온다.

## 가타카나어 (2) — DAY 20

**13 ビール**
명 맥주

この ビール、温くて おいしく ないです。
이 맥주, 미지근해서 맛있지 않아요.

➕ ビル '빌딩'의 준말

---

**14 ピクニック**
명 피크닉, 소풍

お弁当を 作って ピクニックに 行きましょう。
도시락을 만들어서 소풍을 갑시다.

---

**15 ピンク**
명 핑크, 분홍색

春に なると、公園に ピンクや 黄色の 花が たくさん 咲きます。
봄이 되면 공원에 분홍색이나 노란색 꽃이 많이 핍니다.

---

**16 フィルム**
명 필름

彼は 今も フィルムカメラで 写真を 撮ったり して いる。
그는 지금도 필름 카메라로 사진을 찍곤 한다.

---

**17 フォーク**
명 포크

テーブルの 上に ナイフと フォークが 並んで いる。
테이블 위에 나이프와 포크가 늘어서 있다.

➕ ナイフ 나이프

---

**18 プリント**
명 する 프린트, 인쇄, 인쇄물

これを プリントして 課長に 渡して ください。
이걸 인쇄해서 과장님께 전달해 주세요.

| | | |
|---|---|---|
| ☐ ☐ | **19** **プール** 명 수영장 | 学校の プールで 水泳の 練習を した。 학교 수영장에서 수영 연습을 했다. |
| ☐ ☐ | **20** **プレゼント** 명 する 선물 | 誕生日の プレゼントで 帽子を もらいました。 생일 선물로 모자를 받았습니다. 유 お土産 선물, 기념품   贈り物 선물 |
| ☐ ☐ | **21** **ページ** 명 페이지, 쪽 | この ページは テストに 出ません。 이 페이지는 시험에 나오지 않습니다. |
| ☐ ☐ | **22** **ベッド** 명 침대 | この ベッドは 息子には 小さすぎると 思います。 이 침대는 아들에게는 너무 작다고 생각합니다. |
| ☐ ☐ | **23** **ベル** 명 벨, 종 | ベルが 鳴ったので 席に ついて ください。 종이 울렸으니 자리에 앉아 주세요. |
| ☐ ☐ | **24** **ボート** 명 보트, 작은 배 | 動物の 形の ボートに 子どもと 一緒に 乗りました。 동물 모양 보트에 아이와 함께 탔습니다. |

## 가타카나어 (2)  DAY 20

**25 ボール**
명 볼, 공

息子は サッカーの ボールを もらって、とても 喜んで いた。
아들은 축구공을 받고 매우 기뻐하고 있었다.

**26 ポスター**
명 포스터

今度の イベントの ポスターを デザインする ことに なった。
이번 이벤트의 포스터를 디자인하게 되었다.

**27 ポスト**
명 포스트, 우체통, 우편함

友だちに 送る 手紙を ポストに 入れました。
친구에게 보내는 편지를 우체통에 넣었습니다.

**28 マスク**
명 마스크

風邪を 引いたので マスクを して 学校へ 行きました。
감기에 걸려서 마스크를 하고 학교에 갔습니다.

**29 マッチ**
명 성냥

マッチが 雨に 濡れて 火が つかない。
성냥이 비에 젖어서 불이 붙지 않는다.

**30 ルール**
명 룰, 규칙

学生も 先生も 学校の ルールは 守らなければ なりません。
학생도 선생님도 학교 규칙은 지키지 않으면 안 됩니다.

유 規則 규칙

## 31
### レコード
**명** 레코드, 기록, 음반

最近さいきんは レコードを 買かうより ネットで 音楽おんがくを 聞きく 人ひとの 方ほうが 多おおいです。
최근에는 음반을 사기보다 인터넷으로 음악을 듣는 사람 쪽이 더 많습니다.

## 32
### レジ
**명** 금전 출납기, 계산 담당 (레지스터의 준말)

コンビニの レジが 混こんで います。
편의점 계산대가 붐비고 있습니다.

## 33
### レベル
**명** 레벨, 수준

英語教室えいごきょうしつで レベルテストを 受うけました。
영어 교실(학원)에서 레벨 테스트를 받았습니다.

## 34
### レポート
**명** **する** 리포트, 보고서

明日あしたまで レポートを 2ふたつ 出ださなければ ならない。
내일까지 리포트를 두 개 제출하지 않으면 안 된다.

## 35
### ワイシャツ
**명** 와이셔츠

ワイシャツに アイロンを かけて おいた。
와이셔츠에 다림질을 해 두었다.

## 36
### ワンピース
**명** 원피스

この ワンピースは かわいいから よく 着きます。
이 원피스는 귀여워서 자주 입습니다.

가타카나어 (2)

## 확인 문제

● 문맥에 맞는 표현을 보기에서 골라 써 넣으세요.

(1) この パンから (　　　　)の いい 匂いが します。
이 빵에서 버터의 좋은 냄새가 납니다.

(2) お弁当を 作って (　　　　)に 行きましょう。
도시락을 만들어서 소풍을 갑시다.

(3) (　　　　)の 中に 水が いっぱい 入って います。
양동이 안에 물이 가득 들어 있습니다.

(4) 風邪を 引いたので (　　　　)を して 学校へ 行きました。
감기에 걸려서 마스크를 하고 학교에 갔습니다.

(5) これを (　　　　)して 課長に 渡して ください。
이걸 인쇄해서 과장님께 전달해 주세요.

(6) 学生も 先生も 学校の (　　　　)は 守らなければ なりません。
학생도 선생님도 학교 규칙은 지키지 않으면 안 됩니다.

(7) 家の 前に 大きい (　　　　)が 止まって いる。
집 앞에 큰 트럭이 서 있다.

(8) コンビニの (　　　　)が 混んで います。
편의점 계산대가 붐비고 있습니다.

| 보기 | レジ　　マスク　　バケツ　　ピクニック　　プリント　　ルール　　バター　　トラック |

**정답**
(1) バター　(2) ピクニック　(3) バケツ　(4) マスク
(5) プリント　(6) ルール　(7) トラック　(8) レジ

# 단어 퀴즈

✖ 단어를 보고 의미를 적어 보세요.

| 단어 | 의미 |
|---|---|
| アメリカ | 미국 |
| パート(タイム) | |
| パソコン | |
| ワンピース | |
| ベル | |
| フォーク | |
| バイク | |
| ページ | |
| ポスト | |
| レコード | |
| ベッド | |
| フィルム | |
| ポスター | |
| ドラマ | |
| ニュース | |
| レポート | |
| ワイシャツ | |
| プレゼント | |
| テニス | |
| マッチ | |
| ボート | |

📖 선을 따라 접으면 답을 확인할 수 있어요.

# 단어 퀴즈

❋ 한번 더 복습해 봅시다.

| 뜻 | | 단어 | 의미 |
|---|---|---|---|
| ☐ 미국 | 예 | アメリカ | 미국 |
| ☐ 파트 타임, 시간제 근무 | | パート(タイム) | |
| ☐ PC, 컴퓨터 | | パソコン | |
| ☐ 원피스 | | ワンピース | |
| ☐ 벨, 종 | | ベル | |
| ☐ 포크 | | フォーク | |
| ☐ 바이크, 오토바이 | | バイク | |
| ☐ 페이지, 쪽 | | ページ | |
| ☐ 포스트, 우체통, 우편함 | | ポスト | |
| ☐ 레코드, 기록, 음반 | | レコード | |
| ☐ 침대 | | ベッド | |
| ☐ 필름 | | フィルム | |
| ☐ 포스터 | | ポスター | |
| ☐ 드라마 | | ドラマ | |
| ☐ 뉴스 | | ニュース | |
| ☐ 리포트, 보고서 | | レポート | |
| ☐ 와이셔츠 | | ワイシャツ | |
| ☐ 선물 | | プレゼント | |
| ☐ 테니스 | | テニス | |
| ☐ 성냥 | | マッチ | |
| ☐ 보트, 작은 배 | | ボート | |

## 독해 연습

### 旅行の 喜び

都会の 生活に 疲れると、人は 旅行に 行って みたく なる。いつもとは 違う わくわくした 気分で、季節に よって 違う 景色を 探して 歩いたり、日本 全国に ある 温泉を 楽しむ ことで 少しの 間、ストレスを 忘れる ことが できるからだ。今は 交通が 便利なので 北から 南まで、どこでも 速く、自由に 行けるが、時には 電車を 途中で 降りて、地図を 見ながら ぶらぶらするのも おもしろい。静かな 町の 中で 道が わからない 時、そこに 住んで いる 人に 声を かけて おいしい 店を 教えて もらえる ことも ある。何日間かの 旅行から 帰ったら、今までとは 違う 自分に なった 気分に なれるのも 旅行の もう一つの 喜びだ。

### 해석

### 여행의 기쁨

도시의 생활에 지치면 사람은 여행을 가고 싶어진다. 언제나와는 다른 두근두근하는 마음으로, 계절에 따라 다른 경치를 찾아 걷거나, 일본 전국에 있는 온천을 즐김으로써 잠시 동안 스트레스를 잊을 수 있기 때문이다. 지금은 교통이 편리해서 북쪽에서 남쪽까지 어디든지 빠르고 자유롭게 갈 수 있지만, 때로는 전철을 도중에 내려 지도를 보면서 어슬렁거리는 것도 재미있다. 조용한 마을 안에서 길을 모를 때, 그곳에 살고 있는 사람에게 말을 걸어 맛있는 가게를 알 수 있게 되는 경우도 한다. 며칠 간의 여행에서 돌아오면, 지금까지와는 다른 내가 된 기분이 될 수 있는 것도 여행의 또 하나의 기쁨이다.

## 시험 직전
# 집중 공략집

- **품사별 활용표** — 370
  명사·い형용사·な형용사·동사
- **지시사와 숫자** — 374
- **시간과 요일** — 375
- **날짜** — 376
- **조수사** — 377
- **기출 어휘** — 379
  N5 기출 어휘
  N4 기출 어휘
- **색인** — 417

## ● 품사별 활용표　명사 · い형용사 · な형용사

| 표현 유형 | 기본형 | 정중형 | 부정형 | 과거형 | 연결/이유 |
|---|---|---|---|---|---|
| 접속어 | ~だ<br>(~이다) | ~です<br>(~입니다) | ~ではない<br>(~이/가 아니다) | ~だった<br>(~였다) | ~で<br>(~이고/~라서) |
| 명사 | 学生だ<br>학생이다 | 学生です | 学生ではない | 学生だった | 学生で |

| 표현 유형 | | 기본형 | 정중형 | 부정형 | 과거형 | 연결/이유 |
|---|---|---|---|---|---|---|
| 접속어 | | 어간+い<br>(~하다) | 기본형+です<br>(~합니다) | 어간+くない<br>(~지 않다) | 어간+かった<br>(~했다) | 어간+くて<br>(~하고/~해서) |
| い형용사<br>어간 + い | | 大きい<br>크다 | 大きいです | 大きくない | 大きかった | 大きくて |
| | | 楽しい<br>즐겁다 | 楽しいです | 楽しくない | 楽しかった | 楽しくて |
| | | 安い<br>싸다 | 安いです | 安くない | 安かった | 安くて |
| | | いい<br>좋다 | いいです | よくない | よかった | よくて |
| | | ない<br>없다 | ないです | なく(は)ない | なかった | なくて |

| 표현 유형 | | 기본형 | 정중형 | 부정형 | 과거형 | 연결/이유 |
|---|---|---|---|---|---|---|
| 접속어 | | 어간+だ<br>(~하다) | 어간+です<br>(~합니다) | 어간+ではない<br>(~지 않다) | 어간+だった<br>(~했다) | 어간+で<br>(~하고/~해서) |
| な형용사<br>어간 + な | | きれいだ<br>예쁘다, 깨끗하다 | きれいです | きれいではない | きれいだった | きれいで |
| | | 静かだ<br>조용하다 | 静かです | 静かではない | 静かだった | 静かで |
| | | 大変だ<br>힘들다, 큰일이다 | 大変です | 大変ではない | 大変だった | 大変で |
| | | 同じだ<br>같다 | 同じです | 同じではない | 同じだった | 同じで |

※ では＝じゃ

| 부사형 | 명사 수식 | 가정형 | 추측 ① | 추측 ② | 추측 ③ |
|---|---|---|---|---|---|
| - | ~の+명사<br>(~의 ~/~인 ~) | ~なら(ば)<br>(~라면/~이면) | ~だろう<br>(~겠지/~일 것이다) | - | ~の+ようだ<br>(~인 것 같다) |
| - | がくせい<br>学生の명사 | がくせい<br>学生なら(ば) | がくせい<br>学生だろう | - | がくせい<br>学生のようだ |

| 어간+く<br>(~게) | 기본형+명사<br>(~한 ~) | 어간+ければ<br>(~면) | 기본형+だろう<br>어간+かろう<br>(~겠지/~ㄹ 것이다) | 어간+そうだ<br>(~ㄴ 듯 하다) | 기본형+ようだ<br>(~ㄴ 것 같다) |
|---|---|---|---|---|---|
| おお<br>大きく | おお<br>大きい+명사 | おお<br>大きければ | おお<br>大きいだろう<br>おお<br>大きかろう | おお<br>大きそうだ | おお<br>大きいようだ |
| たの<br>楽しく | たの<br>楽しい+명사 | たの<br>楽しければ | たの<br>楽しいだろう<br>たの<br>楽しかろう | たの<br>楽しそうだ | たの<br>楽しいようだ |
| やす<br>安く | やす<br>安い+명사 | やす<br>安ければ | やす<br>安いだろう<br>やす<br>安かろう | やす<br>安そうだ | やす<br>安いようだ |
| よく | いい+명사 | よければ | いいだろう<br>よかろう | よさそうだ | いいようだ |
| なく | ない+명사 | なければ | ないだろう<br>なかろう | なさそうだ | ないようだ |

| 어간+に<br>(~게) | 어간+な+명사<br>(~한 ~) | 어간+なら(ば)<br>(~면) | 어간+だろう<br>(~겠지/~ㄹ 것이다) | 어간+そうだ<br>(~ㄴ 듯 하다) | 어간+な+ようだ<br>(~ㄴ 것 같다) |
|---|---|---|---|---|---|
| きれいに | きれいな+명사 | きれいなら(ば) | きれいだろう | きれいそうだ | きれいなようだ |
| しず<br>静かに | しず<br>静かな+명사 | しず<br>静かなら(ば) | しず<br>静かだろう | しず<br>静かそうだ | しず<br>静かなようだ |
| たいへん<br>大変に | たいへん<br>大変な+명사 | たいへん<br>大変なら(ば) | たいへん<br>大変だろう | たいへん<br>大変そうだ | たいへん<br>大変なようだ |
| おな<br>同じに<br>同じく | おな<br>同じ+명사★ | おな<br>同じなら(ば) | おな<br>同じだろう | - | おな<br>同じようだ★ |

★은 예외 활용

## 품사별 활용표 — 동사

| 표현 유형 | 기본형<br>(〜다) | ます형(정중형)<br>(〜합니다) | ない형(부정형)<br>(〜하지 않다) | て형(연결형)<br>(〜하고/〜해서) | |
|---|---|---|---|---|---|
| 접속어 | 〜[u] | 〜[i]+ます | 〜[a]+ない | 〜て | |
| **1그룹 동사**<br>(마지막 [u]단을 い단 표기 단으로 바꾸어 접속) | 言う 말하다 | 言います | 言わない | う・つ・る<br>↓<br>って | 言って |
| | 待つ 기다리다 | 待ちます | 待たない | | 待って |
| | 乗る (탈것에) 타다 | 乗ります | 乗らない | | 乗って |
| | 行く 가다 | 行きます | 行かない | 行って★ | |
| | 書く 쓰다 | 書きます | 書かない | く→いて | 書いて |
| | 泳ぐ 헤엄치다 | 泳ぎます | 泳がない | ぐ→いで | 泳いで |
| | 話す 이야기하다 | 話します | 話さない | す→して | 話して |
| | 死ぬ 죽다 | 死にます | 死なない | ぬ・ぶ・む<br>↓<br>んで | 死んで |
| | 飛ぶ 뛰다, 날다 | 飛びます | 飛ばない | | 飛んで |
| | 読む 읽다 | 読みます | 読まない | | 読んで |
| | 走る★ 달리다 | 走ります | 走らない | 走って | |

★ 「行く 가다」의 て형과 た형은 예외 활용

| 접속어 | 〜る | 〜る+ます | 〜る+ない | 〜る+て |
|---|---|---|---|---|
| **2그룹 동사** | いる 있다(사람·동물) | います | いない | いて |
| | 見る 보다 | 見ます | 見ない | 見て |
| | 食べる 먹다 | 食べます | 食べない | 食べて |
| | 寝る 자다 | 寝ます | 寝ない | 寝て |

| 접속어 | 불규칙 활용 | | | |
|---|---|---|---|---|
| **3그룹 동사** | する 하다 | します | しない | して |
| | 来る 오다 | 来ます | 来ない | 来て |

| た형(과거형)<br>(~었다/~했다) | 의지형<br>(~해야지) | 수동형<br>(~당하다) | 가능형<br>(~할 수 있다) | 가정형<br>(~하면) |
|---|---|---|---|---|
| ~た | ~[o]+う | ~[a]+れる | ~[e]+る | ~[e]+ば |

| | | | | | |
|---|---|---|---|---|---|
| う・つ・る<br>↓<br>った | い<br>言った | い<br>言おう | い<br>言われる | い<br>言える | い<br>言えば |
| | ま<br>待った | ま<br>待とう | ま<br>待たれる | ま<br>待てる | ま<br>待てば |
| | の<br>乗った | の<br>乗ろう | の<br>乗られる | の<br>乗れる | の<br>乗れば |
| | い<br>行った ★ | い<br>行こう | い<br>行かれる | い<br>行ける | い<br>行けば |
| く→いた | か<br>書いた | か<br>書こう | か<br>書かれる | か<br>書ける | か<br>書けば |
| ぐ→いだ | およ<br>泳いだ | およ<br>泳ごう | およ<br>泳がれる | およ<br>泳げる | およ<br>泳げば |
| す→した | はな<br>話した | はな<br>話そう | はな<br>話される | はな<br>話せる | はな<br>話せば |
| ぬ・ぶ・む<br>↓<br>んだ | し<br>死んだ | し<br>死のう | し<br>死なれる | し<br>死ねる | し<br>死ねば |
| | と<br>飛んだ | と<br>飛ぼう | と<br>飛ばれる | と<br>飛べる | と<br>飛べば |
| | よ<br>読んだ | よ<br>読もう | よ<br>読まれる | よ<br>読める | よ<br>読めば |
| | はし<br>走った | はし<br>走ろう | はし<br>走られる | はし<br>走れる | はし<br>走れば |

★ 예외 1그룹 동사: 동사의 형태는 2그룹이지만 1그룹 활용을 하는 동사
(要る 필요하다　帰る 돌아가(오)다　切る 자르다　知る 알다　入る 들어가(오)다 등)

| ~る+た | ~る+よう | ~る+られる | ~る+られる | ~[e]+ば |
|---|---|---|---|---|
| いた | いよう | いられる | いられる | いれば |
| み<br>見た | み<br>見よう | み<br>見られる | み<br>見られる | み<br>見れば |
| た<br>食べた | た<br>食べよう | た<br>食べられる | た<br>食べられる | た<br>食べれば |
| ね<br>寝た | ね<br>寝よう | ね<br>寝られる | ね<br>寝られる | ね<br>寝れば |

**불규칙 활용**

| | | | | |
|---|---|---|---|---|
| した | しよう | される | できる | すれば |
| き<br>来た | こ<br>来よう | こ<br>来られる | こ<br>来られる | く<br>来れば |

## ● 지시사와 숫자

### 지시사

| | こ 이 | そ 그 | あ 저 | ど 어느 |
|---|---|---|---|---|
| 사물 | これ 이것 | それ 그것 | あれ 저것 | どれ 어느 것 |
| 장소 | ここ 여기 | そこ 거기 | あそこ 저기 | どこ 어디 |
| 명사 수식 | この~ 이~ | その~ 그~ | あの~ 저~ | どの~ 어느~ |
| 방향 | こちら 이쪽 | そちら 그쪽 | あちら 저쪽 | どちら 어느 쪽 |
| 성질 | こんな 이런 | そんな 그런 | あんな 저런 | どんな 어떤 |
| 부사형 | こう 이렇게 | そう 그렇게 | ああ 저렇게 | どう 어떻게 |

### 숫자

| | 일 단위 | | 십 단위 | | 백 단위 | | 천 단위 | | 만 단위 |
|---|---|---|---|---|---|---|---|---|---|
| 1 | いち 一 | 10 | じゅう 十 | 100 | ひゃく 百 | 1,000 | せん 千 | 10,000 | いちまん 一万 |
| 2 | に 二 | 20 | にじゅう 二十 | 200 | にひゃく 二百 | 2,000 | にせん 二千 | 20,000 | にまん 二万 |
| 3 | さん 三 | 30 | さんじゅう 三十 | 300 | さんびゃく 三百 | 3,000 | さんぜん 三千 | 30,000 | さんまん 三万 |
| 4 | し・よん 四・四 | 40 | よんじゅう 四十 | 400 | よんひゃく 四百 | 4,000 | よんせん 四千 | 40,000 | よんまん 四万 |
| 5 | ご 五 | 50 | ごじゅう 五十 | 500 | ごひゃく 五百 | 5,000 | ごせん 五千 | 50,000 | ごまん 五万 |
| 6 | ろく 六 | 60 | ろくじゅう 六十 | 600 | ろっぴゃく 六百 | 6,000 | ろくせん 六千 | 60,000 | ろくまん 六万 |
| 7 | しち・なな 七・七 | 70 | ななじゅう 七十 | 700 | ななひゃく 七百 | 7,000 | ななせん 七千 | 70,000 | ななまん 七万 |
| 8 | はち 八 | 80 | はちじゅう 八十 | 800 | はっぴゃく 八百 | 8,000 | はっせん 八千 | 80,000 | はちまん 八万 |
| 9 | きゅう・く 九・九 | 90 | きゅうじゅう 九十 | 900 | きゅうひゃく 九百 | 9,000 | きゅうせん 九千 | 90,000 | きゅうまん 九万 |

## 시간과 요일

### 시간

| | | 시 <ruby>時<rt>じ</rt></ruby> | | | |
|---|---|---|---|---|---|
| 1시 | 2시 | 3시 | 4시 | 5시 | 6시 |
| <ruby>一時<rt>いちじ</rt></ruby> | <ruby>二時<rt>にじ</rt></ruby> | <ruby>三時<rt>さんじ</rt></ruby> | <ruby>四時<rt>よじ</rt></ruby> | <ruby>五時<rt>ごじ</rt></ruby> | <ruby>六時<rt>ろくじ</rt></ruby> |
| 7시 | 8시 | 9시 | 10시 | 11시 | 12시 |
| <ruby>七時<rt>しちじ</rt></ruby> | <ruby>八時<rt>はちじ</rt></ruby> | <ruby>九時<rt>くじ</rt></ruby> | <ruby>十時<rt>じゅうじ</rt></ruby> | <ruby>十一時<rt>じゅういちじ</rt></ruby> | <ruby>十二時<rt>じゅうにじ</rt></ruby> |
| 몇 시 | <ruby>何時<rt>なんじ</rt></ruby> | | | | |

| | | 분 <ruby>分<rt>ふん</rt></ruby>・<ruby>分<rt>ぷん</rt></ruby> | | | |
|---|---|---|---|---|---|
| 1분 | <ruby>一分<rt>いっぷん</rt></ruby> | 7분 | <ruby>七分<rt>ななふん</rt></ruby> | 40분 | <ruby>四十分<rt>よんじゅっぷん</rt></ruby> |
| 2분 | <ruby>二分<rt>にふん</rt></ruby> | 8분 | <ruby>八分<rt>はちふん</rt></ruby>・<ruby>八分<rt>はっぷん</rt></ruby> | 50분 | <ruby>五十分<rt>ごじゅっぷん</rt></ruby> |
| 3분 | <ruby>三分<rt>さんぷん</rt></ruby> | 9분 | <ruby>九分<rt>きゅうふん</rt></ruby> | 60분 | <ruby>六十分<rt>ろくじゅっぷん</rt></ruby> |
| 4분 | <ruby>四分<rt>よんぷん</rt></ruby> | 10분 | <ruby>十分<rt>じゅっぷん</rt></ruby> | 반 | <ruby>半<rt>はん</rt></ruby> |
| 5분 | <ruby>五分<rt>ごふん</rt></ruby> | 20분 | <ruby>二十分<rt>にじゅっぷん</rt></ruby> | 몇 분 | <ruby>何分<rt>なんぷん</rt></ruby> |
| 6분 | <ruby>六分<rt>ろっぷん</rt></ruby> | 30분 | <ruby>三十分<rt>さんじゅっぷん</rt></ruby> | | |

### 요일

| | | | 요일 <ruby>曜日<rt>ようび</rt></ruby> | | | |
|---|---|---|---|---|---|---|
| 월요일 | 화요일 | 수요일 | 목요일 | 금요일 | 토요일 | 일요일 |
| <ruby>月曜日<rt>げつようび</rt></ruby> | <ruby>火曜日<rt>かようび</rt></ruby> | <ruby>水曜日<rt>すいようび</rt></ruby> | <ruby>木曜日<rt>もくようび</rt></ruby> | <ruby>金曜日<rt>きんようび</rt></ruby> | <ruby>土曜日<rt>どようび</rt></ruby> | <ruby>日曜日<rt>にちようび</rt></ruby> |

## ● 날짜

| 월 月 (がつ) | | | | | |
|---|---|---|---|---|---|
| 1월 | 2월 | 3월 | 4월 | 5월 | 6월 |
| 一月<br>いちがつ | 二月<br>にがつ | 三月<br>さんがつ | 四月<br>しがつ | 五月<br>ごがつ | 六月<br>ろくがつ |
| 7월 | 8월 | 9월 | 10월 | 11월 | 12월 |
| 七月<br>しちがつ | 八月<br>はちがつ | 九月<br>くがつ | 十月<br>じゅうがつ | 十一月<br>じゅういちがつ | 十二月<br>じゅうにがつ |

| 일 日 (にち) | | | | | | |
|---|---|---|---|---|---|---|
| 1일 | 2일 | 3일 | 4일 | 5일 | 6일 | 7일 |
| 一日 ★<br>ついたち | 二日<br>ふつか | 三日<br>みっか | 四日<br>よっか | 五日<br>いつか | 六日<br>むいか | 七日<br>なのか |
| 8일 | 9일 | 10일 | 11일 | 12일 | 13일 | 14일 |
| 八日<br>ようか | 九日<br>ここのか | 十日<br>とおか | 十一日<br>じゅういちにち | 十二日<br>じゅうににち | 十三日<br>じゅうさんにち | 十四日<br>じゅうよっか |
| 15일 | 16일 | 17일 | 18일 | 19일 | 20일 | 21일 |
| 十五日<br>じゅうごにち | 十六日<br>じゅうろくにち | 十七日<br>じゅうしちにち | 十八日<br>じゅうはちにち | 十九日<br>じゅうくにち | 二十日<br>はつか | 二十一日<br>にじゅういちにち |
| 22일 | 23일 | 24일 | 25일 | 26일 | 27일 | 28일 |
| 二十二日<br>にじゅうににち | 二十三日<br>にじゅうさんにち | 二十四日<br>にじゅうよっか | 二十五日<br>にじゅうごにち | 二十六日<br>にじゅうろくにち | 二十七日<br>にじゅうしちにち | 二十八日<br>にじゅうはちにち |
| 29일 | 30일 | 31일 | 몇 월 | 며칠 | | |
| 二十九日<br>にじゅうくにち | 三十日<br>さんじゅうにち | 三十一日<br>さんじゅういちにち | 何月<br>なんがつ | 何日<br>なんにち | | |

★ 기간을 뜻하는 '하루'는 「一日」라고 읽음 (いちにち)

## ● 조수사

| 수량 | ～つ<br>사물 | ～個(こ)<br>작은 사물 | ～人(にん)<br>사람 | ～杯・杯・杯(はい・ばい・ぱい)<br>컵 | ～匹・匹・匹(ひき・びき・ぴき)<br>동물 |
|---|---|---|---|---|---|
| 1 | ひと<br>一つ<br>하나 | いっこ<br>一個<br>한 개 | ひとり<br>一人<br>한 명 | いっぱい<br>一杯<br>한 잔 | いっぴき<br>一匹<br>한 마리 |
| 2 | ふた<br>二つ<br>둘 | にこ<br>二個<br>두 개 | ふたり<br>二人<br>두 명 | にはい<br>二杯<br>두 잔 | にひき<br>二匹<br>두 마리 |
| 3 | みっ<br>三つ<br>셋 | さんこ<br>三個<br>세 개 | さんにん<br>三人<br>세 명 | さんばい<br>三杯<br>세 잔 | さんびき<br>三匹<br>세 마리 |
| 4 | よっ<br>四つ<br>넷 | よんこ<br>四個<br>네 개 | よにん<br>四人<br>네 명 | よんはい<br>四杯<br>네 잔 | よんひき<br>四匹<br>네 마리 |
| 5 | いつ<br>五つ<br>다섯 | ごこ<br>五個<br>다섯 개 | ごにん<br>五人<br>다섯 명 | ごはい<br>五杯<br>다섯 잔 | ごひき<br>五匹<br>다섯 마리 |
| 6 | むっ<br>六つ<br>여섯 | ろっこ<br>六個<br>여섯 개 | ろくにん<br>六人<br>여섯 명 | ろっぱい<br>六杯<br>여섯 잔 | ろっぴき<br>六匹<br>여섯 마리 |
| 7 | なな<br>七つ<br>일곱 | ななこ<br>七個<br>일곱 개 | しちにん/ななにん<br>七人<br>일곱 명 | ななはい<br>七杯<br>일곱 잔 | ななひき<br>七匹<br>일곱 마리 |
| 8 | やっ<br>八つ<br>여덟 | はっこ<br>八個<br>여덟 개 | はちにん<br>八人<br>여덟 명 | はっぱい<br>八杯<br>여덟 잔 | はっぴき<br>八匹<br>여덟 마리 |
| 9 | ここの<br>九つ<br>아홉 | きゅうこ<br>九個<br>아홉 개 | きゅうにん<br>九人<br>아홉 명 | きゅうはい<br>九杯<br>아홉 잔 | きゅうひき<br>九匹<br>아홉 마리 |
| 10 | とお<br>十<br>열 | じゅっこ<br>十個<br>열 개 | じゅうにん<br>十人<br>열 명 | じゅっぱい<br>十杯<br>열 잔 | じゅっぴき<br>十匹<br>열 마리 |
| 몇 | いくつ<br>몇, 몇 개 | なんこ<br>何個<br>몇 개 | なんにん<br>何人<br>몇 명 | なんばい<br>何杯<br>몇 잔 | なんびき<br>何匹<br>몇 마리 |

## 조수사

| 수량 | ~枚<br>얇은 물건 | ~冊<br>책 | ~階・階<br>층 | ~本・本・本<br>긴 물건 | ~台<br>기계・자동차 |
|---|---|---|---|---|---|
| 1 | いちまい<br>一枚<br>한 장 | いっさつ<br>一冊<br>한 권 | いっかい<br>一階<br>1층 | いっぽん<br>一本<br>한 병/한 자루 | いちだい<br>一台<br>한 대 |
| 2 | にまい<br>二枚<br>두 장 | にさつ<br>二冊<br>두 권 | にかい<br>二階<br>2층 | にほん<br>二本<br>두 병/두 자루 | にだい<br>二台<br>두 대 |
| 3 | さんまい<br>三枚<br>세 장 | さんさつ<br>三冊<br>세 권 | さんがい<br>三階<br>3층 | さんぼん<br>三本<br>세 병/세 자루 | さんだい<br>三台<br>세 대 |
| 4 | よんまい<br>四枚<br>네 장 | よんさつ<br>四冊<br>네 권 | よんかい<br>四階<br>4층 | よんほん<br>四本<br>네 병/네 자루 | よんだい<br>四台<br>네 대 |
| 5 | ごまい<br>五枚<br>다섯 장 | ごさつ<br>五冊<br>다섯 권 | ごかい<br>五階<br>5층 | ごほん<br>五本<br>다섯 병/다섯 자루 | ごだい<br>五台<br>다섯 대 |
| 6 | ろくまい<br>六枚<br>여섯 장 | ろくさつ<br>六冊<br>여섯 권 | ろっかい<br>六階<br>6층 | ろっぽん<br>六本<br>여섯 병/여섯 자루 | ろくだい<br>六台<br>여섯 대 |
| 7 | ななまい<br>七枚<br>일곱 장 | ななさつ<br>七冊<br>일곱 권 | ななかい<br>七階<br>7층 | ななほん<br>七本<br>일곱 병/일곱 자루 | ななだい<br>七台<br>일곱 대 |
| 8 | はちまい<br>八枚<br>여덟 장 | はっさつ<br>八冊<br>여덟 권 | はちかい・はっかい<br>八階・八階<br>8층 | はちほん・はっぽん<br>八本・八本<br>여덟 병/여덟 자루 | はちだい<br>八台<br>여덟 대 |
| 9 | きゅうまい<br>九枚<br>아홉 | きゅうさつ<br>九冊<br>아홉 권 | きゅうかい<br>九階<br>9층 | きゅうほん<br>九本<br>아홉 병/아홉 자루 | きゅうだい<br>九台<br>아홉 대 |
| 10 | じゅうまい<br>十枚<br>열 장 | じゅっさつ<br>十冊<br>열 권 | じゅっかい<br>十階<br>10층 | じゅっぽん<br>十本<br>열 병/열 자루 | じゅうだい<br>十台<br>열 대 |
| 몇 | なんまい<br>何枚<br>몇 장 | なんさつ<br>何冊<br>몇 권 | なんがい<br>何階<br>몇 층 | なんぼん<br>何本<br>몇 병/몇 자루 | なんだい<br>何台<br>몇 대 |

# N5 기출 어휘

## 한자 읽기

| 어휘 | 의미 | 어휘 | 의미 |
|---|---|---|---|
| あいだ<br>間 | 사이, 동안 | かいしゃ<br>会社 | 회사 |
| あ<br>会う | 만나다 | か<br>買う | 사다, 구입하다 |
| あし<br>足 | 다리, 발 | か<br>書く | 쓰다, 적다 |
| あと<br>後 | 후, 뒤, 나중 | がっこう<br>学校 | 학교 |
| あめ<br>雨 | 비 | か    び<br>火よう日 | 화요일 |
| い<br>言う | 말하다 | かわ<br>川 | 강 |
| いつ<br>五つ | 다섯, 다섯 개 | きた<br>北がわ | 북쪽 |
| いぬ<br>犬 | 개 | きたぐち<br>北口 | 북쪽 출구 |
| うえ<br>上 | 위 | きゅうせんえん<br>九千円 | 9,000엔 |
| うで<br>腕 | 팔 | きん    び<br>金よう日 | 금요일 |
| う<br>生まれる | 태어나다 | く がつ<br>九月 | 9월 |
| おお<br>多い | 많다 | く じ<br>九時 | 9시 |
| かあ<br>お母さん | 어머니 | くに<br>国 | 나라, 고국, 고향 |
| かね<br>お金 | 돈 | く<br>来る | 오다 |
| とう<br>お父さん | 아버지 | くるま<br>車 | 차, 자동차 |
| おとこ    ひと<br>男の人 | 남자 | げん き<br>元気だ | 건강하다 |
| おんな    こ<br>女の子 | 여자아이 | ご ご<br>午後 | 오후 |
| おんな    ひと<br>女の人 | 여자 | ここの<br>九つ | 아홉, 아홉 개 |
| がいこく<br>外国 | 외국 | ご せんえん<br>五千円 | 5,000엔 |

기출 어휘 379

| 어휘 | 의미 | 어휘 | 의미 |
|---|---|---|---|
| ご ふん<br>五分 | 5분 | ちち<br>父 | (나의) 아버지 |
| こんしゅう<br>今週 | 이번 주 | て<br>手 | 손 |
| さかな<br>魚 | 물고기, 생선 | で ぐち<br>出口 | 출구 |
| さんぼん<br>三本 | 세 자루, 세 병 | で<br>出る | 나가(오)다 |
| し がつ<br>四月 | 4월 | てん き<br>天気 | 날씨 |
| しち じ<br>七時 | 7시 | でんしゃ<br>電車 | 전철 |
| しんぶん<br>新聞 | 신문 | とも<br>友だち | 친구 |
| すい　　び<br>水よう日 | 수요일 | ど　　　び<br>土よう日 | 토요일 |
| すく<br>少ない | 적다 | なか<br>中 | 가운데, 속, 안 |
| すこ<br>少し | 조금 | なん げつ<br>何か月 | 몇 개월 |
| せんえん<br>千円 | 1,000엔 | なんにん<br>何人 | 몇 명 |
| せんげつ<br>先月 | 지난달 | にし<br>西がわ | 서쪽 |
| せんしゅう<br>先週 | 지난주 | に まんえん<br>二万円 | 20,000엔 |
| せんせい<br>先生 | 선생님 | の<br>飲む | 마시다, (약을) 먹다 |
| そと<br>外 | 밖 | はい<br>入る | 들어가(오)다 |
| そら<br>空 | 하늘 | はっぴゃくえん<br>八百円 | 800엔 |
| たか<br>高い | 높다, 비싸다 | はな<br>花 | 꽃 |
| だ<br>出す | 내다, 내놓다, 제출하다 | はなし<br>話 | 이야기 |
| た<br>立つ | 서다 | はな<br>話す | 이야기하다 |
| ちい<br>小さい | 작다 | はんぶん<br>半分 | 반, 절반 |

## N5 기출 어휘 – 한자 읽기

| 어휘 | 의미 |
|---|---|
| ひがし<br>東がわ | 동쪽 |
| ひだり<br>左 | 왼쪽 |
| ひゃくにん<br>百人 | 백 명 |
| ふる<br>古い | 낡다, 오래되다 |
| まいつき<br>毎月 | 매월 |
| まいしゅう<br>毎週 | 매주 |
| まいにち<br>毎日 | 매일 |
| まえ<br>前 | 전(시간), 앞(공간) |
| みぎ<br>右 | 오른쪽 |
| みぎ<br>右がわ | 우측, 오른쪽 |
| みず<br>水 | 물 |
| みせ<br>店 | 가게 |
| みっ<br>三つ | 셋, 세 개 |
| みなみ<br>南がわ | 남측, 남쪽 |
| みみ<br>耳 | 귀 |
| み<br>見る | 보다 |
| むっ<br>六つ | 여섯 개 |
| め<br>目 | 눈(신체) |
| もく び<br>木よう日 | 목요일 |
| やす<br>安い | 싸다, 저렴하다 |

| 어휘 | 의미 |
|---|---|
| やす<br>休む | 쉬다 |
| やっ<br>八つ | 여덟 개 |
| やま<br>山 | 산 |
| よじ<br>四時 | 4시 |
| よ<br>読む | 읽다 |
| らいねん<br>来年 | 내년 |
| ろくまんえん<br>六万円 | 60,000엔 |
| ろっぽん<br>六本 | 여섯 자루, 여섯 병 |

## 표기

| 어휘 | 의미 | 어휘 | 의미 |
|---|---|---|---|
| あいだ<br>間 | 사이, 동안 | がくせい<br>学生 | 학생 |
| あ<br>会う | 만나다 | がっこう<br>学校 | 학교 |
| あたら<br>新しい | 새롭다 | か び<br>火よう日 | 화요일 |
| あめ<br>雨 | 비 | かわ<br>川 | 강 |
| い<br>言う | 말하다 | き<br>聞く | 듣다, 묻다 |
| いつ か<br>五日 | 5일 | きた<br>北がわ | 북측, 북쪽 |
| うえ<br>上 | 위 | きたぐち<br>北口 | 북쪽 출구 |
| う<br>生まれる | 태어나다 | きん び<br>金よう日 | 금요일 |
| えい ご<br>英語 | 영어 | く<br>来る | 오다 |
| エレベーター | 엘리베이터 | くるま<br>車 | 차, 자동차 |
| おお<br>多い | 많다 | ご ご<br>午後 | 오후 |
| おお<br>大きい | 크다 | ここの<br>九つ | 아홉 개 |
| おとこ ひと<br>男の 人 | 남자 | ご ぜん<br>午前 | 오전 |
| お<br>下りる | 내려가다 | こんしゅう<br>今週 | 이번 주 |
| お<br>降りる | (탈것에서) 내리다 | した<br>下 | 아래, 밑 |
| おな<br>同じだ | 같다, 동일하다 | シャワー | 샤워 |
| かいしゃ<br>会社 | 회사 | しんぶん<br>新聞 | 신문 |
| か<br>買う | 사다, 구입하다 | すい び<br>水よう日 | 수요일 |
| か<br>書く | 쓰다, 적다 | せんえん<br>千円 | 1,000엔 |

## N5 기출 어휘 - 표기

| 어휘 | 의미 |
|---|---|
| せんせい<br>先生 | 선생님 |
| そら<br>空 | 하늘 |
| たか<br>高い | 높다, 비싸다, (키가) 크다 |
| タクシー | 택시 |
| た<br>立つ | 서다 |
| た<br>食べる | 먹다 |
| ちい<br>小さい | 작다 |
| ちち<br>父 | (나의) 아버지 |
| チョコレート | 초콜렛 |
| て<br>手 | 손 |
| てんき<br>天気 | 날씨 |
| でんしゃ<br>電車 | 전철 |
| でんわ<br>電話 | 전화 |
| とも<br>友だち | 친구 |
| ナイフ | 나이프, 칼 |
| なか<br>中 | 속, 안 |
| ななせんえん<br>七千円 | 7,000엔 |
| ななまんえん<br>七万円 | 70,000엔 |
| なまえ<br>名前 | 이름 |
| にしぐち<br>西口 | 서쪽 출구 |

| 어휘 | 의미 |
|---|---|
| の<br>飲む | 마시다, (약을) 먹다 |
| はちじ<br>八時 | 여덟 시 |
| はな<br>花 | 꽃 |
| はな<br>話す | 이야기하다 |
| はは<br>母 | (나의) 어머니 |
| はんぶん<br>半分 | 반, 절반 |
| ひがし<br>東がわ | 동쪽 |
| ひがしぐち<br>東口 | 동쪽 출구 |
| ひだり<br>左 | 왼쪽 |
| ふる<br>古い | 낡다, 오래되다 |
| まいしゅう<br>毎週 | 매주 |
| レストラン | 레스토랑 |
| ろくせんえん<br>六千円 | 6,000엔 |
| ろくばん<br>六番 | 여섯 번 |
| ろっぷん<br>六分 | 6분 |
| ワイシャツ | 와이셔츠 |
| みぎ<br>右 | 오른쪽 |
| みせ<br>店 | 가게 |
| みっ<br>三つ | 세 개 |
| みみ<br>耳 | 귀 |

| 어휘 | 의미 |
|---|---|
| 見る | 보다 |
| 目 | 눈(신체) |
| メートル | 미터(단위 m) |
| 木よう日 | 목요일 |
| 安い | 싸다, 저렴하다 |
| 休み | 휴식, 휴일 |
| 山 | 산 |
| 読む | 읽다 |
| ラーメン | 라멘 |
| 来月 | 다음 달 |
| 来年 | 내년 |

## 문맥 규정

| 어휘 | 의미 | 어휘 | 의미 |
|---|---|---|---|
| 明るい | 밝다 | 終わる | 끝나다 |
| 開ける | 열다 | ～階・階 | ~층 |
| アパート | 아파트 | 階段 | 계단 |
| 浴びる | (샤워를) 하다 | 帰る | 돌아가(오)다 |
| 甘い | 달다 | かかる | (시간이) 걸리다, (병에) 걸리다 |
| 雨 | 비 | かぎ | 열쇠 |
| 五つ | 다섯, 다섯 개 | かける | (전화를) 걸다, (안경을) 쓰다 |
| いつか | 언젠가 | 家族 | 가족 |
| いっぱいだ | 가득 차다, (배가) 부르다 | 角 | 모퉁이, 구석 |
| 上 | 위 | かるい | 가볍다 |
| 薄い | 얇다(두께), 연하다(색), 싱겁다(맛) | 切る | 자르다, 끊다 |
| 生まれる | 태어나다 | きれいだ | 예쁘다, 깨끗하다 |
| エアコン | 에어컨 | 薬 | 약 |
| 駅 | 역 | 暗い | 어둡다 |
| エレベーター | 엘리베이터 | グラム | 그램(g) |
| 置く | 두다, 놓다 | 消す | 지우다, 제거하다 |
| 覚える | 기억하다 | 声 | 목소리 |
| 重い | 무겁다 | 困る | 곤란하다, 난처하다 |
| 泳ぐ | 수영하다, 헤엄치다 | ～歳 | ~세, ~살 |

| 어휘 | 의미 | 어휘 | 의미 |
|---|---|---|---|
| 財布(さいふ) | 지갑 | ～台(だい) | ~대(차량·기계를 세는 단위) |
| 咲く(さく) | (꽃이) 피다 | 大切(たいせつ)だ | 소중하다 |
| ～冊(さつ) | ~권(책을 세는 단위) | 大変(たいへん)だ | 힘들다, 큰일이다 |
| さとう | 설탕 | 高(たか)い | 높다, 비싸다, (키가) 크다 |
| 寒(さむ)い | 춥다 | 食(た)べ物(もの) | 먹을 것, 음식 |
| 散歩(さんぽ) | 산책 | 近(ちか)い | 가깝다 |
| 辞書(じしょ) | 사전 | チケット | 티켓, 표 |
| 質問(しつもん) | 질문 | 地図(ちず) | 지도 |
| 閉(し)まる | 닫히다 | 疲(つか)れる | 지치다, 피곤해지다 |
| 写真(しゃしん) | 사진 | 強(つよ)い | 강하다, 세다 |
| 宿題(しゅくだい) | 숙제 | 手紙(てがみ) | 편지 |
| 上手(じょうず)だ | 능숙하다, 잘하다 | 出(で)る | 나가(오)다, 출발하다 |
| 丈夫(じょうぶ)だ | 튼튼하다 | 天気(てんき) | 날씨 |
| 信号(しんごう) | 신호 | 電気(でんき) | 전기, 전깃불 |
| 新聞(しんぶん) | 신문 | ドア | 도어, 문 |
| 吸(す)う | (담배를) 피우다, 빨아들이다 | 遠(とお)い | 멀다 |
| 少(すこ)し | 조금 | 時計(とけい) | 시계 |
| スーパー | 슈퍼(마켓) | 撮(と)る | (사진을) 찍다 |
| 洗濯(せんたく) | 세탁, 빨래 | 長(なが)い | 길다 |
| 掃除(そうじ) | 청소 | 習(なら)う | 배우다, 익히다 |

## N5 기출 어휘 - 문맥 규정

| 어휘 | 의미 |
|---|---|
| なら並べる | 나열하다, 늘어놓다 |
| にぎやかだ | 번화하다, 활기차다 |
| ぬぐ | (옷을) 벗다 |
| のぼ登る | 오르다, 올라가다 |
| の飲む | 마시다, (약을) 먹다 |
| は歯 | 이, 이빨, 치아 |
| ～はい杯・ばい杯・ぱい杯 | ~잔 |
| はい入る | 들어가(오)다 |
| はく | (치마·바지를) 입다, (신발을) 신다 |
| パスポート | 패스포트, 여권 |
| ～ひき匹・びき匹・ぴき匹 | ~마리 |
| ひく | (악기를) 치다, 연주하다 |
| びょういん病院 | 병원 |
| プール | 수영장 |
| ふ吹く | (바람이) 불다 |
| へた下手だ | 잘 못하다, 서투르다 |
| べんり便利だ | 편리하다 |
| ぼうし帽子 | 모자 |
| ポケット | 포켓, 주머니 |
| ～ほん本・ぼん本・ぽん本 | ~병, ~자루 (가늘고 긴 것을 세는 단위) |

| 어휘 | 의미 |
|---|---|
| ～まい枚 | ~장 (종이 등 얇은 것을 세는 단위) |
| まいあさ毎朝 | 매일 아침 |
| ま曲がる | 구부러지다, (좌·우로) 돌다 |
| まっすぐ | 쭉, 똑바로, 곧장 |
| みがく | 닦다, 연마하다 |
| みち道 | 길 |
| メートル | 미터(단위 m) |
| ゆき雪 | 눈(날씨) |
| りょこう旅行 | 여행 |
| わす忘れる | 잊다 |

## 유의 표현

| | | |
|---|---|---|
| いい 天気だ 좋은 날씨이다 | ≒ | 晴れだ 맑다 |
| 椅子の そば 의자 옆 | ≒ | 椅子の 横 의자 옆 |
| 五つ 다섯 개 | ≒ | 5個 다섯 개 |
| うるさい 시끄럽다 | ≒ | 静かじゃ ない 조용하지 않다 |
| お手洗い 화장실 | ≒ | トイレ 화장실 |
| おもしろく ない 재미있지 않다 | ≒ | つまらない 따분하다, 재미없다 |
| 学校を 休む 학교를 쉬다 | ≒ | 学校へ 行かない 학교에 가지 않다 |
| 軽い 가볍다 | ≒ | 重く ない 무겁지 않다 |
| 汚い 더럽다 | ≒ | きれいじゃ ない 깨끗하지 않다 |
| 喫茶店に 行く 찻집에 가다 | ≒ | コーヒーを 飲みに 行く 커피를 마시러 가다 |
| 今日は 五日です。<br>あさってから 学校は 休みです<br>오늘은 5일입니다. 내일모레부터 학교는 휴일입니다 | ≒ | 休みは 七日からです<br>휴일은 7일부터입니다 |
| 果物 과일 | ≒ | りんごや バナナ 사과나 바나나<br>りんごや みかん 사과나 귤 |
| 暗い 어둡다 | ≒ | 明るく ない 밝지 않다 |
| 今朝 오늘 아침 | ≒ | 今日の 朝 오늘 아침 |
| ご飯 밥 | ≒ | 料理 요리 |

# N5 기출 어휘 – 유의 표현

| | |
|---|---|
| <ruby>散歩<rt>さんぽ</rt></ruby>する 산책하다 | ≒ <ruby>歩<rt>ある</rt></ruby>く 걷다 |
| <ruby>洗濯<rt>せんたく</rt></ruby>する 세탁(빨래)했습니다 | ≒ <ruby>服<rt>ふく</rt></ruby>を <ruby>洗<rt>あら</rt></ruby>う 옷을 빨았습니다 |
| <ruby>掃除<rt>そうじ</rt></ruby>した 청소했다 | ≒ <ruby>部屋<rt>へや</rt></ruby>が きれいだ 방이 깨끗하다 |
| <ruby>祖父<rt>そふ</rt></ruby> 조부, 할아버지 | ≒ <ruby>父<rt>ちち</rt></ruby>の <ruby>父<rt>ちち</rt></ruby> 아버지의 아버지 |
| <ruby>祖母<rt>そぼ</rt></ruby> 조모, 할머니 | ≒ おばあさん 할머니 / <ruby>父<rt>ちち</rt></ruby>の <ruby>母<rt>はは</rt></ruby> 아버지의 어머니 |
| <ruby>台所<rt>だいどころ</rt></ruby> 부엌 | ≒ <ruby>料理<rt>りょうり</rt></ruby>を する ところ 요리를 하는 곳 |
| <ruby>建物<rt>たてもの</rt></ruby> 건물 | ≒ ビル 빌딩 |
| <ruby>田中<rt>たなか</rt></ruby>さんは リーさんに <ruby>作文<rt>さくぶん</rt></ruby>を <ruby>教<rt>おし</rt></ruby>えました<br>다나카 씨는 리 씨에게 작문을 가르쳤습니다 | ≒ リーさんは <ruby>田中<rt>たなか</rt></ruby>さんに <ruby>作文<rt>さくぶん</rt></ruby>を <ruby>習<rt>なら</rt></ruby>いました<br>리 씨는 다나카 씨에게 작문을 배웠습니다 |
| <ruby>誕生日<rt>たんじょうび</rt></ruby>は <ruby>6月15日<rt>ろくがつじゅうごにち</rt></ruby>です<br>생일은 6월 15일입니다 | ≒ <ruby>6月15日<rt>ろくがつじゅうごにち</rt></ruby>に <ruby>生<rt>う</rt></ruby>まれました<br>6월 15일에 태어났습니다 |
| ちょっと 조금 | ≒ <ruby>少<rt>すこ</rt></ruby>し 조금 |
| <ruby>動物<rt>どうぶつ</rt></ruby> 동물 | ≒ <ruby>犬<rt>いぬ</rt></ruby>や <ruby>猫<rt>ねこ</rt></ruby> 개나 고양이 |
| <ruby>図書館<rt>としょかん</rt></ruby> 도서관 | ≒ <ruby>本<rt>ほん</rt></ruby>や <ruby>雑誌<rt>ざっし</rt></ruby>を <ruby>借<rt>か</rt></ruby>りる ところ 책이나 잡지를 빌리는 곳 / <ruby>本<rt>ほん</rt></ruby>を <ruby>借<rt>か</rt></ruby>りる ところ 책을 빌리는 곳 |
| <ruby>習<rt>なら</rt></ruby>う 배우다 | ≒ <ruby>勉強<rt>べんきょう</rt></ruby>する 공부하다 |
| <ruby>二年前<rt>にねんまえ</rt></ruby> 2년 전 | ≒ おととし 재작년 |
| <ruby>飲<rt>の</rt></ruby>み<ruby>物<rt>もの</rt></ruby> 마실 것, 음료 | ≒ ジュースや <ruby>牛乳<rt>ぎゅうにゅう</rt></ruby> 주스나 우유 |

| | | |
|---|---|---|
| 働<ruby>はたら</ruby>く 일하다 | ≒ | 仕事<ruby>しごと</ruby>を する 일을 하다 |
| 暇<ruby>ひま</ruby>だ 한가하다 | ≒ | 忙<ruby>いそが</ruby>しく ない 바쁘지 않다 |
| 広<ruby>ひろ</ruby>い 넓다 | ≒ | 大<ruby>おお</ruby>きい 크다 |
| 二日前<ruby>ふつかまえ</ruby> 이틀 전 | ≒ | おととい 그저께 |
| 古<ruby>ふる</ruby>い 오래되다 | ≒ | 新<ruby>あたら</ruby>しくない 새롭지 않다 |
| 下手<ruby>へた</ruby>だ 서툴다, 잘 못하다 | ≒ | 上手<ruby>じょうず</ruby>じゃ ない 능숙하지 않다 |
| 毎晩<ruby>まいばん</ruby> 매일 밤 | ≒ | 毎日<ruby>まいにち</ruby>の 夜<ruby>よる</ruby> 매일 밤<br>夜<ruby>よる</ruby>は いつも 밤에는 항상 |
| まずい 맛없다 | ≒ | おいしく ない 맛있지 않다 |
| 易<ruby>やさ</ruby>しい 쉽다 | ≒ | 簡単<ruby>かんたん</ruby>だ 간단하다 |
| 郵便局<ruby>ゆうびんきょく</ruby><br>우체국 | ≒ | 切手<ruby>きって</ruby>や 葉書<ruby>はがき</ruby>を 売<ruby>う</ruby>って いる ところ<br>우표나 엽서를 팔고 있는 곳 |
| 有名<ruby>ゆうめい</ruby>だ 유명합니다 | ≒ | みんな 知<ruby>し</ruby>って いる 모두 알고 있습니다 |
| リーさんは もりさんに ペンを 貸<ruby>か</ruby>しました<br>리 씨는 모리 씨에게 펜을 빌려주었습니다 | ≒ | もりさんは リーさんに ペンを 借<ruby>か</ruby>りました<br>모리 씨는 리 씨에게 펜을 빌렸습니다 |
| 両親<ruby>りょうしん</ruby> 양친, 부모님 | ≒ | 父<ruby>ちち</ruby>と 母<ruby>はは</ruby> 아버지와 어머니 |

# N4 기출 어휘

## 한자 읽기

| 어휘 | 의미 | 어휘 | 의미 |
|---|---|---|---|
| <sup>あお</sup>青い | 파랗다 | <sup>いしゃ</sup>医者 | 의사 |
| <sup>あか</sup>赤い | 빨갛다, 붉다 | <sup>いじょう</sup>以上 | 이상 |
| <sup>あか</sup>明るい | 밝다 | <sup>いそ</sup>急ぐ | 서두르다 |
| <sup>あき</sup>秋 | 가을 | <sup>いちど</sup>一度 | 한 번 |
| <sup>あ</sup>開ける | 열다 | <sup>いと</sup>糸 | 실 |
| <sup>あじ</sup>味 | 맛 | <sup>いもうと</sup>妹 | 여동생 |
| <sup>あたま</sup>頭 | 머리 | <sup>いろ</sup>色 | 색 |
| <sup>あつ</sup>暑い | 덥다 | <sup>うご</sup>動く | 움직이다, 작동하다 |
| <sup>あつ</sup>暑さ | 더위 | <sup>うた</sup>歌 | 노래 |
| <sup>あつ</sup>集まる | 모이다 | <sup>うた</sup>歌う | 노래하다 |
| <sup>あつ</sup>集める | 모으다 | <sup>うつ</sup>写す | 베끼다, (사진을) 찍다 |
| <sup>あね</sup>姉 | 언니, 누나 | <sup>うみ</sup>海 | 바다 |
| <sup>あら</sup>洗う | 씻다, 닦다 | <sup>う</sup>売る | 팔다 |
| <sup>ある</sup>歩く | 걷다 | <sup>う</sup>売れる | 팔리다 |
| <sup>あんしん</sup>安心 | 안심 | <sup>うんてん</sup>運転 | 운전 |
| <sup>いがい</sup>以外 | 이외, 그 밖 | <sup>うんどう</sup>運動 | 운동 |
| <sup>いけ</sup>池 | 연못 | <sup>えいぎょう</sup>営業 | 영업 |
| <sup>いけん</sup>意見 | 의견 | <sup>えいご</sup>英語 | 영어 |
| <sup>いし</sup>石 | 돌 | <sup>えきいん</sup>駅員 | 역무원 |

| 어휘 | 의미 |
| --- | --- |
| お<br>起きる | 일어나다, 깨다 |
| おく<br>送る | 보내다, (우편을) 부치다, 배웅하다 |
| お<br>起こす | 깨우다, 일으켜 세우다 |
| おし<br>教える | 가르치다 |
| お<br>押す | 밀다 |
| ねえ<br>お姉さん | 언니, 누나 |
| おも<br>重い | 무겁다 |
| おやゆび<br>親指 | 엄지손가락, 엄지발가락 |
| およ<br>泳ぐ | 헤엄치다, 수영하다 |
| お<br>終わる | 끝나다 |
| おんがく<br>音楽 | 음악 |
| かいじょう<br>会場 | 회장, 행사장 |
| かえ<br>帰る | 돌아가(오)다 |
| かお<br>顔 | 얼굴 |
| かじ<br>火事 | 화재 |
| か<br>貸す | 빌려주다 |
| かぜ<br>風 | 바람 |
| かぞく<br>家族 | 가족 |
| かた<br>方 | 분(사람의 높임말) |
| かみ<br>紙 | 종이 |

| 어휘 | 의미 |
| --- | --- |
| かよ<br>通う | 다니다 |
| からだ<br>体 | 몸 |
| かる<br>軽い | 가볍다 |
| か<br>代わり | 대신 |
| かんが<br>考える | 생각하다, 고안하다 |
| きた<br>北 | 북, 북쪽 |
| きって<br>切手 | 우표 |
| きぶん<br>気分 | 기분 |
| き<br>決まる | 결정되다 |
| きもの<br>着物 | 기모노(일본 전통 복장), 옷, 의복 |
| きゅうこう<br>急行 | 급행, '급행 열차'의 준말 |
| きゅう<br>急に | 갑자기 |
| きょうしつ<br>教室 | 교실 |
| きょねん<br>去年 | 작년 |
| ぎんいろ<br>銀色 | 은색 |
| ぎんこう<br>銀行 | 은행 |
| きんじょ<br>近所 | 근처, 이웃집 |
| く<br>区 | 구(행정 구역) |
| くうこう<br>空港 | 공항 |
| くすり<br>薬 | 약 |

## N4 기출 어휘 – 한자 읽기

| 어휘 | 의미 |
|---|---|
| 首 (くび) | 목 |
| 雲 (くも) | 구름 |
| 暗い (くらい) | 어둡다 |
| 黒い (くろい) | 검다 |
| 計画 (けいかく) | 계획 |
| 経験 (けいけん) | 경험 |
| 県 (けん) | 현(행정 구역) |
| 研究 (けんきゅう) | 연구 |
| 公園 (こうえん) | 공원 |
| 工事 (こうじ) | 공사 |
| 工場 (こうじょう) | 공장 |
| 声 (こえ) | 목소리 |
| 氷 (こおり) | 얼음 |
| 心 (こころ) | 마음 |
| 答える (こたえる) | 대답하다, 응답하다 |
| 今度 (こんど) | 이번, 이다음 |
| 最近 (さいきん) | 최근 |
| 最後 (さいご) | 최후, 마지막 |
| 寒い (さむい) | 춥다 |
| 皿 (さら) | 그릇, 접시 |

| 어휘 | 의미 |
|---|---|
| 産業 (さんぎょう) | 산업 |
| 試合 (しあい) | 시합 |
| 仕事 (しごと) | 일, 업무 |
| 質問 (しつもん) | 질문 |
| 自転車 (じてんしゃ) | 자전거 |
| 品物 (しなもの) | 물품, 상품 |
| 死ぬ (しぬ) | 죽다 |
| 市民 (しみん) | 시민 |
| 社会 (しゃかい) | 사회 |
| 住所 (じゅうしょ) | 주소 |
| 出発 (しゅっぱつ) | 출발 |
| 正月 (しょうがつ) | 정월, 1월 1일(일본의 설날) |
| 小説 (しょうせつ) | 소설 |
| 食堂 (しょくどう) | 식당 |
| 食料品 (しょくりょうひん) | 식료품 |
| 女性 (じょせい) | 여성 |
| 知る (しる) | 알다 |
| 白い (しろい) | 희다, 하얗다 |
| 人口 (じんこう) | 인구 |
| 親切だ (しんせつだ) | 친절하다 |

| 어휘 | 의미 | 어휘 | 의미 |
|---|---|---|---|
| 新聞社 (しんぶんしゃ) | 신문사 | 中止 (ちゅうし) | 중지 |
| 水道 (すいどう) | 수도 | 地理 (ちり) | 지리 |
| 好きだ (すきだ) | 좋아하다 | 使う (つかう) | 사용하다 |
| 少し (すこし) | 조금 | 着く (つく) | 도착하다 |
| 進む (すすむ) | 나아가다, 전진하다 | 机 (つくえ) | 책상 |
| 生産 (せいさん) | 생산 | 都合 (つごう) | 형편, 사정 |
| 西洋 (せいよう) | 서양 | 強い (つよい) | 강하다, 세다 |
| 世界 (せかい) | 세계 | 手紙 (てがみ) | 편지 |
| 説明 (せつめい) | 설명 | 店員 (てんいん) | 점원 |
| 世話 (せわ) | 신세, 시중, 돌봄 | 遠い (とおい) | 멀다 |
| 祖母 (そぼ) | 조모, 할머니 | 遠く (とおく) | 먼 곳, 멀리 |
| 大使館 (たいしかん) | 대사관 | 通る (とおる) | 지나가다, 통과하다 |
| 台所 (だいどころ) | 부엌 | 都会 (とかい) | 도회, 도시 |
| 建物 (たてもの) | 건물 | 特別だ (とくべつだ) | 특별하다 |
| 楽しい (たのしい) | 즐겁다 | 図書館 (としょかん) | 도서관 |
| 足りる (たりる) | 충분하다, 충족되다 | 特急 (とっきゅう) | 특급, '특급 열차'의 준말 |
| 近い (ちかい) | 가깝다 | 止まる (とまる) | 멈추다, 정지하다 |
| 力 (ちから) | 힘 | 鳥 (とり) | 새 |
| 茶色 (ちゃいろ) | 갈색 | 夏 (なつ) | 여름 |
| 注意 (ちゅうい) | 주의 | 習う (ならう) | 익히다, 학습하다 |

## N4 기출 어휘 – 한자 읽기

| 어휘 | 의미 |
|---|---|
| <ruby>何枚<rt>なんまい</rt></ruby> | 몇 장 |
| <ruby>二台<rt>にだい</rt></ruby> | 두 대 |
| <ruby>日記<rt>にっき</rt></ruby> | 일기 |
| <ruby>入院<rt>にゅういん</rt></ruby> | 입원 |
| <ruby>眠<rt>ねむ</rt></ruby>い | 졸리다 |
| <ruby>眠<rt>ねむ</rt></ruby>る | 자다, 잠들다 |
| <ruby>乗<rt>の</rt></ruby>る | (탈것 · 교통수단을) 타다 |
| <ruby>運<rt>はこ</rt></ruby>ぶ | 옮기다, 운반하다 |
| <ruby>始<rt>はじ</rt></ruby>める | 시작하다 |
| <ruby>場所<rt>ばしょ</rt></ruby> | 장소 |
| <ruby>走<rt>はし</rt></ruby>る | 달리다, 뛰다 |
| <ruby>働<rt>はたら</rt></ruby>く | 일하다, 근무하다 |
| <ruby>発音<rt>はつおん</rt></ruby> | 발음 |
| <ruby>花<rt>はな</rt></ruby> | 꽃 |
| <ruby>早<rt>はや</rt></ruby>い | (시간이) 이르다, 빠르다 |
| <ruby>早<rt>はや</rt></ruby>く | 빨리 |
| <ruby>春<rt>はる</rt></ruby> | 봄 |
| <ruby>反対<rt>はんたい</rt></ruby> | 반대 |
| <ruby>火<rt>ひ</rt></ruby> | 불 |
| <ruby>光<rt>ひかり</rt></ruby> | 빛 |

| 어휘 | 의미 |
|---|---|
| <ruby>光<rt>ひか</rt></ruby>る | 빛나다 |
| <ruby>引<rt>ひ</rt></ruby>く | 당기다, 빼다 |
| <ruby>低<rt>ひく</rt></ruby>い | 낮다 |
| <ruby>病院<rt>びょういん</rt></ruby> | 병원 |
| <ruby>昼<rt>ひる</rt></ruby> | 낮 |
| <ruby>広<rt>ひろ</rt></ruby>い | 넓다 |
| <ruby>服<rt>ふく</rt></ruby> | 옷 |
| <ruby>太<rt>ふと</rt></ruby>い | 두껍다 |
| <ruby>船<rt>ふね</rt></ruby> | 배 |
| <ruby>不便<rt>ふべん</rt></ruby>だ | 불편하다 |
| <ruby>冬<rt>ふゆ</rt></ruby> | 겨울 |
| <ruby>古<rt>ふる</rt></ruby>い | 오래되다, 낡다 |
| <ruby>文<rt>ぶん</rt></ruby> | 글, 문장 |
| <ruby>文学<rt>ぶんがく</rt></ruby> | 문학 |
| <ruby>勉強<rt>べんきょう</rt></ruby> | 공부 |
| <ruby>毎朝<rt>まいあさ</rt></ruby> | 매일 아침 |
| <ruby>町<rt>まち</rt></ruby> | 마을 |
| <ruby>待<rt>ま</rt></ruby>つ | 기다리다 |
| <ruby>間<rt>ま</rt></ruby>に<ruby>合<rt>あ</rt></ruby>う | 제시간에 맞추다, 도착하다 |
| <ruby>短<rt>みじか</rt></ruby>い | 짧다 |

| 어휘 | 의미 |
|---|---|
| <ruby>港<rt>みなと</rt></ruby> | 항구 |
| <ruby>村<rt>むら</rt></ruby> | 마을 |
| <ruby>目<rt>め</rt></ruby> | 눈(신체) |
| <ruby>持<rt>も</rt></ruby>つ | 가지다, 들다 |
| <ruby>森<rt>もり</rt></ruby> | 숲, 산림 |
| <ruby>門<rt>もん</rt></ruby> | 문 |
| <ruby>野菜<rt>やさい</rt></ruby> | 채소, 야채 |
| <ruby>夕方<rt>ゆうがた</rt></ruby> | 저녁 무렵, 해질녘 |
| <ruby>有名<rt>ゆうめい</rt></ruby>だ | 유명하다 |
| <ruby>用事<rt>ようじ</rt></ruby> | 볼일, 용건, 용무 |
| <ruby>洋服<rt>ようふく</rt></ruby> | 옷, 양복 |
| <ruby>予習<rt>よしゅう</rt></ruby> | 예습 |
| <ruby>予定<rt>よてい</rt></ruby> | 예정 |
| <ruby>予報<rt>よほう</rt></ruby> | 예보 |
| <ruby>夜<rt>よる</rt></ruby> | 밤 |
| <ruby>弱<rt>よわ</rt></ruby>い | 약하다 |
| <ruby>利用<rt>りよう</rt></ruby> | 이용 |
| <ruby>旅行<rt>りょこう</rt></ruby> | 여행 |
| <ruby>別<rt>わか</rt></ruby>れる | 헤어지다, 이별하다 |
| <ruby>悪<rt>わる</rt></ruby>い | 나쁘다 |

## N4 기출 어휘 – 표기

### 표기

| 어휘 | 의미 | 어휘 | 의미 |
|---|---|---|---|
| あ<br>会う | 만나다 | いしゃ<br>医者 | 의사 |
| あお<br>青い | 파랗다 | いじょう<br>以上 | 이상 |
| あか<br>赤い | 빨갛다 | いぬ<br>犬 | 개 |
| あか<br>明るい | 밝다 | いみ<br>意味 | 의미 |
| あき<br>秋 | 가을 | いもうと<br>妹 | 여동생 |
| あ<br>開ける | 열다 | うご<br>動く | 움직이다, 작동하다 |
| あさ<br>朝 | 아침 | うた<br>歌 | 노래 |
| あし<br>足 | 발 | うみ<br>海 | 바다 |
| あじ<br>味 | 맛 | う<br>売る | 팔다 |
| あつ<br>暑い | 덥다 | うんてん<br>運転 | 운전 |
| あつ<br>集まる | 모이다 | うんどう<br>運動 | 운동 |
| あに<br>兄 | 오빠, 형 | えいが<br>映画 | 영화 |
| あね<br>姉 | 언니, 누나 | えいがかん<br>映画館 | 영화관 |
| あら<br>洗う | 씻다, 닦다 | えいぎょう<br>営業 | 영업 |
| ある<br>歩く | 걷다 | えいご<br>英語 | 영어 |
| い<br>言う | 말하다 | おくじょう<br>屋上 | 옥상 |
| いか<br>以下 | 이하 | おく<br>送る | 보내다, 발송하다, 배웅하다 |
| いかた<br>行き方 | 가는 방법 | おし<br>教える | 가르치다 |
| いけ<br>池 | 연못 | おと<br>音 | 소리 |

기출 어휘  397

| 어휘 | 의미 | 어휘 | 의미 |
|---|---|---|---|
| 弟(おとうと) | 남동생 | 牛肉(ぎゅうにく) | 소고기 |
| 同(おな)じだ | 같다, 동일하다 | 教室(きょうしつ) | 교실 |
| 重(おも)い | 무겁다 | 空港(くうこう) | 공항 |
| 思(おも)い出(だ)す | 생각나다, 떠오르다 | 薬(くすり) | 약 |
| 思(おも)う | 생각하다 | 暗(くら)い | 어둡다 |
| 終(お)わる | 끝나다 | 黒(くろ)い | 검다 |
| 買(か)う | 사다 | 計画(けいかく) | 계획 |
| 帰(かえ)る | 돌아가(오)다 | 経験(けいけん) | 경험 |
| 顔(かお) | 얼굴 | 研究(けんきゅう) | 연구 |
| 書(か)き方(かた) | 쓰는 방법 | 工場(こうじょう) | 공장 |
| 貸(か)す | 빌려주다 | 交通(こうつう) | 교통 |
| 風(かぜ) | 바람 | 声(こえ) | 목소리 |
| 家族(かぞく) | 가족 | 氷(こおり) | 얼음 |
| 借(か)りる | 빌리다 | 答(こた)える | 대답하다, 응답하다 |
| 軽(かる)い | 가볍다 | 小鳥(ことり) | 작은 새 |
| 代(か)わり | 대신 | 寒(さむ)い | 춥다 |
| 考(かんが)える | 생각하다, 고안하다 | 試合(しあい) | 시합, 경기 |
| 漢字(かんじ) | 한자 | 質問(しつもん) | 질문 |
| 帰国(きこく) | 귀국 | 自転車(じてんしゃ) | 자전거 |
| 決(き)まる | 결정되다 | 自動車(じどうしゃ) | 자동차 |

## N4 기출 어휘 - 표기

| 어휘 | 의미 |
|---|---|
| 死ぬ (し) | 죽다 |
| 市民 (しみん) | 시민 |
| 閉める (し) | 닫다 |
| 写真 (しゃしん) | 사진 |
| 住所 (じゅうしょ) | 주소 |
| 授業 (じゅぎょう) | 수업 |
| 出発 (しゅっぱつ) | 출발 |
| 食堂 (しょくどう) | 식당 |
| 食料品 (しょくりょうひん) | 식료품 |
| 女性 (じょせい) | 여성 |
| 調べる (しら) | 조사하다, 알아보다 |
| 知る (し) | 알다 |
| 白い (しろ) | 희다, 하얗다 |
| 親切だ (しんせつ) | 친절하다 |
| 好きだ (す) | 좋아하다 |
| 進む (すす) | 나아가다, 전진하다 |
| 住む (す) | 살다, 거주하다 |
| 説明 (せつめい) | 설명 |
| 先週 (せんしゅう) | 지난주 |
| 台所 (だいどころ) | 부엌 |
| 台風 (たいふう) | 태풍 |
| 正しい (ただ) | 맞다, 바르다, 정당하다 |
| 建てる (た) | (건물을) 세우다, 건축하다 |
| 近く (ちか) | 근처, 가까이 |
| 地図 (ちず) | 지도 |
| 注意 (ちゅうい) | 주의 |
| 使う (つか) | 쓰다, 사용하다 |
| 作る (つく) | 만들다 |
| 店員 (てんいん) | 점원 |
| ～度 (ど) | ~번 |
| 遠い (とお) | 멀다 |
| 特別だ (とくべつ) | 특별하다 |
| 時計 (とけい) | 시계 |
| 閉じる (と) | 닫다 |
| 土曜日 (どようび) | 토요일 |
| 鳥 (とり) | 새 |
| 夏 (なつ) | 여름 |
| 習う (なら) | 배우다 |
| 日記 (にっき) | 일기 |
| 入院 (にゅういん) | 입원 |

| 어휘 | 의미 |
|---|---|
| 眠い (ねむい) | 졸리다 |
| 乗る (のる) | (탈것·교통수단을) 타다 |
| 運ぶ (はこぶ) | 운반하다 |
| 始める (はじめる) | 시작하다 |
| 場所 (ばしょ) | 장소, 곳 |
| 走る (はしる) | 달리다, 뛰다 |
| 働く (はたらく) | 일하다, 근무하다 |
| 発音 (はつおん) | 발음 |
| 話 (はなし) | 이야기 |
| 早く (はやく) | 빨리, 일찍 |
| 林 (はやし) | 수풀, 삼림 |
| 反対 (はんたい) | 반대 |
| 光 (ひかり) | 빛 |
| 引く (ひく) | 당기다, 빼다 |
| 病院 (びょういん) | 병원 |
| 開く (ひらく) | 열리다 |
| 昼ご飯 (ひるごはん) | 점심밥, 점심 식사 |
| 昼休み (ひるやすみ) | 점심시간, 점심 후 휴식 |
| 広い (ひろい) | 넓다 |
| 服 (ふく) | 옷 |

| 어휘 | 의미 |
|---|---|
| 船 (ふね) | 배, 선박 |
| 冬 (ふゆ) | 겨울 |
| 古い (ふるい) | 오래되다, 낡다 |
| 文 (ぶん) | 글, 문장 |
| 便利だ (べんりだ) | 편리하다 |
| 本屋 (ほんや) | 서점 |
| 毎朝 (まいあさ) | 매일 아침 |
| 町 (まち) | 마을 |
| 待つ (まつ) | 기다리다 |
| 森 (もり) | 숲 |
| 問題 (もんだい) | 문제 |
| 野菜 (やさい) | 채소, 야채 |
| 夕方 (ゆうがた) | 저녁 무렵, 해질녘 |
| 夕飯 (ゆうはん) | 저녁밥, 저녁 식사 |
| 有名だ (ゆうめいだ) | 유명하다 |
| 雪 (ゆき) | 눈(날씨) |
| 用事 (ようじ) | 볼일, 용건, 용무 |
| 予定 (よてい) | 예정 |
| 夜 (よる) | 밤 |
| 弱い (よわい) | 약하다 |

## N4 기출 어휘 - 표기

| 어휘 | 의미 |
|---|---|
| りょうり<br>料理 | 요리 |
| りょかん<br>旅館 | 료칸(일본 전통 숙박 시설) |
| りょこう<br>旅行 | 여행 |

## 문맥 규정

| 어휘 | 의미 |
|---|---|
| 浅い (あさい) | 얕다, (정도가) 덜하다 |
| アルバイト | 아르바이트 |
| アンケート | 앙케트, 설문 조사 |
| 安全だ (あんぜんだ) | 안전하다 |
| 案内 (あんない) | 안내 |
| 以下 (いか) | 이하 |
| 以外 (いがい) | 이외 |
| いくら〜ても | 아무리 ~해도 |
| 意見 (いけん) | 의견 |
| 以上 (いじょう) | 이상 |
| 一軒 (いっけん) | 한 채(건물) |
| 一生懸命 (いっしょうけんめい) | 열심히 |
| 植える (うえる) | 심다 |
| 受付 (うけつけ) | 접수, 접수처 |
| 薄い (うすい) | 얇다(두께), 연하다(색), 싱겁다(맛) |
| 打つ (うつ) | 때리다, 치다 |
| 映る (うつる) | 비치다 |
| 腕 (うで) | 팔, 솜씨 |
| 生む (うむ) | 낳다 |

| 어휘 | 의미 |
|---|---|
| うるさい | 시끄럽다 |
| 営業 (えいぎょう) | 영업 |
| お祝い (おいわい) | 축하, 축하 선물 |
| 往復 (おうふく) | 왕복 |
| 屋上 (おくじょう) | 옥상 |
| 遅れる (おくれる) | 늦다, 늦어지다 |
| お大事に (おだいじに) | 몸조리 잘 하세요 |
| おつり | 잔돈, 거스름돈 |
| 落とす (おとす) | 떨어뜨리다 |
| 覚える (おぼえる) | 기억하다, 암기하다 |
| お土産 (おみやげ) | 선물, 기념품 |
| 思い出 (おもいで) | 추억 |
| おもちゃ | 장난감 |
| 折る (おる) | 접다, 꺾다 |
| お礼 (おれい) | 감사 인사, 감사 선물 |
| 折れる (おれる) | 부러지다, 꺾이다 |
| 会場 (かいじょう) | 회장, 행사장 |
| 鏡 (かがみ) | 거울 |
| 飾る (かざる) | 장식하다, 꾸미다 |

## N4 기출 어휘 – 문맥 규정

| 어휘 | 의미 | 어휘 | 의미 |
|---|---|---|---|
| かた<br>固い | 단단하다, 딱딱하다 | くら<br>比べる | 비교하다 |
| かたち<br>形 | 형태, 모양 | けいけん<br>経験 | 경험 |
| かた づ<br>片付ける | 치우다, 정리하다 | ゲーム | 게임 |
| カッター | 커터, 칼 | けっ か<br>結果 | 결과 |
| かべ<br>壁 | 벽 | けんか | 싸움 |
| かま<br>構わない | 상관없다 | こうがい<br>郊外 | 교외 |
| かむ | 씹다 | こころ<br>心 | 마음 |
| かよ<br>通う | 다니다, 통학하다 | こ しょう<br>故障 | 고장 |
| かわ<br>乾く | 마르다, 건조해지다 | こま<br>細かい | 자세하다, 상세하다 |
| かんけい<br>関係 | 관계 | こ<br>混む | 붐비다, 혼잡하다 |
| き かい<br>機会 | 기회 | こわ<br>怖い | 무섭다 |
| き けん<br>危険だ | 위험하다 | さか<br>坂 | 언덕 |
| ぎ じゅつ<br>技術 | 기술 | さが<br>探す | 찾다 |
| きび<br>厳しい | 엄하다, 혹독하다 | さ<br>差す | (우산을) 쓰다 |
| き ぶん<br>気分 | 기분 | さそ<br>誘う | 권유하다, 유혹하다 |
| き<br>決める | 정하다 | さっき | 아까, 조금 전 |
| きゅうこう<br>急行 | 급행, '급행 열차'의 준말 | さび<br>寂しい | 외롭다, 쓸쓸하다 |
| きょうそう<br>競争 | 경쟁 | さわる | 만지다, 손대다 |
| きょう み<br>興味 | 흥미, 관심 | ざんねん<br>残念だ | 안타깝다, 유감스럽다 |
| ぐ あい<br>具合 | 몸 상태, 컨디션 | しかられる | 혼나다 |

| 어휘 | 의미 |
|---|---|
| 失敗(しっぱい) | 실패 |
| 失礼だ(しつれいだ) | 실례이다 |
| 習慣(しゅうかん) | 습관 |
| 自由に(じゆうに) | 자유롭게, 마음대로 |
| 十分だ(じゅうぶんだ) | 충분하다 |
| 種類(しゅるい) | 종류 |
| 準備(じゅんび) | 준비 |
| 紹介(しょうかい) | 소개 |
| 招待(しょうたい) | 초대 |
| 将来(しょうらい) | 장래 |
| 調べる(しらべる) | 조사하다, 알아보다 |
| 心配(しんぱい) | 걱정 |
| スイッチ | 스위치 |
| 過ぎる(すぎる) | 지나다 |
| 進む(すすむ) | 나아가다, 전진하다 |
| 捨てる(すてる) | 버리다 |
| ～製(せい) | ~제 |
| 生産(せいさん) | 생산 |
| 説明(せつめい) | 설명 |
| ぜひ | 꼭, 아무쪼록 |

| 어휘 | 의미 |
|---|---|
| 世話(せわ) | 신세, 시중, 돌봄 |
| センチ | 센티미터(cm) |
| 相談(そうだん) | 상담, 상의, 논의 |
| 育てる(そだてる) | 키우다, 양육하다 |
| それに | 게다가 |
| そろそろ | 슬슬 |
| 大事だ(だいじだ) | 중요하다, 소중하다 |
| 高い(たかい) | 높다, 비싸다, (키가) 크다 |
| だから | 그래서, 그러니까 |
| 確かだ(たしかだ) | 확실하다, 분명하다 |
| 足す(たす) | 더하다, 보태다 |
| 出す(だす) | 내놓다, (편지를) 보내다 |
| 頼む(たのむ) | 부탁하다, 주문하다 |
| 足りない(たりない) | 부족하다 |
| 暖房(だんぼう) | 난방 |
| チェック | 체크, 확인 |
| チケット | 티켓, 표 |
| 遅刻(ちこく) | 지각 |
| チャンス | 찬스, 기회 |
| 注意(ちゅうい) | 주의 |

## N4 기출 어휘 - 문맥 규정

| 어휘 | 의미 |
|---|---|
| 中止(ちゅうし) | 중지 |
| 貯金(ちょきん) | 저금 |
| 都合(つごう) | 형편, 사정 |
| 伝える(つたえる) | 전하다, 전달하다 |
| 包む(つつむ) | 싸다, 감싸다, 포장하다 |
| ていねいだ | 정중하다, 친절하다 |
| 手伝う(てつだう) | 돕다, 도와주다 |
| とうとう | 드디어, 겨우 |
| 届く(とどく) | 도달하다, 전해지다, 배달되다 |
| 止まる(とまる) | 멈추다, 정지하다 |
| 取りかえる(とりかえる) | 바꾸다, 교체하다 |
| どんどん | 자꾸자꾸, 계속 |
| 直す(なおす) | 고치다 |
| 直る(なおる) | 낫다, 고쳐지다 |
| なるべく | 되도록, 가능한 한 |
| 慣れる(なれる) | 익숙해지다 |
| 匂い(におい) | 냄새 |
| 苦い(にがい) | 쓰다 |
| 人気(にんき) | 인기 |
| 値段(ねだん) | 가격, 값 |

| 어휘 | 의미 |
|---|---|
| 熱心だ(ねっしんだ) | 열심이다 |
| 寝坊(ねぼう) | 늦잠 |
| 眠い(ねむい) | 졸리다 |
| 残る(のこる) | 남다 |
| 喉(のど) | 목, 목구멍 |
| のり | 풀 |
| 乗り換える(のりかえる) | 갈아타다, 환승하다 |
| 載る(のる) | (신문 등에) 실리다, 게재되다 |
| パート(タイム) | 파트 타임, 시간제 근무 |
| 運ぶ(はこぶ) | 옮기다, 운반하다 |
| はさみ | 가위 |
| 恥ずかしい(はずかしい) | 창피하다 |
| パソコン | PC, 컴퓨터 |
| はっきり | 확실히, 분명히 |
| はる | 붙이다 |
| 番組(ばんぐみ) | 방송 프로그램 |
| 冷える(ひえる) | 식다, 차가워지다 |
| 引き出し(ひきだし) | 서랍, 인출 |
| 引っ越し(ひっこし) | 이사 |
| 必要だ(ひつようだ) | 필요하다 |

| 어휘 | 의미 |
|---|---|
| 拾う(ひろう) | 줍다 |
| 深い(ふかい) | 깊다 |
| 復習(ふくしゅう) | 복습 |
| 不便(ふべん) | 불편 |
| 踏む(ふむ) | 밟다 |
| 貿易(ぼうえき) | 무역 |
| 放送(ほうそう) | 방송 |
| ポスター | 포스터 |
| 翻訳(ほんやく) | 번역 |
| 負ける(まける) | 지다 |
| または | 또는 |
| まっすぐ | 쭉, 곧바로 |
| 見つかる(みつかる) | 발견되다, 들키다 |
| 迎える(むかえる) | 마중하다, 맞이하다 |
| 珍しい(めずらしい) | 드물다, 희귀하다 |
| メニュー | 메뉴 |
| 約束(やくそく) | 약속 |
| 役に立つ(やくにたつ) | 도움이 되다, 쓸모가 있다 |
| やちん | 집세, 방세 |
| やっと | 드디어, 겨우 |

| 어휘 | 의미 |
|---|---|
| やっぱり | 역시 |
| 止める(やめる) | 멈추다, 그만두다 |
| 柔らかい(やわらかい) | 부드럽다 |
| 夢(ゆめ) | 꿈 |
| 用意(ようい) | 준비, 대비 |
| 予約(よやく) | 예약 |
| 寄る(よる) | 들르다, 다가가다 |
| 喜ぶ(よろこぶ) | 기뻐하다 |
| 来週(らいしゅう) | 다음 주 |
| 理由(りゆう) | 이유 |
| 利用(りよう) | 이용 |
| ルール | 룰, 규칙 |
| 留守(るす) | 부재, 부재중 |
| 冷房(れいぼう) | 냉방 |
| レジ | 금전 출납기, 계산 담당(레지스터의 준말) |
| レポート | 리포트, 보고서 |
| レンジ | '전자레인지'의 준말 |
| 連絡(れんらく) | 연락 |
| 割れる(われる) | 부서지다, 깨지다, 갈라지다 |

## 유의 표현

| | | |
|---|---|---|
| 明日は ちょっと 내일은 좀 | ≒ | 明日は だめだ 내일은 안 된다 |
| 明日 내일 | ≒ | 明日 내일 |
| 新しい 家に 住む 새 집에 살다 | ≒ | 新しい 家に 引っ越す 새 집에 이사하다 |
| 危ない 위험하다 | ≒ | 危険だ 위험하다 |
| 雨が ざあざあ 降る 비가 주룩주룩 쏟아지다 | ≒ | 雨が 強く 降る 비가 세차게 내리다 |
| 謝る 사과하다 | ≒ | 「ごめんなさい」と 言う '미안해요'라고 말하다 |
| アルバイトを する 아르바이트를 하다 | ≒ | 働く 일하다 |
| 安全だ 안전하다 | ≒ | 危なく ない 위험하지 않다 |
| 意見が いいと 思う 의견이 좋다고 생각하다 | ≒ | 意見に 賛成する 의견에 찬성하다 |
| いじめては いけない 괴롭혀서는 안 된다 | ≒ | 大切に する 소중히 여기다 |
| 1番の 部屋、または 2番の 部屋 1번 방, 또는 2번 방 | ≒ | 1番の 部屋か 2番の 部屋 1번 방이나 2번 방 |
| 一生懸命 열심히 | ≒ | 熱心に 열심히 |
| 要る 필요하다 | ≒ | 必要だ 필요하다 |
| 後ろ 뒤 | ≒ | 裏 뒤, 뒷면 |
| 嘘 거짓말 | ≒ | 本当じゃ ない 정말이 아니다 |
| 美しい 아름답다 | ≒ | きれいだ 예쁘다, 깨끗하다 |

| | | |
|---|---|---|
| うまい 능숙하다, 맛있다 | ≒ | 上手だ 잘하다, 능숙하다 |
| うるさく する 시끄럽게 하다 | ≒ | 騒ぐ 떠들다, 소란 피우다 |
| 嬉しい 기쁘다 | ≒ | 喜ぶ 기뻐하다 |
| 運動 운동 | ≒ | スポーツ 스포츠, 운동 |
| 映画に 誘う 영화를 권유하다 | ≒ | 映画を 見に 行きませんかと 言う 영화를 보러 가지 않을래요 하고 말하다 |
| 多く なる 많아지다 | ≒ | 増える 늘다, 증가하다 |
| お客さんが 多い 손님이 많다 | ≒ | 込んで いる 붐비고 있다 |
| 起きるのが 遅く なる 일어나는 것이 늦어지다 | ≒ | 寝坊する 늦잠 자다 |
| 遅れる 늦다 | ≒ | 間に合わない 시간을 못 맞추다 |
| 怒られる 혼나다 | ≒ | しかられる 혼나다 |
| 教わる 배우다 | ≒ | 習う 배우다, 익히다 |
| お宅に 伺う 댁에 찾아뵙다 | ≒ | お宅に 参る 댁에 찾아뵙다 |
| 落とす 떨어뜨리다 | ≒ | 無くす 잃어버리다<br>失う 잃다, 잃어버리다 |
| 大人しい 얌전하다 | ≒ | 静かだ 조용하다 |
| 踊る 춤추다 | ≒ | ダンスを する 댄스를 하다, 춤을 추다 |
| 驚く 놀라다 | ≒ | びっくり する 깜짝 놀라다 |

## N4 기출 어휘 - 유의 표현

| | | |
|---|---|---|
| お願<sub>ねが</sub>いする 부탁하다 | ≒ | 頼<sub>たの</sub>む 부탁하다, 주문하다 |
| 泳<sub>およ</sub>ぐの 수영, 헤엄치는 것 | ≒ | 水泳<sub>すいえい</sub> 수영 |
| お礼<sub>れい</sub>を 言<sub>い</sub>う 감사 인사를 하다 | ≒ | 「ありがとう」と 言<sub>い</sub>う '고마워요'라고 말하다 |
| 女<sub>おんな</sub>の 人<sub>ひと</sub> 여자 | ≒ | 女性<sub>じょせい</sub> 여성 |
| 家具<sub>かぐ</sub> 가구 | ≒ | テーブルや ベッド 테이블이나 침대 |
| 必<sub>かなら</sub>ず 来<sub>く</sub>ると 思<sub>おも</sub>う 꼭 올 거라고 생각한다 | ≒ | きっと 来<sub>く</sub>る 반드시 온다 |
| 簡単<sub>かんたん</sub>だ 간단하다 | ≒ | 易<sub>やさ</sub>しい 쉽다 |
| 聞<sub>き</sub>く 묻다 | ≒ | たずねる 찾다, 묻다, 방문하다 |
| 帰国<sub>きこく</sub>する 귀국하다 | ≒ | 国<sub>くに</sub>へ 帰<sub>かえ</sub>る 고국에 돌아가다 |
| 規則<sub>きそく</sub> 규칙 | ≒ | ルール 룰, 규칙 |
| 汚<sub>きたな</sub>い 더럽다 | ≒ | 汚<sub>よご</sub>れて いる 더러워져 있다 |
| 厳<sub>きび</sub>しい 時代<sub>じだい</sub>は もう 過<sub>す</sub>ぎた 혹독한 시대는 이제 지났다 | ≒ | 大変<sub>たいへん</sub>な 時代<sub>じだい</sub>だった 힘든 시대였다 |
| 客<sub>きゃく</sub>が 少<sub>すく</sub>ない 손님이 적다 | ≒ | 空<sub>す</sub>いて いる 한산하다 |
| 教育<sub>きょういく</sub>を 受<sub>う</sub>けられる 人<sub>ひと</sub>が 多<sub>おお</sub>く ない 교육을 받을 수 있는 사람이 많지 않다 | ≒ | 多<sub>おお</sub>くの 人<sub>ひと</sub>が 学校<sub>がっこう</sub>へ 行<sub>い</sub>けない 많은 사람이 학교에 가지 못한다 |
| 近所<sub>きんじょ</sub> 근처, 이웃 | ≒ | 近<sub>ちか</sub>く 근처, 가까이 |
| 具合<sub>ぐあい</sub>が よく なる 몸 상태가 좋아지다 | ≒ | 元気<sub>げんき</sub>に なる 건강해지다 |

| | | |
|---|---|---|
| 空港(くうこう) 공항 | ≒ | 飛行機(ひこうき)に 乗(の)る ところ 비행기를 타는 곳 |
| 車(くるま)の 工場(こうじょう) 자동차 공장 | ≒ | 車(くるま)を 作(つく)る ところ 자동차를 만드는 곳 |
| 経験(けいけん)が ある 경험이 있다 | ≒ | した ことが ある 한 적이 있다 |
| 景色(けしき)の いい ところ 경치가 좋은 곳 | ≒ | きれいな 山(やま)や 森(もり)が 見(み)える ところ 예쁜 산이나 숲이 보이는 곳 |
| 講義(こうぎ)に 出席(しゅっせき)する 강의에 출석하다 | ≒ | 大学(だいがく)で 先生(せんせい)の 話(はなし)を 聞(き)く 대학교에서 선생님의 이야기를 듣다 |
| 交通(こうつう)が 便利(べんり)だ 교통이 편리하다 | ≒ | バスや 地下鉄(ちかてつ)が たくさん 走(はし)る 버스나 지하철이 많이 달리다 |
| 5時(ごじ)に 来(く)るのは 無理(むり)だ 5시에 오는 것은 무리이다 | ≒ | 5時(ごじ)に 来(こ)られない 5시에 올 수 없다 |
| 故障(こしょう)する 고장 나다 | ≒ | 壊(こわ)れる 망가지다, 부서지다, 고장 나다 |
| 来(こ)なかった わけを 聞(き)く 오지 않은 이유를 묻다 | ≒ | どうして 来(こ)なかったのか たずねる 어째서 오지 않았는지를 묻다 |
| ご飯(はん)を 食(た)べる 밥을 먹다 | ≒ | 食事(しょくじ)を する 식사를 하다 |
| 細(こま)かく 잘게, 미세하게 | ≒ | 小(ちい)さく 작게 |
| これからの こと 앞으로의 일 | ≒ | 将来(しょうらい) 장래 |
| 最初(さいしょ) 최초, 처음 | ≒ | 初(はじ)め 처음, 맨 처음 |
| サインを する 사인을 하다 | ≒ | 名前(なまえ)を 書(か)く 이름을 쓰다 |
| 盛(さか)んに なる 번성하다, 활발해지다 | ≒ | する 人(ひと)が 増(ふ)える 하는 사람이 늘다 |

## N4 기출 어휘 – 유의 표현

| | |
|---|---|
| 社長の かわりに 田中さんが パーティーに 出た<br>사장님 대신 다나카 씨가 파티에 참석했다 | ≒ 社長は パーティーに 出なかった<br>사장님은 파티에 참석하지 않았다 |
| 住所 주소 | ≒ 住んで いる 場所 살고 있는 장소 |
| 授業に 遅れる 수업에 늦다 | ≒ 授業が 始まってから 来る 수업이 시작한 후에 오다 |
| 授業の 前に 勉強する 수업 전에 공부하다 | ≒ 予習する 예습하다 |
| すべりやすい 미끄러지기 쉽다 | ≒ 歩きにくい 걷기 어렵다 |
| 外に いたので 体が 冷えて しまった<br>밖에 있어서 몸이 차가워지고 말았다 | ≒ 外は 寒かった<br>밖은 추웠다 |
| 退院する 퇴원하다 | ≒ 病院から 帰って くる 병원에서 돌아오다 |
| 大事だ 중요하다, 소중하다 | ≒ 大切だ 소중하다, 중요하다 |
| たずねる 방문하다, 묻다 | ≒ 家に 行く 집으로 가다 |
| たばこを 吸っては いけない<br>담배를 피워서는 안 된다 | ≒ たばこは 禁止されて いる<br>담배는 금지되어 있다 |
| チェックする 체크하다 | ≒ 調べる 알아보다, 검토하다 |
| 遅刻しない 지각하지 않다 | ≒ 始まる 時間に 遅れない 시작하는 시간에 늦지 않다 |
| 駐車場 주차장 | ≒ 車を 止める 場所 자동차를 세우는 장소 |
| 長女 장녀 | ≒ 1番目の 娘 첫 번째 딸 |
| 使う 쓰다, 사용하다 | ≒ 利用する 이용하다 |

| | | |
|---|---|---|
| 作る 만들다 | ≒ | 生産する 생산하다 |
| ていねいに 書く 정성껏 쓰다 | ≒ | きれいに 書く 깨끗하게 쓰다 |
| 出かけて いる 외출해 있다 | ≒ | 留守だ 부재중이다 |
| 独身だ 독신이다 | ≒ | 結婚して いない 결혼하지 않았다 |
| 友だちを 迎えに 空港に 行く 친구를 마중하러 공항에 가다 | ≒ | 空港で 友だちに 会う 공항에서 친구를 만나다 |
| 取られる 빼앗기다 | ≒ | 盗まれる 도둑맞다, 도난당하다 |
| にこにこする 생긋생긋 웃다 | ≒ | 笑う 웃다 |
| 乗り物 탈것, 교통수단 | ≒ | 飛行機や 船 비행기나 배 |
| 運ぶ 옮기다, 운반하다 | ≒ | 持って いく 가지고 가다 |
| 始めた 理由 시작한 이유 | ≒ | なぜ 始めたか 어째서 시작했는지 |
| 初めに 처음에, 먼저 | ≒ | まず 먼저, 우선 |
| 話を する 이야기를 하다 | ≒ | おしゃべりする 수다 떨다 |
| 冷えて いる 차가워져 있다 | ≒ | 冷たい 차갑다 |
| 日が 暮れる 해가 지다, 날이 저물다 | ≒ | 空が 暗く なる 하늘이 어두워지다 |
| 久しぶりに 会う 오랜만에 만나다 | ≒ | 何年も 会って いない 몇 년이나 만나지 않았다 |
| 秘密 비밀 | ≒ | 誰にも 言わない 아무에게도 말하지 않다 |

## N4 기출 어휘 - 유의 표현

| | |
|---|---|
| 美容院に 行く 미용실에 가다 | ≒ 髪の 毛を 切りに 行く 머리를 자르러 가다 |
| 他の 国から 買う 다른 나라로부터 사다 | ≒ 輸入する 수입하다 |
| 他の 人の 意見を 聞く<br>다른 사람의 의견을 묻다(듣다) | ≒ 他の 人が 何を 考えて いるか 聞く<br>다른 사람이 무엇을 생각하고 있는지 묻다(듣다) |
| ほとんど 忘れる<br>거의 잊다 | ≒ 少ししか 覚えて いない<br>조금밖에 기억하고 있지 않다 |
| 間違えやすい 틀리기 쉽다 | ≒ 間違える 人が 多い 틀리는 사람이 많다 |
| みんなが 帰った 後で 帰った<br>모두가 돌아간 후에 귀가했다 | ≒ 帰る 前に みんなが 帰った<br>귀가하기 전에 모두가 돌아갔다 |
| 娘が 大学生に なる 딸이 대학생이 되다 | ≒ 娘の 入学式が ある 딸의 입학식이 있다 |
| やせる 살이 빠지다 | ≒ 細く なる 가늘어지다, 날씬해지다 |
| 柔らかい 부드럽다 | ≒ 固く ない 단단하지 않다 |
| 用意 준비, 대비 | ≒ 準備 준비 |

## 용법

| 어휘 | 의미 | 어휘 | 의미 |
| --- | --- | --- | --- |
| 浅（あさ）い | 얕다, (정도가) 덜하다 | 飾（かざ）る | 꾸미다, 장식하다 |
| 謝（あやま）る | 사과하다, 사죄하다 | かしこまりました | 알겠습니다 |
| 安全（あんぜん） | 안전 | 片付（かたづ）ける | 치우다, 정리하다 |
| 案内（あんない） | 안내 | かまわない | 상관없다, 괜찮다 |
| いくら～ても | 아무리 ~해도 | 乾（かわ）く | 마르다, 건조해지다 |
| 意見（いけん） | 의견 | 機会（きかい） | 기회 |
| 急（いそ）ぐ | 서두르다 | 厳（きび）しい | 심하다, 엄하다, 혹독하다 |
| いたす | '하다'의 겸양어 | 近所（きんじょ） | 근처, 이웃 |
| いただく | '먹다·마시다·받다'의 겸양어 | 計画（けいかく） | 계획 |
| うまい | 잘하다, 맛있다 | けが | 상처, 부상 |
| 多（おお）い | 많다 | 景色（けしき） | 경치 |
| 大勢（おおぜい） | 많은 사람, 여럿 | 結果（けっか） | 결과 |
| おかげさま | 덕분 | 原因（げんいん） | 원인 |
| 音（おと） | 소리 | 見学（けんがく） | 견학 |
| 驚（おどろ）く | 놀라다 | 元気（げんき） | 건강 |
| お見舞（みま）い | 병문안, 문병 | 工事（こうじ） | 공사 |
| 思（おも）い出（で） | 추억 | 故障（こしょう） | 고장 |
| お礼（れい） | 감사, 감사 인사 | 込（こ）む | 붐비다, 혼잡하다 |
| 飼（か）う | (반려동물을) 키우다 | 壊（こわ）れる | 망가지다, 부서지다, 고장 나다 |

## N4 기출 어휘 - 용법

| 어휘 | 의미 | 어휘 | 의미 |
|---|---|---|---|
| ざあざあ | 비가 거세게 오는 소리, 쏴쏴 | 世話(せわ) | 신세, 시중, 돌봄 |
| 最近(さいきん) | 최근, 요즘 | 洗濯(せんたく) | 세탁, 빨래 |
| 差し上げる(さしあげる) | 드리다 | 相談(そうだん) | 상담, 상의, 논의 |
| 寂しい(さびしい) | 외롭다, 쓸쓸하다 | 育てる(そだてる) | 기르다, 양육하다 |
| 寒い(さむい) | 춥다 | たいてい | 대체로, 대개 |
| しかる | 혼내다 | 倒れる(たおれる) | 쓰러지다 |
| 支度(したく) | 준비, 채비 | 足す(たす) | 더하다, 보태다 |
| しっかり | 확실히, 똑똑히, 단단히 | だめだ | 안 되다 |
| 閉める(しめる) | 닫다 | 遅刻(ちこく) | 지각 |
| 準備(じゅんび) | 준비 | 中止(ちゅうし) | 중지 |
| 紹介(しょうかい) | 소개 | 都合(つごう) | 형편, 사정 |
| 招待(しょうたい) | 초대 | 包む(つつむ) | 싸다, 감싸다, 포장하다 |
| 人口(じんこう) | 인구 | ていねいだ | 정중하다, 공손하다 |
| 親切だ(しんせつだ) | 친절하다 | 適当だ(てきとうだ) | 적당하다 |
| 心配だ(しんぱいだ) | 걱정이다 | とうとう | 드디어, 결국 |
| 捨てる(すてる) | 버리다 | 途中(とちゅう) | 도중 |
| すると | 그러자 | どんどん | 자꾸자꾸, 계속 |
| 生産(せいさん) | 생산 | 似合う(にあう) | 어울리다 |
| ぜひ | 꼭, 아무쪼록 | 苦い(にがい) | 쓰다 |
| 狭い(せまい) | 좁다 | 逃げる(にげる) | 도망치다 |

기출 어휘 **415**

| 어휘 | 의미 |
|---|---|
| 似る | 닮다 |
| 人気 | 인기 |
| 熱 | 열 |
| 熱心だ | 열심이다 |
| 寝る | 자다 |
| 恥ずかしい | 창피하다 |
| はっきり | 분명히, 확실히 |
| 引っ越す | 이사하다 |
| 拾う | 줍다 |
| 太る | 살찌다 |
| 不便だ | 불편하다 |
| プレゼント | 선물 |
| 返事 | 답변, 응답, 답신 |
| 真面目だ | 진지하다, 성실하다 |
| 迎える | 마중하다, 맞이하다 |
| むし暑い | 무덥다 |
| 約束 | 약속 |
| 止む | (눈・비가) 그치다 |
| 輸出 | 수출 |
| ゆっくり | 천천히, 느긋하게, 푹 |

| 어휘 | 의미 |
|---|---|
| 予約 | 예약 |
| 喜ぶ | 기뻐하다 |
| 留守 | 부재, 부재중 |
| 連絡 | 연락 |
| 沸かす | 물을 끓이다 |

# 색인

## あ

- N4 あいさつ ……… 164
- N5 間(あいだ) ……… 114
- N4 アイロン ……… 348
- N5 会う(あう) ……… 35
- N4 合う(あう) ……… 189
- N5 青い(あおい) ……… 25
- N5 赤い(あかい) ……… 25
- N4 赤ちゃん(あかちゃん) ……… 164
- N5 上がる(あがる) ……… 119
- N5 明るい(あかるい) ……… 100
- N5 秋(あき) ……… 96
- N5 開く(あく) ……… 119
- N4 空く(あく) ……… 199
- N4 アクセサリー ……… 348
- N5 開ける(あける) ……… 119
- N4 上げる(あげる) ……… 170
- N4 あご ……… 310
- N5 朝(あさ) ……… 106
- N4 浅い(あさい) ……… 295
- N5 朝ご飯(あさごはん) ……… 42
- N5 あさって ……… 106
- N5 足(あし) ……… 74
- N5 味(あじ) ……… 42
- N4 アジア ……… 348
- N5 明日(あした) ……… 106
- N4 汗(あせ) ……… 300
- N4 遊ぶ(あそぶ) ……… 17
- N5 暖かい(あたたかい) ……… 100

- N5 頭(あたま) ……… 74
- N5 新しい(あたらしい) ……… 90
- N5 暑い(あつい) ……… 100
- N5 厚い(あつい) ……… 191
- N5 熱い(あつい) ……… 210
- N4 暑さ(あつさ) ……… 300
- N4 集まる(あつまる) ……… 284
- N4 集める(あつめる) ……… 284
- N5 後(あと) ……… 106
- N4 アナウンサー ……… 348
- N5 あなた ……… 12
- N5 兄(あに) ……… 12
- N5 姉(あね) ……… 12
- N5 アパート ……… 148
- N5 浴びる(あびる) ……… 35
- N5 危ない(あぶない) ……… 69
- N4 アフリカ ……… 348
- N5 甘い(あまい) ……… 47
- N5 あまり ……… 140
- N5 雨(あめ) ……… 96
- N4 あめ ……… 206
- N4 アメリカ ……… 148
- N4 謝る(あやまる) ……… 177
- N5 洗う(あらう) ……… 35
- N5 ある ……… 66
- N5 歩く(あるく) ……… 77
- N4 アルコール ……… 348
- N4 アルバイト ……… 148
- N4 安心(あんしん) ……… 176

- N4 安全(あんぜん) ……… 265
- N4 案内(あんない) ……… 272

## い

- N5 言う(いう) ……… 56
- N5 家(いえ) ……… 114
- N4 以下(いか) ……… 238
- N4 以外(いがい) ……… 248
- N4 医学(いがく) ……… 310
- N4 行き方(いきかた) ……… 258
- N4 生きる(いきる) ……… 314
- N5 行く(いく) ……… 67
- N5 いくつ ……… 134
- N5 いくら ……… 134
- N4 いくら～ても ……… 332
- N5 池(いけ) ……… 96
- N4 意見(いけん) ……… 248
- N4 石(いし) ……… 290
- N4 いじめる ……… 170
- N5 医者(いしゃ) ……… 74
- N4 以上(いじょう) ……… 320
- N5 椅子(いす) ……… 52
- N5 忙しい(いそがしい) ……… 59
- N4 急ぐ(いそぐ) ……… 251
- N5 痛い(いたい) ……… 78
- N4 いたす ……… 342
- N4 いただく ……… 342
- N4 いちいち ……… 332
- N4 一度(いちど) ……… 248

색인 **417**

| | | |
|---|---|---|
| N4 | 一日中 (いちにちじゅう) | 320 |
| N5 | 一番 (いちばん) | 86 |
| N5 | いつ | 134 |
| N4 | いつか | 332 |
| N4 | 一生懸命 (いっしょうけんめい) | 223 |
| N4 | 一緒に (いっしょに) | 140 |
| N4 | 一体 (いったい) | 332 |
| N5 | いっぱい | 140 |
| N5 | いつも | 140 |
| N4 | 糸 (いと) | 186 |
| N4 | 以内 (いない) | 320 |
| N4 | 田舎 (いなか) | 272 |
| N5 | 犬 (いぬ) | 32 |
| N4 | 命 (いのち) | 310 |
| N4 | 祈る (いのる) | 303 |
| N5 | 今 (いま) | 106 |
| N4 | 居間 (いま) | 186 |
| N5 | 意味 (いみ) | 52 |
| N5 | 妹 (いもうと) | 12 |
| N4 | 嫌 (いや) | 91 |
| N4 | いらっしゃる | 342 |
| N5 | 入口 (いりぐち) | 114 |
| N5 | いる | 17 |
| N5 | 要る (いる) | 23 |
| N5 | 入れる (いれる) | 35 |
| N5 | 色 (いろ) | 22 |
| N5 | いろいろ | 91 |
| N4 | 祝う (いわう) | 170 |

### う

| | | |
|---|---|---|
| N5 | 上 (うえ) | 114 |
| N4 | 植える (うえる) | 294 |
| N4 | 伺う (うかがう) | 342 |
| N4 | 受付 (うけつけ) | 272 |
| N4 | 受ける (うける) | 222 |
| N4 | 動かす (うごかす) | 314 |
| N4 | 動く (うごく) | 314 |
| N5 | 後ろ (うしろ) | 114 |
| N4 | 薄い (うすい) | 25 |
| N4 | 嘘 (うそ) | 164 |
| N5 | 歌 (うた) | 86 |
| N5 | 歌う (うたう) | 88 |
| N4 | 内 (うち) | 320 |
| N4 | 打つ (うつ) | 262 |
| N4 | 美しい (うつくしい) | 191 |
| N4 | 写す (うつす) | 276 |
| N4 | 腕 (うで) | 310 |
| N5 | うまい | 210 |
| N5 | 生まれる (うまれる) | 99 |
| N5 | 海 (うみ) | 96 |
| N5 | 生む (うむ) | 294 |
| N5 | 裏 (うら) | 320 |
| N4 | 売り場 (うりば) | 238 |
| N5 | 売る (うる) | 35 |
| N5 | うるさい | 90 |
| N4 | 売れる (うれる) | 242 |
| N4 | 上着 (うわぎ) | 32 |
| N4 | 運 (うん) | 196 |

| | | |
|---|---|---|
| N4 | 運転 (うんてん) | 258 |
| N4 | 運転手 (うんてんしゅ) | 258 |
| N4 | 運動 (うんどう) | 282 |

### え

| | | |
|---|---|---|
| N5 | 絵 (え) | 86 |
| N5 | エアコン | 148 |
| N4 | 映画 (えいが) | 282 |
| N5 | 映画館 (えいがかん) | 114 |
| N4 | 営業 (えいぎょう) | 238 |
| N5 | 英語 (えいご) | 52 |
| N5 | 駅 (えき) | 64 |
| N4 | 駅員 (えきいん) | 258 |
| N4 | エスカレーター | 349 |
| N4 | 枝 (えだ) | 290 |
| N4 | 選ぶ (えらぶ) | 243 |
| N5 | エレベーター | 148 |
| N5 | 円 (えん) | 32 |
| N5 | 鉛筆 (えんぴつ) | 52 |
| N4 | 遠慮 (えんりょ) | 164 |

### お

| | | |
|---|---|---|
| N5 | おいしい | 47 |
| N4 | お祝い (おいわい) | 164 |
| N5 | 多い (おおい) | 100 |
| N5 | 大きい (おおきい) | 25 |
| N5 | 大勢 (おおぜい) | 320 |
| N5 | お母さん (おかあさん) | 12 |
| N4 | おかげ | 164 |

| | | |
|---|---|---|
| N5 お菓子 | 42 | |
| N4 おかしい | 179 | |
| N4 置き | 321 | |
| N5 お客さん | 12 | |
| N5 起きる | 35 | |
| N5 置く | 35 | |
| N4 億 | 238 | |
| N5 奥さん | 13 | |
| N4 屋上 | 300 | |
| N4 贈り物 | 238 | |
| N4 送る | 252 | |
| N4 遅れる | 231 | |
| N4 起こす | 199 | |
| N4 怒る | 222 | |
| N5 お酒 | 42 | |
| N5 お皿 | 42 | |
| N5 おじいさん | 13 | |
| N4 押し入れ | 196 | |
| N5 教える | 56 | |
| N5 おじさん | 13 | |
| N5 押す | 67 | |
| N5 遅い | 69 | |
| N4 お宅 | 165 | |
| N5 お茶 | 42 | |
| N4 落ちる | 303 | |
| N4 おっしゃる | 342 | |
| N4 夫 | 165 | |
| N4 おつり | 238 | |
| N4 音 | 290 | |

| | | |
|---|---|---|
| N5 お父さん | 13 | |
| N5 弟 | 13 | |
| N5 男 | 13 | |
| N4 落とし物 | 258 | |
| N4 お年寄り | 165 | |
| N4 落とす | 262 | |
| N5 おととい | 106 | |
| N5 おととし | 106 | |
| N4 大人 | 14 | |
| N4 大人しい | 179 | |
| N4 踊る | 284 | |
| N4 驚く | 177 | |
| N5 お腹 | 74 | |
| N5 同じ | 27 | |
| N5 お兄さん | 14 | |
| N5 お姉さん | 14 | |
| N5 おばあさん | 14 | |
| N5 おばさん | 14 | |
| N5 覚える | 56 | |
| N5 おまわりさん | 64 | |
| N4 お見舞い | 310 | |
| N4 お土産 | 272 | |
| N5 重い | 78 | |
| N4 思い出す | 177 | |
| N4 思い出 | 165 | |
| N5 思う | 252 | |
| N5 おもしろい | 90 | |
| N4 おもちゃ | 196 | |
| N5 表 | 321 | |

| | | |
|---|---|---|
| N5 お湯 | 206 | |
| N5 泳ぐ | 67 | |
| N5 降りる | 67 | |
| N4 おる | 342 | |
| N4 お礼 | 165 | |
| N4 折れる | 294 | |
| N4 終わり | 300 | |
| N5 終わる | 57 | |
| N5 音楽 | 86 | |
| N5 女 | 14 | |

### か

| | | |
|---|---|---|
| N5 〜か | 124 | |
| N5 〜が | 124 | |
| N4 カーテン | 349 | |
| N5 〜回 | 127 | |
| N5 〜階・階 | 127 | |
| N4 海岸 | 290 | |
| N4 会議 | 228 | |
| N5 外国 | 86 | |
| N5 外国人 | 64 | |
| N5 会社 | 52 | |
| N5 会社員 | 52 | |
| N4 会場 | 272 | |
| N4 外食 | 206 | |
| N5 階段 | 64 | |
| N4 外部 | 239 | |
| N5 買い物 | 22 | |
| N4 会話 | 216 | |

| | | | | | | | | |
|---|---|---|---|---|---|---|---|---|
| N5 | 買う | 36 | N4 | 形 | 186 | N5 | 軽い | 78 |
| N4 | 飼う | 199 | N4 | 片付ける | 199 | N5 | カレー | 149 |
| N5 | 返す | 36 | N5 | 勝つ | 284 | N4 | 彼氏 | 166 |
| N5 | 帰り | 300 | N5 | 〜月 | 128 | N5 | カレンダー | 149 |
| N5 | 帰る | 57 | N4 | 格好 | 186 | N5 | 川 | 97 |
| N4 | 変える | 189 | N5 | 学校 | 53 | N5 | がわ | 115 |
| N5 | 顔 | 74 | N4 | 家庭 | 165 | N5 | かわいい | 25 |
| N4 | 科学 | 216 | N5 | 角 | 114 | N4 | 乾く | 303 |
| N4 | 鏡 | 186 | N4 | 家内 | 166 | N4 | 代わり | 248 |
| N5 | かかる | 77 | N4 | 悲しい | 179 | N4 | 変わる | 189 |
| N5 | 鍵 | 64 | N4 | 必ず | 332 | N4 | 考え方 | 228 |
| N4 | 書き方 | 216 | N5 | かなり | 332 | N4 | 考える | 177 |
| N5 | 書く | 57 | N5 | 金 | 32 | N4 | 関係 | 166 |
| N5 | 学生 | 53 | N4 | 金持ち | 196 | N4 | 観光 | 272 |
| N5 | 〜か月 | 127 | N5 | かばん | 53 | N5 | 韓国 | 53 |
| N5 | かける | 36 | N4 | 花びん | 97 | N4 | 韓国製 | 239 |
| N5 | 傘 | 96 | N5 | かぶる | 23 | N5 | 漢字 | 53 |
| N4 | 飾る | 189 | N4 | 壁 | 321 | N5 | 簡単 | 59 |
| N4 | 火事 | 300 | N5 | 紙 | 22 | N4 | がんばる | 177 |
| N4 | 歌手 | 282 | N4 | 髪 | 311 | | | |
| N5 | 貸す | 57 | N5 | 髪の毛 | 74 | | **き** | |
| N4 | ガス | 349 | N5 | かむ | 208 | N5 | 木 | 97 |
| N5 | 風 | 96 | N5 | カメラ | 148 | N4 | 気 | 176 |
| N5 | 風邪 | 74 | N4 | 通う | 222 | N5 | 黄色い | 25 |
| N5 | 家族 | 15 | N5 | 〜から | 124 | N5 | 消える | 67 |
| N4 | ガソリンスタンド | 349 | N5 | 辛い | 47 | N4 | 機械 | 248 |
| N4 | 方 | 239 | N4 | ガラス | 349 | N4 | 機会 | 248 |
| N4 | 肩 | 310 | N5 | 体 | 75 | N4 | 期間 | 321 |
| N4 | かたい | 210 | N5 | 借りる | 88 | N4 | 聞き取り | 216 |

| | き | | |
|---|---|---|---|
| N5 | 聞く | 57 | |
| N4 | 危険 | 265 | |
| N4 | 聞こえる | 294 | |
| N4 | 帰国 | 272 | |
| N4 | 記者 | 249 | |
| N4 | 汽車 | 258 | |
| N4 | 技術 | 249 | |
| N4 | 季節 | 301 | |
| N4 | 規則 | 216 | |
| N5 | 北 | 115 | |
| N5 | ギター | 149 | |
| N5 | 北口 | 64 | |
| N5 | 汚い | 26 | |
| N5 | 喫茶店 | 32 | |
| N5 | 切手 | 86 | |
| N4 | きっと | 332 | |
| N5 | 切符 | 86 | |
| N4 | 絹 | 239 | |
| N5 | 昨日 | 107 | |
| N4 | 厳しい | 179 | |
| N4 | 気分 | 176 | |
| N4 | 決まる | 231 | |
| N4 | 君 | 166 | |
| N4 | 決める | 252 | |
| N4 | 気持ち | 176 | |
| N4 | 着物 | 186 | |
| N4 | 急行 | 259 | |
| N4 | 急に | 333 | |
| N5 | 牛肉 | 43 | |

| | | | |
|---|---|---|---|
| N5 | 牛乳 | 43 | |
| N5 | 今日 | 107 | |
| N4 | 教育 | 216 | |
| N4 | 教会 | 196 | |
| N5 | 教室 | 53 | |
| N4 | 競争 | 228 | |
| N5 | 兄弟 | 15 | |
| N4 | 興味 | 282 | |
| N5 | 去年 | 107 | |
| N5 | 嫌い | 27 | |
| N5 | 着る | 36 | |
| N5 | 切る | 36 | |
| N5 | きれい | 27 | |
| N5 | キロ | 349 | |
| N5 | 銀行 | 32 | |
| N4 | 近所 | 196 | |

| | く | | |
|---|---|---|---|
| N4 | 区 | 321 | |
| N4 | 具合 | 311 | |
| N4 | 空気 | 301 | |
| N4 | 空港 | 273 | |
| N4 | 草 | 290 | |
| N5 | 薬 | 75 | |
| N4 | くださる | 343 | |
| N5 | 果物 | 43 | |
| N5 | 口 | 75 | |
| N5 | 靴 | 75 | |
| N5 | 靴下 | 22 | |

| | | | |
|---|---|---|---|
| N5 | 国 | 115 | |
| N4 | 首 | 311 | |
| N4 | 雲 | 301 | |
| N4 | 曇り | 301 | |
| N4 | 曇る | 303 | |
| N5 | 暗い | 100 | |
| N4 | ～くらい・ぐらい | 124 | |
| N4 | クラス | 149 | |
| N4 | 比べる | 304 | |
| N4 | グラム | 350 | |
| N5 | 来る | 67 | |
| N4 | 苦しい | 179 | |
| N5 | 車 | 65 | |
| N4 | くれる | 170 | |
| N4 | 暮れる | 327 | |
| N5 | 黒い | 26 | |

| | け | | |
|---|---|---|---|
| N4 | 毛 | 290 | |
| N4 | 計画 | 273 | |
| N5 | 警官 | 65 | |
| N4 | 経験 | 273 | |
| N4 | 経済 | 239 | |
| N4 | 警察 | 259 | |
| N4 | ケーキ | 350 | |
| N4 | ゲーム | 350 | |
| N4 | けが | 311 | |
| N5 | 今朝 | 107 | |
| N4 | 景色 | 301 | |

| | | |
|---|---|---|
| N4 消しゴム …………… 217 | N4 交番 …………… 115 | N5 困る …………… 88 |
| N4 下宿 …………… 217 | N4 公務員 …………… 228 | N4 ごみ …………… 187 |
| N5 消す …………… 68 | N5 声 …………… 33 | N4 込む・混む …………… 262 |
| N4 結果 …………… 228 | N5 コート …………… 149 | N4 米 …………… 206 |
| N4 結構 …………… 180 | N5 コーヒー …………… 149 | N4 ご覧になる …………… 343 |
| N5 結婚 …………… 32 | N4 氷 …………… 206 | N4 転ぶ …………… 263 |
| N4 決して …………… 333 | N4 国際 …………… 249 | N4 怖い …………… 277 |
| N4 欠席 …………… 217 | N4 国産 …………… 240 | N4 壊す …………… 263 |
| N4 県 …………… 321 | N4 国民 …………… 249 | N4 壊れる …………… 199 |
| N4 原因 …………… 259 | N4 国立 …………… 218 | N4 今回 …………… 322 |
| N4 けんか …………… 166 | N5 午後 …………… 107 | N5 今月 …………… 108 |
| N4 玄関 …………… 196 | N5 心 …………… 176 | N4 コンサート …………… 350 |
| N5 元気 …………… 79 | N4 故障 …………… 249 | N5 今週 …………… 108 |
| N4 見物 …………… 273 | N4 個人 …………… 166 | N4 今度 …………… 322 |
| | N5 午前 …………… 107 | N5 今晩 …………… 108 |
| **こ** | N4 ごぞんじだ …………… 342 | N5 コンビニ …………… 150 |
| N5 子 …………… 15 | N4 答え …………… 218 | N4 今夜 …………… 322 |
| N5 公園 …………… 33 | N4 答える …………… 57 | |
| N4 郊外 …………… 322 | N4 ごちそう …………… 240 | **さ** |
| N4 講義 …………… 217 | N5 コップ …………… 150 | N4 最近 …………… 323 |
| N4 工業 …………… 228 | N5 今年 …………… 107 | N4 最後 …………… 323 |
| N4 高校 …………… 217 | N4 言葉 …………… 176 | N4 最初 …………… 323 |
| N4 交差点 …………… 259 | N5 子ども …………… 15 | N5 財布 …………… 65 |
| N4 工事 …………… 259 | N4 小鳥 …………… 291 | N4 サイン …………… 350 |
| N4 工場 …………… 239 | N4 この間 …………… 322 | N4 坂 …………… 291 |
| N5 紅茶 …………… 43 | N4 この頃 …………… 322 | N4 探す …………… 231 |
| N4 校長 …………… 217 | N4 ご飯 …………… 43 | N5 魚 …………… 43 |
| N4 交通 …………… 259 | N4 コピー …………… 150 | N4 盛ん …………… 243 |
| N4 講堂 …………… 218 | N4 細かい …………… 211 | N5 先 …………… 115 |

422

| | | |
|---|---|---|
| N5 咲く …………………… 99 | N5 しお …………………… 44 | N4 支払い ………………… 240 |
| N4 作品 ………………… 273 | N5 〜しか ……………… 124 | N4 自分 ………………… 167 |
| N5 作文 …………………… 54 | N4 仕方 ………………… 228 | N4 島 …………………… 291 |
| N4 桜 …………………… 301 | N4 仕方ない …………… 285 | N4 姉妹 ………………… 167 |
| N4 差し上げる ………… 343 | N4 しかる ……………… 178 | N5 閉まる ………………… 23 |
| N4 差す ………………… 304 | N4 時間 ………………… 87 | N4 市民 ………………… 197 |
| N5 〜冊 ………………… 128 | N4 試験 ………………… 218 | N4 事務所 ……………… 229 |
| N4 さっき ……………… 323 | N4 事故 ………………… 260 | N5 閉める ………………… 24 |
| N5 雑誌 ………………… 87 | N4 仕事 ………………… 54 | N5 締める ………………… 24 |
| N5 さとう ……………… 44 | N4 辞書 ………………… 54 | N4 社会 ………………… 229 |
| N4 さびしい …………… 179 | N4 地震 ………………… 291 | N5 写真 ………………… 87 |
| N4 様 …………………… 167 | N4 静か ………………… 119 | N4 社長 ………………… 229 |
| N5 寒い ………………… 101 | N5 下 …………………… 115 | N4 じゃま ……………… 262 |
| N4 サラダ ……………… 350 | N4 舌 …………………… 311 | N4 ジャム ……………… 351 |
| N4 騒ぐ ………………… 223 | N4 時代 ………………… 187 | N5 シャワー …………… 150 |
| N4 触る ………………… 276 | N4 下着 ………………… 187 | N4 自由 ………………… 273 |
| N4 産業 ………………… 240 | N4 支度 ………………… 197 | N4 習慣 ………………… 197 |
| N4 算数 ………………… 218 | N4 親しい ……………… 171 | N4 住所 ………………… 197 |
| N4 賛成 ………………… 218 | N4 しっかり …………… 333 | N4 ジュース …………… 351 |
| N4 サンダル …………… 351 | N4 室内 ………………… 206 | N4 柔道 ………………… 282 |
| N4 サンドイッチ ……… 351 | N4 失敗 ………………… 229 | N4 十分・充分 ………… 181 |
| N4 残念 ………………… 180 | N4 質問 ………………… 54 | N5 授業 …………………… 54 |
| N5 散歩 ………………… 33 | N4 失礼 ………………… 229 | N4 宿題 …………………… 54 |
| | N4 辞典 ………………… 219 | N4 主人 ………………… 167 |
| **し** | N4 自転車 ……………… 260 | N4 出席 ………………… 219 |
| N4 市 …………………… 323 | N4 自動 ………………… 229 | N4 出発 ………………… 273 |
| N5 〜時 ………………… 128 | N4 自動車 ……………… 260 | N5 趣味 …………………… 87 |
| N4 字 …………………… 249 | N4 品物 ………………… 240 | N4 準備 ………………… 274 |
| N4 試合 ………………… 282 | N5 死ぬ …………………… 99 | N4 紹介 ………………… 167 |

색인 423

| | | |
|---|---|---|
| N4 正月 しょうがつ … 167 | N4 数学 すうがく … 219 | N4 スリッパ … 352 |
| N4 小学校 しょうがっこう … 219 | N4 スーツ … 351 | N5 する … 89 |
| N5 上手 じょうず … 59 | N4 スーツケース … 351 | N5 座る すわる … 77 |
| N4 小説 しょうせつ … 282 | N5 スカート … 150 | |
| N4 招待 しょうたい … 187 | N5 好き すき … 91 | **せ** |
| N5 丈夫 じょうぶ … 79 | N4 過ぎる すぎる … 327 | N5 背 せ … 75 |
| N4 しょうゆ … 207 | N4 空く すく … 209 | N4 生活 せいかつ … 240 |
| N4 将来 しょうらい … 323 | N5 少ない すくない … 101 | N4 生産 せいさん … 241 |
| N4 食事 しょくじ … 207 | N5 すぐ(に) … 140 | N4 政治 せいじ … 250 |
| N5 食堂 しょくどう … 44 | N4 すごい … 179 | N4 生徒 せいと … 55 |
| N4 食料品 しょくりょうひん … 207 | N5 少し すこし … 140 | N4 西洋 せいよう … 274 |
| N4 女性 じょせい … 168 | N5 涼しい すずしい … 101 | N5 セーター … 151 |
| N4 知らせる しらせる … 243 | N4 進む すすむ … 232 | N4 世界 せかい … 274 |
| N4 調べる しらべる … 252 | N5 ～ずつ … 125 | N4 世界中 せかいじゅう … 274 |
| N5 知る しる … 89 | N4 すっかり … 333 | N4 席 せき … 274 |
| N5 白い しろい … 26 | N4 ずっと … 333 | N5 せっけん … 33 |
| N4 信号 しんごう … 65 | N4 ステーキ … 352 | N4 セット … 352 |
| N4 人口 じんこう … 274 | N4 捨てる すてる … 190 | N4 説明 せつめい … 229 |
| N4 神社 じんじゃ … 274 | N5 ストーブ … 150 | N4 背中 せなか … 311 |
| N4 親切 しんせつ … 180 | N4 砂 すな … 291 | N4 ぜひ … 333 |
| N4 心配 しんぱい … 176 | N4 すばらしい … 180 | N4 背広 せびろ … 187 |
| N5 新聞 しんぶん … 65 | N4 スピーカー … 352 | N5 狭い せまい … 69 |
| N4 新聞社 しんぶんしゃ … 250 | N4 スピーチ … 352 | N5 ゼロ … 151 |
| | N5 スプーン … 151 | N4 世話 せわ … 168 |
| **す** | N4 滑る すべる … 304 | N4 線 せん … 260 |
| N4 水泳 すいえい … 283 | N5 スポーツ … 151 | N4 先月 せんげつ … 108 |
| N4 水道 すいどう … 197 | N5 ズボン … 151 | N4 全国 ぜんこく … 275 |
| N4 ずいぶん … 333 | N4 スマホ … 151 | N4 選手 せんしゅ … 283 |
| N5 吸う すう … 77 | N5 住む すむ … 36 | N5 先週 せんしゅう … 108 |

424

## 색인

| | | |
|---|---|---|
| N5 せんせい 先生 ……………… 55 | N4 たいいん 退院 ……………… 312 | N4 た 建つ ……………… 263 |
| N4 ぜんぜん 全然 ……………… 334 | N4 だいがく 大学 ……………… 55 | N4 たて ……………… 324 |
| N4 せんそう 戦争 ……………… 260 | N4 だいじ 大事 ……………… 305 | N5 たてもの 建物 ……………… 116 |
| N4 ぜんたい 全体 ……………… 250 | N4 たいしかん 大使館 ……………… 275 | N4 た 建てる ……………… 263 |
| N5 せんたく 洗濯 ……………… 33 | N4 だいじょうぶ 大丈夫 ……………… 79 | N4 たとえば ……………… 335 |
| N4 センチ ……………… 352 | N5 だいす 大好き ……………… 91 | N4 たな 棚 ……………… 197 |
| N4 せんぱい 先輩 ……………… 230 | N4 たいせつ 大切 ……………… 180 | N5 たの 楽しい ……………… 90 |
| N4 ぜんぶ 全部 ……………… 241 | N4 だいたい ……………… 334 | N4 たの 楽しみ ……………… 275 |
| N4 せんもん 専門 ……………… 219 | N4 たいてい ……………… 334 | N4 たの 頼む ……………… 243 |
| | N5 だいどころ 台所 ……………… 33 | N5 タバコ ……………… 152 |
| **そ** | N4 タイプ ……………… 353 | N4 たぶん ……………… 335 |
| N5 そうじ 掃除 ……………… 33 | N4 だいぶ ……………… 334 | N4 た す 食べ過ぎ ……………… 312 |
| N4 そうだん 相談 ……………… 168 | N4 たいふう 台風 ……………… 302 | N5 た もの 食べ物 ……………… 44 |
| N5 そして ……………… 135 | N4 たいへん 大変 ……………… 59 | N5 た 食べる ……………… 47 |
| N4 そだ 育てる ……………… 223 | N4 たお 倒れる ……………… 304 | N5 たまご 卵 ……………… 44 |
| N4 そつぎょう 卒業 ……………… 219 | N5 たか 高い ……………… 26 | N4 たまに ……………… 335 |
| N5 そと 外 ……………… 115 | N5 だから ……………… 135 | N4 だめ ……………… 181 |
| N5 そば ……………… 116 | N5 たくさん ……………… 141 | N4 た 足りない ……………… 211 |
| N4 そふ 祖父 ……………… 168 | N5 タクシー ……………… 152 | N5 だれ ……………… 134 |
| N4 ソフトドリンク ……………… 353 | N4 たけ 竹 ……………… 291 | N5 たんじょうび 誕生日 ……………… 15 |
| N4 そぼ 祖母 ……………… 168 | N5 ～だけ ……………… 125 | N4 ダンス ……………… 353 |
| N5 そら 空 ……………… 97 | N4 たし 確か ……………… 181 | N5 だんだん ……………… 141 |
| N5 それから ……………… 135 | N4 だ 出す ……………… 36 | N4 だんぼう 暖房 ……………… 302 |
| N4 それほど ……………… 334 | N4 た 足す ……………… 223 | |
| N4 そろそろ ……………… 334 | N4 たず 訪ねる ……………… 171 | **ち** |
| N4 そんなに ……………… 334 | N4 ただ 正しい ……………… 253 | N4 ち 血 ……………… 312 |
| | N4 たたみ 畳 ……………… 302 | N5 ちい 小さい ……………… 26 |
| **た** | N5 ～たち ……………… 128 | N4 チェック ……………… 353 |
| N5 ～だい ～台 ……………… 128 | N5 た 立つ ……………… 77 | N5 ちか 近い ……………… 119 |

색인 **425**

| N5 | ちが違う ..... 77 |
| N4 | ちか近く ..... 324 |
| N5 | ちかてつ地下鉄 ..... 65 |
| N4 | ちから力 ..... 312 |
| N5 | チケット ..... 152 |
| N4 | ちこく遅刻 ..... 230 |
| N4 | ちず地図 ..... 250 |
| N5 | ちち父 ..... 15 |
| N4 | ちちおや父親 ..... 168 |
| N4 | ちゃいろ茶色 ..... 187 |
| N4 | ちゃわん茶わん ..... 207 |
| N4 | チャンス ..... 353 |
| N4 | ちゅうい注意 ..... 260 |
| N4 | ちゅうがっこう中学校 ..... 220 |
| N4 | ちゅうし中止 ..... 283 |
| N4 | ちゅうしゃ駐車 ..... 261 |
| N4 | ちゅうしゃじょう駐車場 ..... 261 |
| N4 | ちょうど ..... 335 |
| N4 | ちょきん貯金 ..... 241 |
| N5 | チョコレート ..... 152 |
| N5 | ちょっと ..... 141 |
| N4 | ちり地理 ..... 220 |

## つ

| N5 | つか使う ..... 89 |
| N4 | つか捕まえる ..... 263 |
| N4 | つか疲れる ..... 232 |
| N5 | つき月 ..... 292 |
| N5 | つぎ次 ..... 66 |

| N5 | つ付く ..... 190 |
| N4 | つ着く ..... 277 |
| N5 | つくえ机 ..... 55 |
| N5 | つく作る ..... 47 |
| N4 | つける ..... 199 |
| N4 | つごう都合 ..... 230 |
| N4 | つた伝える ..... 252 |
| N4 | つづ続く ..... 304 |
| N4 | つづ続ける ..... 284 |
| N4 | つつ包む ..... 243 |
| N4 | つと勤める ..... 232 |
| N4 | つま妻 ..... 169 |
| N4 | つまらない ..... 253 |
| N4 | つめ ..... 312 |
| N4 | つめ冷たい ..... 211 |
| N4 | つ積もる ..... 304 |
| N4 | つゆ梅雨 ..... 302 |
| N4 | つよ強い ..... 78 |
| N4 | つ釣る ..... 285 |
| N4 | つれる ..... 285 |

## て

| N5 | て手 ..... 75 |
| N5 | 〜で ..... 125 |
| N4 | ていねい丁寧 ..... 181 |
| N5 | テーブル ..... 152 |
| N4 | でか出掛ける ..... 190 |
| N4 | てがみ手紙 ..... 34 |
| N4 | テキスト ..... 353 |

| N4 | てきとう適当 ..... 233 |
| N4 | できる ..... 200 |
| N4 | できるだけ ..... 335 |
| N5 | でぐち出口 ..... 116 |
| N5 | テスト ..... 152 |
| N4 | てつだ手伝う ..... 178 |
| N4 | テニス ..... 358 |
| N5 | では・じゃ ..... 135 |
| N5 | デパート ..... 153 |
| N4 | てぶくろ手袋 ..... 188 |
| N5 | 〜でも ..... 125 |
| N5 | でも ..... 135 |
| N4 | てもと手元 ..... 197 |
| N4 | てら寺 ..... 292 |
| N5 | で出る ..... 37 |
| N5 | テレビ ..... 153 |
| N4 | てん点 ..... 220 |
| N4 | てんいん店員 ..... 241 |
| N5 | てんき天気 ..... 97 |
| N5 | でんき電気 ..... 34 |
| N4 | てんきよほう天気予報 ..... 302 |
| N5 | でんしゃ電車 ..... 66 |
| N4 | でんとう電灯 ..... 198 |
| N4 | でんぽう電報 ..... 250 |
| N4 | てんらんかい展覧会 ..... 275 |
| N5 | でんわ電話 ..... 34 |

## と

| N5 | 〜と ..... 125 |

# 색인

| | | |
|---|---|---|
| N5 ドア ……………… 153 | N5 どなた ……………… 134 | N4 <ruby>流<rt>なが</rt></ruby>れる ……… 305 |
| N5 トイレ ……………… 153 | N4 <ruby>隣<rt>となり</rt></ruby> ……………… 116 | N4 <ruby>泣<rt>な</rt></ruby>く ……………… 178 |
| N5 どう ……………… 134 | N5 <ruby>飛<rt>と</rt></ruby>ぶ ……………… 68 | N4 <ruby>鳴<rt>な</rt></ruby>く ……………… 294 |
| N4 <ruby>道具<rt>どうぐ</rt></ruby> ……………… 207 | N4 <ruby>止<rt>と</rt></ruby>まる ……………… 264 | N4 <ruby>無<rt>な</rt></ruby>くす ……………… 264 |
| N5 どうして ……………… 134 | N4 <ruby>泊<rt>と</rt></ruby>まる ……………… 277 | N4 <ruby>亡<rt>な</rt></ruby>くなる ……… 171 |
| N5 どうぞ ……………… 141 | N4 <ruby>止<rt>と</rt></ruby>める ……………… 264 | N4 <ruby>無<rt>な</rt></ruby>くなる ……… 200 |
| N4 とうとう ……………… 335 | N4 <ruby>泊<rt>と</rt></ruby>める ……………… 277 | N4 <ruby>投<rt>な</rt></ruby>げる ……………… 285 |
| N5 <ruby>動物<rt>どうぶつ</rt></ruby> ……………… 97 | N4 <ruby>友<rt>とも</rt></ruby>だち ……………… 16 | N4 なさる ……………… 343 |
| N4 <ruby>動物園<rt>どうぶつえん</rt></ruby> ……… 292 | N4 トラック ……………… 358 | N5 なぜ ……………… 135 |
| N5 <ruby>遠<rt>とお</rt></ruby>い ……………… 119 | N4 ドラマ ……………… 358 | N5 <ruby>夏<rt>なつ</rt></ruby> ……………… 98 |
| N4 <ruby>遠<rt>とお</rt></ruby>く ……………… 324 | N5 <ruby>鳥<rt>とり</rt></ruby> ……………… 98 | N5 <ruby>夏休<rt>なつやす</rt></ruby>み ……… 55 |
| N4 <ruby>通<rt>とお</rt></ruby>り ……………… 261 | N4 <ruby>取<rt>と</rt></ruby>りかえる ……… 264 | N5 ～など ……………… 125 |
| N4 <ruby>通<rt>とお</rt></ruby>る ……………… 263 | N5 とり<ruby>肉<rt>にく</rt></ruby> ……………… 44 | N5 <ruby>何<rt>なに</rt></ruby>・<ruby>何<rt>なん</rt></ruby> ……… 135 |
| N4 <ruby>都会<rt>とかい</rt></ruby> ……………… 275 | N4 <ruby>撮<rt>と</rt></ruby>る ……………… 89 | N5 <ruby>名前<rt>なまえ</rt></ruby> ……………… 34 |
| N5 <ruby>時<rt>とき</rt></ruby>どき ……………… 141 | N4 <ruby>取<rt>と</rt></ruby>る ……………… 209 | N5 <ruby>習<rt>なら</rt></ruby>う ……………… 58 |
| N4 <ruby>特<rt>とく</rt></ruby>に ……………… 335 | N4 ドレス ……………… 358 | N4 <ruby>並<rt>なら</rt></ruby>ぶ ……………… 209 |
| N4 <ruby>特別<rt>とくべつ</rt></ruby> ……………… 191 | N4 どろぼう ……………… 261 | N5 <ruby>並<rt>なら</rt></ruby>べる ……………… 89 |
| N5 <ruby>時計<rt>とけい</rt></ruby> ……………… 34 | N4 どんどん ……………… 336 | N5 なる ……………… 77 |
| N4 <ruby>床屋<rt>とこや</rt></ruby> ……………… 188 | | N4 <ruby>鳴<rt>な</rt></ruby>る ……………… 200 |
| N5 <ruby>所<rt>ところ</rt></ruby> ……………… 116 | **な** | N4 <ruby>慣<rt>な</rt></ruby>れる ……………… 200 |
| N5 <ruby>年<rt>とし</rt></ruby> ……………… 16 | N5 ない ……………… 79 | |
| N4 <ruby>都市<rt>とし</rt></ruby> ……………… 230 | N5 ナイフ ……………… 153 | **に** |
| N5 <ruby>図書館<rt>としょかん</rt></ruby> ……………… 55 | N4 <ruby>内部<rt>ないぶ</rt></ruby> ……………… 324 | N5 ～に ……………… 126 |
| N4 <ruby>閉<rt>と</rt></ruby>じる ……………… 200 | N4 <ruby>直<rt>なお</rt></ruby>す・<ruby>治<rt>なお</rt></ruby>す ……… 253 | N4 <ruby>似合<rt>にあ</rt></ruby>う ……………… 190 |
| N4 <ruby>途中<rt>とちゅう</rt></ruby> ……………… 324 | N4 <ruby>直<rt>なお</rt></ruby>る・<ruby>治<rt>なお</rt></ruby>る ……… 314 | N4 <ruby>匂<rt>にお</rt></ruby>い ……………… 207 |
| N4 <ruby>特急<rt>とっきゅう</rt></ruby> ……………… 261 | N5 <ruby>中<rt>なか</rt></ruby> ……………… 116 | N4 <ruby>苦<rt>にが</rt></ruby>い ……………… 211 |
| N5 とても ……………… 141 | N5 <ruby>長<rt>なが</rt></ruby>い ……………… 26 | N5 にぎやか ……………… 69 |
| N4 <ruby>届<rt>とど</rt></ruby>く ……………… 252 | N4 <ruby>流<rt>なが</rt></ruby>す ……………… 314 | N5 <ruby>肉<rt>にく</rt></ruby> ……………… 45 |
| N4 <ruby>届<rt>とど</rt></ruby>ける ……………… 253 | N4 なかなか ……………… 336 | N4 <ruby>逃<rt>に</rt></ruby>げる ……………… 295 |

| | | |
|---|---|---|
| N5 西(にし) | | 116 |
| N4 日記(にっき) | | 220 |
| N5 日本人(にほんじん) | | 87 |
| N4 日本製(にほんせい) | | 241 |
| N4 荷物(にもつ) | | 275 |
| N4 入院(にゅういん) | | 312 |
| N4 入学(にゅうがく) | | 220 |
| N4 入社(にゅうしゃ) | | 230 |
| N4 ニュース | | 358 |
| N4 似る(に) | | 171 |
| N5 庭(にわ) | | 117 |
| N5 〜人・人(にん・じん) | | 128 |
| N4 人気(にんき) | | 275 |
| N4 人形(にんぎょう) | | 188 |
| N4 にんじん | | 208 |

## ぬ

| | | |
|---|---|---|
| N5 脱ぐ(ぬ) | | 24 |
| N4 盗む(ぬす) | | 264 |
| N4 ぬる | | 209 |
| N4 温い(ぬる) | | 211 |
| N4 濡れる(ぬ) | | 305 |

## ね

| | | |
|---|---|---|
| N4 願う(ねが) | | 178 |
| N5 ネクタイ | | 153 |
| N5 猫(ねこ) | | 98 |
| N4 値段(ねだん) | | 241 |
| N4 熱(ねつ) | | 313 |

| | | |
|---|---|---|
| N4 熱心(ねっしん) | | 181 |
| N4 寝坊(ねぼう) | | 198 |
| N4 眠い(ねむ) | | 201 |
| N4 眠たい(ねむ) | | 315 |
| N4 眠る(ねむ) | | 285 |
| N5 寝る(ね) | | 37 |
| N4 年代(ねんだい) | | 324 |

## の

| | | |
|---|---|---|
| N5 〜の | | 126 |
| N5 ノート | | 154 |
| N4 残る(のこ) | | 24 |
| N4 喉(のど) | | 313 |
| N4 登る(のぼ) | | 68 |
| N5 飲み物(の もの) | | 45 |
| N5 飲む(の) | | 78 |
| N4 乗り換える・乗り替える(の か) | | 264 |
| N5 乗り物(の もの) | | 261 |
| N5 乗る(の) | | 68 |

## は

| | | |
|---|---|---|
| N5 歯(は) | | 75 |
| N5 〜は | | 126 |
| N5 葉(は) | | 292 |
| N4 二十歳(はたち) | | 16 |
| N4 場合(ばあい) | | 283 |
| N4 パーティー | | 358 |
| N4 パート(タイム) | | 359 |

| | | |
|---|---|---|
| N5 〜杯・杯・杯(はい・ばい・ぱい) | | 128 |
| N4 バイク | | 359 |
| N4 歯医者(はいしゃ) | | 313 |
| N5 入る(はい) | | 37 |
| N5 葉書(はがき) | | 87 |
| N5 はく | | 24 |
| N4 バケツ | | 359 |
| N5 箱(はこ) | | 188 |
| N4 運ぶ(はこ) | | 232 |
| N4 はさみ | | 188 |
| N5 橋(はし) | | 292 |
| N4 始まり(はじ) | | 325 |
| N5 始まる(はじ) | | 89 |
| N4 初めて(はじ) | | 336 |
| N4 始める(はじ) | | 232 |
| N4 場所(ばしょ) | | 325 |
| N5 走る(はし) | | 285 |
| N5 バス | | 154 |
| N4 恥ずかしい(は) | | 180 |
| N5 パスポート | | 154 |
| N4 パソコン | | 359 |
| N4 バター | | 359 |
| N5 働く(はたら) | | 58 |
| N4 発音(はつおん) | | 220 |
| N4 はっきり | | 336 |
| N5 鼻(はな) | | 76 |
| N5 花(はな) | | 98 |
| N5 話(はなし) | | 34 |
| N4 話し中(はな ちゅう) | | 230 |

428

## 색인

| | | |
|---|---|---|
| N5 話す ……… 37 | N4 冷える ……… 209 | N4 拾う ……… 201 |
| N4 花見 ……… 276 | N5 東 ……… 117 | N4 広さ ……… 326 |
| N4 羽 ……… 292 | N4 光 ……… 293 | N4 ピンク ……… 360 |
| N5 母 ……… 16 | N5 〜匹・匹・匹 ……… 129 | |
| N4 母親 ……… 169 | N4 引き出し ……… 230 | **ふ** |
| N5 早い ……… 37 | N5 ひく ……… 58 | N4 フィルム ……… 360 |
| N5 速い ……… 79 | N4 引く ……… 223 | N4 封筒 ……… 198 |
| N5 林 ……… 293 | N4 低い ……… 79 | N4 プール ……… 361 |
| N4 払う ……… 243 | N4 ピクニック ……… 360 | N4 増える ……… 277 |
| N5 春 ……… 98 | N4 ひげ ……… 313 | N4 フォーク ……… 360 |
| N4 はる ……… 253 | N4 飛行機 ……… 66 | N4 深い ……… 295 |
| N4 晴れる ……… 305 | N4 美術館 ……… 283 | N5 服 ……… 22 |
| N5 〜番 ……… 129 | N5 左 ……… 117 | N5 吹く ……… 99 |
| N4 番 ……… 242 | N4 びっくり ……… 336 | N4 複雑 ……… 327 |
| N4 晩 ……… 325 | N4 引っ越す ……… 200 | N4 復習 ……… 221 |
| N5 パン ……… 154 | N4 必要 ……… 315 | N4 豚肉 ……… 45 |
| N5 ハンカチ ……… 154 | N5 人 ……… 16 | N4 普通 ……… 198 |
| N4 番組 ……… 250 | N4 ひどい ……… 180 | N4 ぶつかる ……… 265 |
| N5 番号 ……… 16 | N4 ひと月 ……… 325 | N4 太い ……… 191 |
| N5 晩ご飯 ……… 45 | N5 暇 ……… 91 | N4 ぶどう ……… 208 |
| N4 ハンサム ……… 27 | N4 秒 ……… 325 | N4 太る ……… 314 |
| N4 反対 ……… 177 | N5 病院 ……… 76 | N4 布団 ……… 188 |
| N5 半分 ……… 45 | N5 病気 ……… 76 | N4 船 ……… 293 |
| | N4 開く ……… 200 | N4 不便 ……… 201 |
| **ひ** | N5 昼 ……… 108 | N4 踏む ……… 265 |
| N4 火 ……… 293 | N5 昼ご飯 ……… 45 | N5 冬 ……… 98 |
| N4 日 ……… 302 | N4 昼間 ……… 325 | N4 プリント ……… 360 |
| N4 ピアノ ……… 359 | N4 昼休み ……… 208 | N5 降る ……… 100 |
| N4 ビール ……… 360 | N5 広い ……… 69 | N5 古い ……… 101 |

색인 429

| N4 | プレゼント | 361 |
| N4 | 風呂(ふろ) | 34 |
| N4 | ～分・分・分(ふん・ぷん・ぶん) | 129 |
| N4 | 文化(ぶんか) | 283 |
| N4 | 文学(ぶんがく) | 283 |
| N4 | 文書(ぶんしょ) | 231 |
| N4 | 文章(ぶんしょう) | 221 |
| N4 | 文法(ぶんぽう) | 221 |

## へ

| N5 | ～へ | 126 |
| N4 | ページ | 361 |
| N4 | 下手(へた) | 91 |
| N4 | ベッド | 361 |
| N4 | 別に(べつに) | 336 |
| N5 | 部屋(へや) | 117 |
| N4 | 減る(へる) | 315 |
| N4 | ベル | 361 |
| N4 | 変(へん) | 181 |
| N4 | 辺(へん) | 326 |
| N5 | ペン | 154 |
| N4 | 勉強(べんきょう) | 56 |
| N4 | 返事(へんじ) | 231 |
| N4 | 弁当(べんとう) | 46 |
| N4 | 便利(べんり) | 69 |

## ほ

| N5 | 方(ほう) | 117 |
| N4 | 貿易(ぼうえき) | 242 |
| N5 | 帽子(ぼうし) | 22 |
| N4 | 放送(ほうそう) | 251 |
| N4 | 法律(ほうりつ) | 251 |
| N4 | ボート | 361 |
| N4 | ボール | 362 |
| N5 | 他(ほか) | 23 |
| N4 | 僕(ぼく) | 169 |
| N4 | ポケット | 155 |
| N4 | 星(ほし) | 293 |
| N5 | ほしい | 37 |
| N4 | ポスター | 362 |
| N4 | ポスト | 362 |
| N4 | 細い(ほそい) | 191 |
| N5 | ボタン | 155 |
| N4 | ホテル | 155 |
| N4 | ほとんど | 336 |
| N4 | 骨(ほね) | 313 |
| N4 | ほめる | 178 |
| N5 | 本(ほん) | 87 |
| N4 | ～本・本・本(ほん・ぼん・ぽん) | 129 |
| N4 | 本気(ほんき) | 177 |
| N4 | 本棚(ほんだな) | 221 |
| N4 | 本当に(ほんとうに) | 142 |
| N4 | 本屋(ほんや) | 284 |

## ま

| N5 | ～枚(まい) | 129 |
| N5 | 毎朝(まいあさ) | 108 |
| N5 | 毎週(まいしゅう) | 109 |
| N5 | 毎月(まいつき) | 109 |
| N5 | 毎年・毎年(まいとし・まいねん) | 109 |
| N5 | 毎日(まいにち) | 109 |
| N4 | 参る(まいる) | 343 |
| N5 | 前(まえ) | 117 |
| N5 | 曲がる(まがる) | 68 |
| N4 | 負ける(まける) | 285 |
| N5 | 孫(まご) | 169 |
| N4 | 真面目(まじめ) | 181 |
| N5 | まず | 337 |
| N5 | まずい | 47 |
| N5 | マスク | 362 |
| N5 | また | 142 |
| N5 | まだ | 142 |
| N5 | 町(まち) | 117 |
| N4 | 間違える(まちがえる) | 232 |
| N5 | 待つ(まつ) | 68 |
| N5 | まっすぐ | 142 |
| N4 | マッチ | 362 |
| N4 | 祭り(まつり) | 276 |
| N5 | ～まで | 126 |
| N5 | 窓(まど) | 118 |
| N5 | 窓口(まどぐち) | 276 |
| N4 | 学ぶ(まなぶ) | 223 |
| N4 | 間に合う(まにあう) | 232 |
| N4 | 守る(まもる) | 295 |
| N5 | 丸い(まるい) | 27 |
| N4 | 回る(まわる) | 277 |
| N4 | まんが | 284 |

| | | |
|---|---|---|
| N4 真ん中 ……………… 326 | N4 息子 ……………… 169 | ～や |
| N4 万年筆 ……………… 221 | N4 娘 ………………… 169 | N5 ～や ……………… 127 |
| | N4 村 ………………… 326 | N4 八百屋 …………… 46 |
| み | N4 無理 ……………… 253 | N4 夜間 ……………… 327 |
| N4 見える …………… 315 | | N4 焼く ……………… 209 |
| N5 みがく ……………… 78 | め | N4 約束 ……………… 170 |
| N5 右 ………………… 118 | N5 目 ………………… 76 | N4 役に立つ ………… 233 |
| N5 短い ……………… 27 | N5 眼鏡 ……………… 76 | N4 焼ける …………… 210 |
| N5 水 ………………… 46 | N4 召し上がる ……… 343 | N5 野菜 ……………… 46 |
| N5 店 ………………… 118 | N4 珍しい …………… 277 | N5 優しい …………… 17 |
| N5 見せる …………… 24 | | N5 易しい …………… 59 |
| N5 道 ………………… 66 | も | N5 安い ……………… 90 |
| N4 見つかる ………… 233 | N5 ～も ……………… 127 | N5 休み ……………… 76 |
| N4 見つける ………… 201 | N5 もう ……………… 142 | N5 休む ……………… 78 |
| N5 緑 ………………… 23 | N5 もう一度 ………… 142 | N4 やせる …………… 315 |
| N4 みなさん ………… 17 | N4 申し上げる ……… 343 | N4 やっと …………… 337 |
| N4 港 ………………… 276 | N4 もうすぐ ………… 337 | N4 やっぱり・やはり・337 |
| N5 南 ………………… 118 | N4 もし ……………… 337 | N5 山 ………………… 99 |
| N5 耳 ………………… 76 | N4 持ち帰り ………… 242 | N4 止む ……………… 305 |
| N5 見る ……………… 89 | N4 もちろん ………… 337 | N4 止める …………… 315 |
| | N5 持つ ……………… 90 | N5 やる ……………… 90 |
| む | N5 もっと …………… 143 | N4 やる ……………… 201 |
| N4 向かい …………… 326 | N4 戻す ……………… 201 | N4 柔らかい ………… 211 |
| N4 迎える …………… 171 | N4 戻る ……………… 233 | |
| N4 昔 ………………… 326 | N5 物 ………………… 23 | ゆ |
| N5 向こう …………… 118 | N4 もらう …………… 190 | N4 夕方 ……………… 327 |
| N4 虫 ………………… 293 | N4 森 ………………… 294 | N4 夕食 ……………… 208 |
| N4 むし暑い ………… 305 | N5 門 ………………… 118 | N5 夕飯 ……………… 46 |
| N5 難しい …………… 59 | N5 問題 ……………… 56 | N5 郵便局 …………… 118 |

색인 431

| | | |
|---|---|---|
| N4 昨夜・昨夜 ゆうべ・さくや …… 327 | N4 喜ぶ よろこぶ …… 178 | N4 冷房 れいぼう …… 303 |
| N5 有名 ゆうめい …… 91 | N4 よろしい …… 233 | N4 歴史 れきし …… 222 |
| N5 雪 ゆき …… 99 | N5 弱い よわい …… 79 | N4 レコード …… 363 |
| N4 輸出 ゆしゅつ …… 242 | | N5 レジ …… 363 |
| N5 ゆっくり …… 143 | **ら** | N5 レストラン …… 155 |
| N4 輸入 ゆにゅう …… 242 | N5 ラーメン …… 155 | N4 列車 れっしゃ …… 262 |
| N4 指 ゆび …… 313 | N5 来月 らいげつ …… 109 | N4 レベル …… 363 |
| N4 指輪 ゆびわ …… 189 | N5 来週 らいしゅう …… 109 | N4 レポート …… 363 |
| N4 夢 ゆめ …… 221 | N5 来年 らいねん …… 109 | N5 練習 れんしゅう …… 88 |
| N4 揺れる ゆれる …… 295 | N5 ラジオ …… 155 | N4 連絡 れんらく …… 198 |

| | | |
|---|---|---|
| **よ** | **り** | **ろ** |
| N5 よい・いい …… 101 | N4 りっぱ …… 295 | N4 廊下 ろうか …… 222 |
| N4 酔い よい …… 262 | N4 理由 りゆう …… 231 | N4 老人 ろうじん …… 170 |
| N4 用意 ようい …… 198 | N5 留学生 りゅうがくせい …… 56 | |
| N4 用事 ようじ …… 231 | N4 利用 りよう …… 251 | **わ** |
| N5 ～曜日 ようび …… 129 | N4 両親 りょうしん …… 17 | N4 ワイシャツ …… 363 |
| N4 洋服 ようふく …… 189 | N4 両方 りょうほう …… 251 | N4 若い わかい …… 191 |
| N5 よく …… 143 | N4 料理 りょうり …… 88 | N4 沸かす わかす …… 210 |
| N5 横 よこ …… 119 | N4 旅館 りょかん …… 276 | N5 わかる …… 58 |
| N4 汚れる よごれる …… 190 | N4 旅行 りょこう …… 88 | N4 別れる わかれる …… 171 |
| N4 予習 よしゅう …… 222 | | N4 沸く わく …… 210 |
| N5 予定 よてい …… 88 | **る** | N4 わけ …… 198 |
| N5 呼ぶ よぶ …… 37 | N4 ルール …… 362 | N4 わざわざ …… 337 |
| N5 読む よむ …… 58 | N4 留守 るす …… 251 | N4 忘れ物 わすれもの …… 199 |
| N5 予約 よやく …… 46 | | N5 忘れる わすれる …… 58 |
| N5 ～より …… 127 | **れ** | N5 私 わたし …… 17 |
| N5 夜 よる …… 66 | N4 零 れい …… 303 | N4 渡す わたす …… 233 |
| N4 寄る よる …… 233 | N4 冷蔵庫 れいぞうこ …… 208 | N4 渡る わたる …… 265 |

## 색인

- N4 笑(わら)う ……………… 178
- N4 割(わ)る ……………… 265
- N5 悪(わる)い ……………… 101
- N4 割(わ)れる ……………… 201
- N4 ワンピース ………… 363

### を

- N5 〜を ……………… 127

MEMO

MEMO

| | |
|---|---|
| 초판인쇄 | 2025년 9월 10일 |
| 초판발행 | 2025년 9월 25일 |
| | |
| 저자 | JLPT 연구모임 |
| 편집 | 김성은, 조은형, 오은정, 무라야마 토시오 |
| 펴낸이 | 엄태상 |
| 디자인 | 이건화 |
| 조판 | 이서영 |
| 콘텐츠 제작 | 김선웅, 이다빈, 조현준, 윤여명, 장형진 |
| 마케팅 | 이승욱, 노원준, 조성민, 이선민, 김동우 |
| 경영기획 | 조성근, 최성훈, 김로은, 최수진, 오희연 |
| 물류 | 정종진, 윤덕현, 신승진, 구윤주 |
| | |
| 펴낸곳 | 시사일본어사(시사북스) |
| 주소 | 서울시 종로구 자하문로 300 시사빌딩 |
| 주문 및 교재 문의 | 1588-1582 |
| 팩스 | 0502-989-9592 |
| 홈페이지 | www.sisabooks.com |
| 이메일 | book_japanese@sisadream.com |
| 등록일자 | 1977년 12월 24일 |
| 등록번호 | 제 300-2014-92호 |

ISBN 978-89-402-9451-2 (13730)

* 이 책의 내용을 사전 허가 없이 전재하거나 복제할 경우 법적인 제재를 받게 됨을 알려 드립니다.
* 잘못된 책은 구입하신 서점에서 교환해 드립니다.
* 정가는 표지에 표시되어 있습니다.